CMEC

教育部高等学校机械类专业教学指导委员会规划教材

汽车评估 （第2版）

成 英 刘晓锋 赵炜华 主编

清华大学出版社
北京

内 容 简 介

本书在介绍汽车专业知识及评估原理的基础上,全面系统地论述了新汽车的评估方法、二手车鉴定与评估的理论知识及操作方法、汽车碰撞损失评估的方法及操作程序、汽车风险评估的概念及管理。全书共分8章,第1~2章介绍汽车评估基础知识、汽车评估的基本原理与方法;第3章介绍新汽车评估方法与实例;第4~6章介绍二手车鉴定方法、二手车价格评估方法、二手车交易实务;第7章介绍事故车辆损失评估的理论与实务;第8章介绍汽车风险评估管理。此外,书中还介绍了国家对汽车评估以及二手车交易的相关政策、法律和法规。

本书可以作为高等学校本科汽车相关专业的教材,也可以作为在生产和服务一线从事汽车二手车评估、汽车定损、二手车销售服务、技术管理等从业人员的培训教材。读者通过本书相关知识的学习,能够掌握车辆代码的识读、新汽车的价格定价方法、二手车的技术鉴定、二手车的成新率计算、二手车交易、汽车损失的估算等,熟悉二手车交易流程,为从事二手车的鉴定评估实践打好理论基础。

图书在版编目(CIP)数据

汽车评估/成英,刘晓锋,赵炜华主编. —2 版. —北京:清华大学出版社,2019(2024.8重印)
(教育部高等学校机械类专业教学指导委员会规划教材)
ISBN 978-7-302-52356-7

Ⅰ. ①汽… Ⅱ. ①成… ②刘… ③赵… Ⅲ. ①汽车—评估—高等学校—教材 Ⅳ. ①U472

中国版本图书馆 CIP 数据核字(2019)第 034405 号

责任编辑:许 龙
封面设计:常雪影
责任校对:赵丽敏
责任印制:曹婉颖

出版发行:清华大学出版社
      网 址:https://www.tup.com.cn,https://www.wqxuetang.com
      地 址:北京清华大学学研大厦 A 座   邮 编:100084
      社 总 机:010-83470000   邮 购:010-62786544
      投稿与读者服务:010-62776969,c-service@tup.tsinghua.edu.cn
      质量反馈:010-62772015,zhiliang@tup.tsinghua.edu.cn
印 装 者:涿州市般润文化传播有限公司
经 销:全国新华书店
开 本:185mm×260mm   印 张:16.75   字 数:408 千字
版 次:2014 年 5 月第 1 版 2019 年 5 月第 2 版   印 次:2024 年 8 月第 6 次印刷
定 价:48.00 元

产品编号:080532-02

第2版前言
FOREWORD

《汽车评估》是教育部高等学校机械类专业（车辆工程、机械服务工程）教学指导委员会规划教材之一。

本书主要针对二手车鉴定评估人才培养的目标编写，以新实施的国家标准《二手车鉴定评估技术规范》（GB/T 30323—2013）为基础，内容紧跟国内外的二手车市场发展趋势与技术要求，重点介绍新汽车评估、二手车鉴定与评估、事故车辆损失评估及汽车风险评估的主要内容。本书内容包括汽车评估概念、二手车市场概况及发展、二手车技术鉴定方法、二手车价格评估方法、二手车鉴定评估报告撰写、二手车交易流程、事故车辆损失评估等7部分。

通过对本书的学习，学生能够掌握车辆代码的识读、新汽车的价格定价方法、二手车的技术鉴定、二手车的成新率计算、二手车交易、汽车损失的估算等内容，同时熟悉二手车交易流程，为学生从事二手车的鉴定评估实践打好理论基础。通过本课程的学习，培养面向汽车后市场应用型高技能人才，毕业时学生能够在生产和服务一线从事汽车二手车评估、汽车定损、二手车销售服务、技术管理等工作。

本书的编写是根据专业培养目标和培养对象的认知水平及学习特点，将汽车评估基础知识紧密围绕汽车专业特点展开阐述，教材实现资产评估知识与汽车专业知识的有机结合，以"必需、够用、有效、经济"为原则，对教学内容进行整合优化和深度融合，在内容编排上紧密联系当前汽车市场的实际状况，按照工作过程为导向的教学思维，突出应用型教育的特色，突出对实践技能的要求，力求做到知识和应用的完美统一。教材很好地体现汽车专业学习中的基础性和实用性，具有专业知识和技能培养的针对性。

本书由天津职业技术师范大学成英、刘晓锋，西安航空学院赵炜华负责编写，成英担任统稿工作。北京理工大学高利教授主审。在教材的编写过程中，承蒙本校师生和兄弟院校及企业有关同志的大力支持，在此向他们表示衷心的感谢。此外，本书在编写过程中参考了大量的文献资料，在此向原作者表示谢意。由于作者知识水平有限，书中难免存在疏漏之处，敬请读者批评指正。

编　者

2018 年 11 月

目　录
CONTENTS

第 1 章

绪　论

1.1　汽车评估的概念

1.1.1　汽车评估的定义

随着汽车与社会经济的密切联系,汽车作为一种高科技、高流动性产品,功能不断拓展,汽车鉴定评估行为也逐步渗透到社会的各个领域,成为资产评估的重要组成部分。

广义上汽车评估包括新车价值评估、二手车价值评估、汽车事故损失评估、汽车风险评估四个范畴。

(1) 新车价值评估。新车价值评估是指汽车制造企业根据自身的经营目标,运用科学的定价方法,选择合理的定价策略,对汽车市场价格进行的分析估算和价格波动预测。它是企业制定汽车营销策略和获得利润的重要依据,也为准备购车的消费者或投资者选择新车提供重要参考。

(2) 二手车价值评估。二手车价值评估也称旧车评估,这是汽车评估最主要的组成内容,即由具有专门资格的鉴定评估人员,按照特定的目的,遵循法定的标准和程序,运用科学的方法,对经济活动中涉及二手车的证件手续检查、技术性能鉴定和市场价格估算的评估服务过程。它是本书的重点研究内容。

(3) 汽车事故损失评估。汽车事故损失评估是指汽车因碰撞、水灾、火灾、盗抢等造成损伤,在修理前所进行的事故损失评估。其内容包括汽车损伤鉴定、汽车维修工时和材料费用的估算等。它是汽车保险理赔以及事故汽车进行维修的重要依据。

(4) 汽车风险评估。汽车风险评估是指通过合理的汽车风险因素分析,为确定汽车风险的损失和责任而进行的汽车风险度量。主要包括汽车损失风险评估和汽车责任风险评估两项内容。它既是汽车保险领域的重要内容,也是汽车使用者和汽车管理部门重要的参考内容。

广义汽车评估的内在联系如图 1-1 所示。

$$
汽车评估(广义)\begin{cases} 新车价值评估(新汽车性价比评估) \\ 二手车价值评估(旧汽车实际价值评估) \\ 汽车事故损失评估(特殊的实际价值评估) \\ 汽车风险评估(汽车风险的度量) \end{cases}
$$

图 1-1　汽车评估(广义)的内在联系

狭义上汽车评估属于资产评估,汽车鉴定评估理论和方法以资产评估学为基础。狭义汽车评估是指依法设立具有执业资质的汽车鉴定评估机构和汽车鉴定评估人员,接受国家机关和各类市场主体的委托,按照特定的目的,遵循法定或公允的标准和程序,运用科学的方法,对经济和社会活动中涉及的汽车所进行的技术鉴定,并根据鉴定结果对汽车在鉴定评估基准日的价值进行评定估算的过程。通常也称为二手车鉴定与评估、旧机动车鉴定与评估。

1.1.2　汽车评估的特点、作用与意义

1. 汽车评估的特点

汽车作为一类资产,既是生产资料,也是消费资料。作为生产资料指用于生产或经营的车辆,其特征是有明显的价值转移,对产权所有者产生收益。例如,营运载货车、客车,工厂用于生产使用的叉车,工程上用于生产使用的挖掘机等。作为家庭的消费资料指一般家庭中仅次于房产的第二大财产,用于生活和生产服务,以交通代步为主的车辆,其特征是没有明显的价值转移,对所有者不产生经济收益,车辆价值随使用年限及使用里程数的增加而消费掉。

由于汽车有其自身特点,从而决定了汽车评估的主要特点如下:

(1) 以技术鉴定为基础。由于汽车本身具有较强的工程技术特点,其技术含量较高。汽车在长期的使用中,由于机件的摩擦和自然力的作用,处于不断磨损的过程中。随着使用里程和使用年数的增加,车辆实体的有形损耗和无形损耗加剧;其损耗程度的大小,因使用强度、使用条件、维修保养等水平差异很大。因此,评定车辆实物和价值状况,往往需要通过技术检测等技术手段来鉴定其损耗程度。

(2) 以单台为评估对象。由于汽车单位价值相差比较大,规格型号多,车辆结构差异很大,为了保证评估质量,对于单位价值大的车辆,一般都是分整车、分部件逐台、逐件地进行鉴定评估,为了简化鉴定评估工作程序,节省时间,对于以产权转让为目的、单位价值小的车辆,也不排除采取"提篮作价"的评估方式。

(3) 要考虑其手续构成的价值。由于国家对车辆实行"户籍"管理,使用税费附加值高。因此,对汽车进行鉴定评估时,除了估算其实体价值以外,还要考虑由"户籍"管理手续和各种使用税费构成的价值。

2. 汽车评估的作用与意义

做好汽车鉴定评估工作,不仅有利于引导企业正确做出价格决策,有利于保障司法诉讼和行政执法等活动的顺利进行,有利于维护法人和公民合法权益,而且对维护正常的社会经济秩序,促进经济发展具有重要意义。因此,深入认真研究、探讨汽车鉴定评估问题,建立一套完整、科学、适用的汽车鉴定评估方法,以保证其鉴定评估结论客观、公正、合理,就显得更为重要。

进行汽车鉴定评估的实际过程中,应注意以下两点核心内容:

(1) 汽车鉴定评估既是科学也是艺术与经验的结合。也就是说,正确的汽车技术状况

鉴定,汽车价格的估计、推测与判断,必须依赖一套科学严谨的汽车鉴定评估理论和方法。但又不能完全拘泥于有关的理论和方法,还必须依赖评估人员的经验,因为汽车价格形成的因素复杂、多变,不是任何人用数学公式能够计算出来的。

(2) 汽车鉴定评估不是对评估对象的主观给定,而是把汽车客观实在的价值通过评估活动正确地反映出来。也就是说,汽车鉴定评估是基于对汽车客观实在的价值认识以后,运用科学的评估理论、方法和长期积累的评估经验将其表达出来。而不是把某一个主观想象的数据强加给评估对象,尽管评估表现为一种主观活动,甚至带有一些主观色彩。

1.1.3　汽车评估就业准入制度

1. 汽车评估就业准入制度简介

就业准入制度是指根据《中华人民共和国劳动法》和《中华人民共和国职业教育法》的有关规定,对从事技术复杂、通用性广以及涉及国家财产、人民生命安全和消费者利益的职业(工种)的劳动者,必须经过培训、参加考核并取得职业资格证后,方可就业上岗的制度。实行就业准入的职业范围由劳动和社会保障部确定并向社会发布。二手车交易中最重要的环节是价格评估。由于二手车价格构成有一定特殊性,需要有一套科学、统一的鉴定估价标准和方法来客观反映二手车的现时价格。按照国家相关部委规定,为提高汽车鉴定评估人员的素质,统一鉴定估价职业标准,规范二手车鉴定估价行为,对二手车鉴定估价人员进行职业技能鉴定,实行职业资格证书制度。

我国自 1993 年推行职业资格证书制度,1999 年开始开展二手车鉴定估价师职业资格的注册论证工作,1999 年 4 月 30 日劳动和社会保障部颁布试行《二手车鉴定估价师职业标准》,该标准的试行标志着我国二手车鉴定估价行业开始进入规范阶段,并建立相应的就业准入制度。2004 年国务院商务主管部门出台的《二手车流通管理办法》(征求意见稿)的第三十五条规定:国家对二手车鉴定评估师实行职业资格制度。拟从事二手车鉴定评估经营活动的人员必须通过统一等级考试,取得国务院劳动和社会保障部颁发的二手车鉴定评估师等级职业资格证书。未取得二手车鉴定评估师等级职业资格证书的人员不得从事二手车鉴定评估经营活动。

2005 年 10 月 1 日起施行由国家商务部、公安部、国家工商行政管理总局、国家税务总局联合颁布的《二手车流通管理办法》,废止了原《商务部办公厅关于规范二手车鉴定评估管理工作的通知》《关于加强二手车市场管理工作的通知》《二手车交易管理办法》,我国的二手车评估、交易更加规范。

根据国家《关于加强二手车鉴定估价师职业资格鉴定工作的通知》(劳社厅函〔2005〕186号)及《二手车流通管理办法》,二手车鉴定评估师已纳入估价就业准入职业。

新车评估主要是汽车生产厂家作为定价参考;事故车评估主要是保险公司或者保险公估公司对事故车辆的损失进行核定;二手车评估主要是对欲交易的二手车进行评估,为交易双方提供参考。保险公司及保险公估公司的从业人员由《中华人民共和国保险法》《保险公司管理规定》《保险公估公司管理规定》等相关的法律法规进行约束,二手车的评估规范以劳动和社会保障部出台的标准为依据。

　　根据 2007 年修订的国家职业标准,汽车评估师的正式名称为"二手车鉴定评估师"。其职业定义是运用目测、路试,借助相关的仪器设备对二手车的技术状况进行综合检验和检测,结合车辆相关文件资料,对二手车的技术状况进行鉴定;并根据评估的特定目的,选择合适的评估标准和方法。二手车鉴定评估师属于国务院批准的六类资产评估职业之一,是资产评估学重要的组成部分。我国对二手车鉴定评估师实行职业资格证书准入制度,持有二手车鉴定评估师证书是成立二手车鉴定评估机构的必备条件之一。

2．二手车鉴定评估师职业介绍

　　在汽车行业中,广义的鉴定评估师包括二手车鉴定评估师、二手车职业经理人、汽车估损师,狭义的鉴定评估师一般指二手车鉴定评估师。下面主要介绍二手车鉴定评估师。

　　1999 年,中国汽车流通协会规定,对二手车鉴定评估工作实行职业资格和就业准入制度,即从事二手车鉴定评估工作的人员必须考取相应的职业资格证书后,方能上岗。当时的职业证书是"旧机动车鉴定评估师",2007 年更名为"二手车鉴定评估师",改由国家人力资源和社会保障部授权各省人力资源和社会保障厅组织考试工作。随着我国二手车市场的不断壮大,我国开始借鉴二手车市场规模较大的国家的经验,于 2017 年 3 月 15 日正式施行《二手车鉴定评估师管理办法》(试行)(以下简称"新《办法》")。新《办法》取消已经沿用十年的、由国家人力资源和社会保障部组织的国家"二手车鉴定评估师"职业资格考试,改为由中国汽车流通协会组织实施的二手车鉴定评估师岗位技能认证,实现了从职业准入类到职业水平评价类的过渡。新《办法》的出台对于提高二手车鉴定评估人员的素质和岗位技能水平,加强对二手车鉴定评估师的监督管理起到了积极作用。

　　随着二手车市场发展的完善,我国二手车市场正在逐步靠近欧美国家的成熟市场。2016 年,我国的二手车交易量已经突破 1000 万辆。未来,我国汽车市场将逐渐告别高速增长时代,新车市场进入缓慢提升阶段,而二手车市场开始加速发展,两者结合更趋紧密。截至 2016 年 12 月,国内二手车鉴定评估师的需求量达 25 万余人,但目前真正具备二手车鉴定评估资质的不到 15 万人,缺口比例较大。毫无疑问,随着中国二手车市场的持续发展,对二手车鉴定评估师等专业人才的需求将进一步扩大。

　　二手车鉴定评估师分为初级、中级和高级三个等级,对初级二手车鉴定评估师实行岗位技能水平的备案,对中级、高级二手车鉴定评估师实行岗位技能水平的执业注册制度,并进行统一编号与等级管理。未经执业注册的,不得以注册二手车鉴定评估师的名义执业。对各级别的二手车鉴定评估师岗位水平的认证实行全国统一考试,每季度举行一次,对理论和实操考核均合格的学员,分别颁发相应级别的初级、中级、高级二手车鉴定评估师"岗位技能证书"。

1.2　二手车市场的形成与发展

1.2.1　二手车市场概述

　　近年来,我国汽车产业取得了巨大的进步,2009 年实现了产销 1300 多万辆新车的辉煌成绩,使我国成为世界第一汽车生产和销售国家。特别从 2013—2015 年连续 3 年超过

2000 万辆。据公安部 2018 年初公布的数据显示,截至 2017 年末,中国汽车保有量已达 2.09 亿辆,其中 24 个城市汽车保有量超过 200 万辆。

随着汽车保有量的持续增加,逐步进入置换期的汽车存量资源被释放,为二手车市场提供了广阔的发展空间。与此同时,从 2000 年开始,我国二手车市场进入了快速发展阶段,继而成为汽车市场的重要部分。从 2000—2015 年的 16 年间,我国二手车市场的交易量从 25.17 万辆上升到 755.39 万辆,增长了 29 倍多,交易额达到 4421.22 亿元,增长了 46.47 倍。2011—2015 年我国新车及二手车市场销售对比见图 1-2。

图 1-2　2011—2015 年我国新车及二手车市场销售对比
(数据来源:中国汽车流通协会、中国汽车工业协会)

这样大的规模和增长速度吸引了大量的投资者进入或关注二手车市场。但经过十几年的发展,我国二手车市场的经营模式并没有大的进步和资本的大量流入。虽然在交易中也出现了例如网上交易、拍卖、二手车置换等新形式,但从整体看,我国二手车市场依然处于十分落后的状态,没有出现大规模的经营实体。

从美国、英国、日本等成熟市场来看,二手车交易量远远高于新车,达到了 2:1,甚至 3:1 或更高。我国二手车交易量仅有新车的 30% 左右,与国外相差甚远。中、美二手车市场关键数据如图 1-3 所示。但同时我们也看到了我国二手车市场的巨大商机。毋庸置疑,我国二手车市场必将迎来"井喷"。我国二手车市场起步较晚,与发达国家相比,市场较落后和混乱,规模也较小,但是发展前景光明。

指标	中国	美国
汽车保有量/亿辆	2.09	2.79
平均车龄/a	4.6	11.6
新车销量/万辆	2888	1710
全行业二手车交易量/万辆	1240.1	3930
二手车金融渗透率/%	8~10	53~55
融资租赁渗透率/%	2~3	31
二手车商数量/户	10	3.6
授权经销商数量/家	28531	16708
授权经销商二手车交易量/万辆	400	1157
平均单店员工数/(人/店)	68	69

图 1-3　中、美二手车市场关键数据

1. 二手车市场的定义

在了解二手车市场之前,我们先了解二手车的定义。在 2005 年 10 月 1 日《二手车流通管理办法》出台之前,在国家的相关文件中从没出现过"二手车"的字样,而是使用"旧机动车",会给人一种很旧的感觉。国外也没有 old car 的说法,而是使用 the second hand 或者 used car 之类。《二手车流通管理办法》中给出了二手车的定义:是指办理完注册登记手续 之后到达到国家报废标准之前所进行的交易并且所有权发生转移的汽车、挂车和摩托车。

二手车市场就是机动车商品发生第二次流动的场所,而且要比新车市场复杂得多,它具 有中介服务商和商品经营者的双重性。二手车市场具有二手车评估、收购、销售、上牌、寄 售、过户、置换、拍卖、转籍、保险等功能。此外,二手车市场还会严格按照国家有关法律、法 规的要求严格审查二手车交易的合法性,杜绝盗抢车、走私车、非法拼装车和手续不全的车 辆进行交易。

2. 二手车市场的特点

(1) 具有服务性。二手车市场是二手车交易的地方,为二手车的交易提供了场所。此 外,当前二手车市场还提供检测评估、售后服务、跟车验车、资金融通等多种服务。

(2) 具有流通性。二手车市场是二手车辆和资金流通的场所,目前的二手车市场还涉 及新旧车辆的置换、旧车更新等流通环节。

(3) 拥有资源配置性。二手车市场还可以调节富余缺失,使资源得到更合理的分配。 杜绝了浪费,实现供求各取所需。

(4) 规范交易性。作为交易的场所还需要有规范的交易标准,积极承担引导市场良性 健康发展的责任。而且还要按照国家法律法规所要求的,打击非法交易行为,拿出市场管理 交易者的态度。

1.2.2　国外二手车市场现状

1. 美国二手车市场现状

美国,被称为装在轮子上的国家,是世界最大的汽车市场,引领着世界汽车市场的发展。 从近几年美国的汽车销售数据来看,2013 年美国的新车与二手车交易量分别为 1200 万和 4200 万,约 1∶3 的比例,二手车市场的活跃程度可见一斑。导致这种结果的原因主要有两 个:消费者的消费观念和二手车市场的不断成熟和完善。美国人对二手车认识程度以及消 费观念是导致二手车市场繁荣的主要原因,不过二手车市场的逐渐成熟、运营体制的不断健 全和消费者的普遍认可也是其繁荣的重要原因。

美国已经建立起了一套价格评估和质量认证制度。据美国汽车经销商协会关于购买二 手车的调查报告显示,在众多原因中,最让购买者担心的是价格上受到欺骗和买到了以次充 好的车。对此,美国二手车市场建立了合理的价格评估制度和质量认证制度来消除消费者 的疑虑。针对价格,美国建立了合理的二手车评估体系。就是说由公认的二手车价格加上 技术鉴定来决定,除了原来的价格、使用时间和公里数等外,以后的使用寿命和维修成本也 会成为重要的参考因素。这样可使时间和公里数差不多的两辆二手车,很有可能原来售价 高的反而要卖得便宜。例如,前几年汽油价格不断上涨,导致比较省油的日系二手车普遍比 美国二手车卖得贵些。各种车型的参考价格主要由行业协会和大公司等比较有权威的机构 定期发布。例如,《美国汽车经销商协会二手车价格指南》可以提供二手车价格权威数据,二手车的交易巨头 Manheim 公司根据全球最大的汽车批发市场的交易数据的每天更新所制定的二手车价格指数也可以作为参考价格之一,号称买卖二手车"圣经"的《凯利蓝皮书》为美国多数二手车购买者提供了有用的参考。很多二手车消费者在交易前都会查阅这些相关材料,这样就不用担心成交价格会很离谱。至于如何避免买到以次充好的二手车,美国也采用了一些社会化认证的方法来解决。迄今为止,美国已经成立了几家比较权威的二手车认证机构,会根据顾客的需要详细检测二手车,甚至会到车辆管理局查阅有关事故等情况,最后向顾客提供一份详细的车况检测报告,然后收取一定的费用。除此之外,美国的二手车车商也很注重二手车的售后服务,在一些州,如果消费者发现购买的二手车有质量问题,在确保二手车没有其他损坏的情况下只要购车后未行驶超过 300mile(1mile=1.609 34km)或者购车不足 3 天的情况下,可给消费者全额退款。

在美国,购买二手车是非常方便的,美国的二手车销售渠道主要有四个,即品牌 4S 店、拍卖公司、小型二手车经营公司和连锁二手车经销商,其中品牌 4S 店二手车业务是当前整个美国 4S 店核心业务,而且所有的公司都会在二手车网络中销售。正常来说,凡是卖新车的经销商都会销售二手车,在推荐新车的同时也会介绍二手车。二手车的置换业务也是经销商经常采用的营销方式。往往销售顾问在介绍新车的同时,还会咨询客户是否有二手车,是否有意置换新车,并让评估师对二手车进行检测评估,给出检测结论和回收价位,在客户同意的情况下置换新车。经销商一般是用比较低的价格买下旧车,之后对车辆进行整备检修和翻新,放在展厅里,有时会卖出一个不错的价格。

二手车市场在美国规模已经十分巨大,而且利润非常丰厚。2010 年新车的利润率仅有4.5%,而二手车利润率达到 11.5% 左右。在利润的驱使下,美国的二手车市场发展迅猛,还出现了一些规模较大的二手车超市,以此满足消费者需求。通常这些二手车超市都有美国大的汽车公司作后盾,使得二手车销售这一本就热门的生意的竞争变得更加激烈。2016年,美国二手车交易量 3851.4 万辆。其中,授权渠道二手车交易量为 1157.3 万辆,占二手车交易市场的 30.1%。授权渠道中,原厂认证二手车交易量占 22.8%。2011—2016 年美国交易市场概览见图 1-4。

图 1-4　2011—2016 年美国交易市场概览

(数据来源:Edmunds)

美国的二手车拍卖公司政策健全、业务完善、技术高超、成交量巨大。有些公司甚至通过卫星系统进行二手车拍卖,感兴趣的经销商们通过电视转播来观看现场的拍卖实况,通过电话进行报价,购买中意的二手车。美国对于二手车拍卖管理十分严格,拍卖公司必须对卖出的二手车承担责任:必须确保二手车的来源是合法的和向购买用户提供车辆的真实情况。正因为如此,顾客到拍卖行买二手车,对质量也较为放心。

2. 英国二手车市场现状

英国是最早开始工业革命的国家,也是一个老牌资本主义国家。英国不仅有一个成熟的汽车市场,而且有一个更出类拔萃的二手车市场,每年的销量超过新车销量的3倍。英国政策规定,一辆新车从下线到报废,一般周期为11年,不过根据市场调查表明,英国车辆更新周期为4年,这就给二手车市场的发展提供了充足的养分和广阔的空间。

英国的汽车产业非常发达,道路交通也非常便利,汽车已成为大家出行的必备交通工具。二手车满足不同档次人群的需求,这其中主要是中产阶级和低收入群体。高收入群体购买车辆会优先考虑车辆的安全性能、美观程度、驾驭性能,而价钱则是次要。所以他们通常会优先考虑新车。而中产阶级和低收入群体则是优先考虑价钱,其次考虑车的各项性能,所以这两类人群就是二手车市场的主力军。一般二手车的价钱不到新车的一半,但是车辆的可靠性和安全性一般还很高,而且二手车的折旧率很低,在使用几年后,这类车还可以出售,这样的车辆价位会更低,一般不高于新车价钱的30%。虽然二手车的维修成本会高一些,但对比新车而言总成本还是很低,这些正符合了中产阶级和低收入群体,甚至学生的需求。

发达国家的二手车市场实际情况是二手车比较多,供大于求,且整体价位偏低。不过发达国家的二手车流通机制比较健全,尤其是二手车售前与售后服务有保障,切切实实地保护了消费者的权益。而且二手车评估行业也发展得十分迅猛,可以为二手车作出比较公正、公开的评估,这也使二手车行业有一个健康、稳定的发展环境。在这方面,英国是发达国家的典范,二手车市场不但有完善的流通政策、完备的监督体制、成熟的业务机制,还有全面的服务体系。

在英国,买卖二手车是一件十分简单的事情,没有繁琐的程序,甚至几分钟就可以开走心仪的车辆。这一切都要归功于车辆管理部门,英国每辆机动车都有车辆管理部门颁发的登记证书,登记证书上除了标明车辆品牌、型号、牌照号、底盘号、发动机号、生产日期等信息外,还专门设交易栏以供二手车交易使用。正是有了如此详细可靠的信息,才让二手车交易如此简单。

英国的二手车市场的经营体制主要包括品牌经销商、汽车超市、二手车行、拍卖行和个人交易。

(1)品牌经销商。品牌经销商是英国二手车行业的领头羊,它们归属于各大汽车公司,有确定的销售平台,兼顾该品牌的二手车置换和销售。这些车辆的质量都有保证且售后服务也十分完善。不过由于附加项目多,所以销售价位通常较高。

(2)汽车超市。汽车超市是一个大型的客户自主选择的平台,得到了很多消费者的认可。在英国,汽车超市尤为繁荣。汽车超市几乎都是明码标价,一般不支持议价,且这些超市基本都会提供二手车的置换业务,和新车置换一样,补足差价可以得到心仪的二手车。这些超市将旧车翻新和维修之后再出售。但是汽车超市的价位也偏高。

（3）二手车行。二手车行主要受众是底层的低收入群体。二手车行最大的优点是二手车价格比较低,但是车行一般经营不规范,经常出现以次充好、以假乱真的现象。这些车行通常分布在城乡结合部及乡村,在车辆出售时会赠送一些短期的服务。由于价钱低,所以市场比较活跃。但是这些车行经营单一、不受约束,很难使消费者权益得到保障。

（4）拍卖行。拍卖行也是英国二手车市场的一大亮点。参加竞拍的购车者需要提前对自己心仪的车辆做功课,对车辆全面了解后,拍下车辆。一般情况下,这些购车者都会对车辆进行全面了解,确定车辆是否符合拍卖行的检测结果,从而进行维权。不过从拍卖行买到的二手车通常比较便宜,但质量也难以保证。

（5）个人交易。在英国是允许二手车车主进行个人交易的。这种交易可以说是无处不在,比如网络、市场、街道等。不过个人交易的风险比较大,首先要确认所售车辆是否是违法车辆,在保证自身安全的前提下,多次进行接触了解,验车过程中要请懂行的专家进行指导,避免受骗。这种交易最大的优点是便宜,最大的缺点就是安全和质量难以保证。

3．日本二手车市场现状

日本是亚洲二手车市场的先驱,从 20 世纪 70 年代开始起步,仅用了 20 年左右达到饱和状态,发展到顶峰,汽车数量维持在 7900 万辆左右。在日本,汽车人均保有量较大,二手车市场比较活跃,政策也很健全,形成了特有的二手车交易网络,不同地域间可以相互交易。拍卖会是日本二手车流通非常重要的渠道,日本的拍卖场是以会员制的形式组成的。如果一家有拍卖会,全国各地的经销商便会赶到那里交易。日本针对二手车有一套公正的评估制度,很好地维护了消费者的权益。汽车市场包括新车市场和二手车市场,新车市场和二手车市场又是相互依存、互惠互利的关系。据统计,日本近几年平均每年汽车销量在 1300 万辆左右,二手车交易就占到汽车市场的 2/3,所以这个市场非常大。此外,日本强大的汽车产业链也促进了二手车的发展;日本鼓励有能力、有资质、合法的个人和集团参与到这个行业的政策也促进了二手车业务的开展。日本的二手车流通方式主要有新车经销商、二手车销售店、二手车收购店和二手车拍卖行。

（1）新车经销商。和欧美国家一样,日本的新车经销商一般都兼营二手车业务,这其中也包含新车置换业务,在二手车市场中占有份额约为 1/3,是日本二手车的主力军。

（2）二手车销售店。在日本,二手车销售店是一种常见的经营模式,各大城市均有分布,方便消费者买卖,不过大部分二手车销售店规模都比较小,基本没有太大的竞争能力。

（3）二手车收购店。在日本,还有一个新兴的产业,就是二手车收购店。其主要业务是面向普通消费者进行二手车回收,然后将收来的二手车卖给二手车销售企业,而不对普通消费者进行销售。

（4）二手车拍卖行。日本目前是二手车拍卖行业开展最好的国家,不仅有欧美发达国家几乎所有的二手车拍卖行业务,还开展许多特殊业务。竞拍者不仅可以到现场看车、了解车况及拍卖信息,而且可以用电子竞拍器给出自己理想的价位,增加了拍卖现场的公平性、公开性和实时性,受到竞拍者的普遍欢迎。二手车拍卖行除了接受个人和企业二手车拍卖委托,还可以进行二手车的回收,再进行拍卖,丰富了二手车拍卖行的业务。拍卖行都采用实名注册,注册也对国外的二手车经销商开放,实现了二手车国内市场的拓展。拍卖行一般是定期拍卖,信息更新也比较快,提高了二手车的流通速度,降低了二手车存放成本,加快了二手车更新换代,促进了二手车市场的发展。

1966 年,日本成立了旧汽车鉴定协会,开始制定二手车鉴定标准,还开展了鉴定师技能考试和注册鉴定师的进修培训,为二手车业务规范起到了至关重要的作用。现在,日本不仅有注册的二手车评估师达十几万,连能够进行二手车评估的单位就有接近一万家。但是日本到现在还没出具统一的认证标准,主要是几个第三方认证标准,如 Gulliver 公司的监价标准、AUCNET 公司的 AIS 等。例如,丰田、本田、日产等汽车公司都认可并使用 AIS。

4. 对国外成熟二手车市场现状的总结

通过对美国、英国和日本三个十分成熟的二手车市场现状的了解,我们不难发现它们虽然不是完全相同,却有着十分明显的相同点。

(1) 二手车的消费观念。国民对二手车的消费观念是一个国家或地区二手车市场得以发展的基础。发达国家因汽车产业开始的时间较早,人们对汽车了解的比较多且对二手车也比较认可,这就使得二手车市场十分繁荣。这也是我国国民现在所要解决的首要问题。

(2) 健全的法律法规和行业标准。一个成熟有序的汽车市场背后,必然需要一个完善的标准法规体系。这也是国外二手车市场得以正常发展和壮大的根本原因。

(3) 合理的价格评估和质量认证制度。大部分二手车消费者对二手车的评定都是一知半解,在购买二手车时最怕的就是上当受骗。这就要求一个公平公正的评估机构对车辆作出评估。这样不仅可以打消购车者的疑虑,还可以避免很多纠纷。

(4) 严格的质量保障制度。利用车辆识别代码的唯一性,为二手车建立历史档案,从而使消费者对二手车以往的使用历史做到心中有数,避免了因信息不对称造成的购车盲目性。

(5) 优质的售后服务和使用环境。国外的销售者一般都会承诺在一段时间或一定行驶里程内可以享受与新车相同的售后服务待遇,以增强二手车消费者的购买信心。

(6) 多样的交易形式。成熟二手车市场的交易形式多种多样且大同小异,主要形式有二手车拍卖行、二手车超市和网络拍卖等。

(7) 成熟的网络市场。如今网络十分发达,购车者足不出户就可以了解二手车。网上的二手车信息数量巨大且十分可靠,总会找到自己心仪的车辆。这也使购买二手车变得非常简单。

1.2.3　我国二手车市场现状

1. 我国二手车市场的发展现状

我国自从加入世界贸易组织以来,汽车市场的发展十分迅速。在当前经济发展的情况下,汽车产业扮演着重要角色。除此之外,随着市场经济的快速发展,我国民众的消费观念也发生了巨大的转变,不再局限于新车方面,汽车市场的份额逐渐被二手车占据。

我国当前的二手车市场经过十几年的发展已经初具规模而且发展状况也有可喜的方面。

（1）交易规模不断上升。在发达国家的成熟汽车市场中，汽车更新的需求已占据了主导地位，二手车市场的交易量几乎占到汽车销售总量的 70%。据统计，英国、美国、德国的二手车销量是新车销量的 3.5 倍、3.3 倍、2.3 倍。但我国的二手车市场尚处在起步阶段，2012 年，我国实现了 1900 多万辆新车销售纪录的同时，二手车的交易量只有 794 万辆，较成熟市场仍有很大距离。这也同时表明我国二手车市场尚有巨大的发展空间，截至 2018 年，二手车交易量上升至 1500 万辆，增长率为 20.9%。2012—2018 年中国二手车市场交易数据如图 1-5 所示。

图 1-5　2012—2018 年中国二手车市场交易数据
（数据来源：中国汽车流通协会）

（2）车辆更新换代的周期逐渐缩短。从不同车龄的二手车交易量来看，3～6 年车龄的二手车成交量占二手车总交易量的 66.99%，与上年相比下降了 3.5 个百分点；3 年车龄内的二手车交易量却上升 2.81 个百分点，如图 1-6(a) 所示。最近几年，3 年车龄内的二手车交易量呈现上升趋势。新车研发和上市速度的加快，让有车一族有了更多的选择。汽车厂家置换业务的开展也促使车辆更新换代周期缩短。将来，二手车车龄的低龄化必将成为一种趋势。

（3）轿车二手车的交易占据主导地位。从二手车交易的车型来看，轿车成交量超过交易总量的一半以上，达到 59.3%，较上年增长了 15.24%，成为增长速度最快的一种车型，如图 1-6(b) 所示。

（4）省市的交易量集中度较高。当前，我国各地的经济发展不均衡，各地二手车的交易量也差别较大。但省市二手车交易量相对集中且较大。2015 年，广东交易量占比最大，为 9.98%，其次江苏 7.78%，四川 7.72%，北京 7.20%，山东 7.17%，浙江 7.11%，前十大地区占总交易量的 66.23%。由上述数据可以看出，广东、江苏、四川、北京、山东、浙江在全国的交易量占比中稳居前列，同时这些省市的二手车市场也相对成熟。

（5）品牌二手车备受青睐。最近几年，随着二手车市场的发展，汽车消费者选择二手车时从只注重价格逐渐向注重品牌、服务等方面转变。由此，品牌二手车应运而生，并以其特有的优势而受到各方的关注，从 4S 店里购买二手车成为很多汽车消费者的首选。很多汽车企业陆续开设了品牌二手车业务，如上海通用的诚新二手车、东风日产的认证二手车、宝马的尊选二手车、奥迪的品荐二手车、奔驰的星睿二手车等。

品牌二手车之所以能够成为很多消费者的首选，是因为有着令人放心的车源、良好的售后服务。消除了消费者的后顾之忧，增强了消费者对购买二手车的信心。

(a) 2018年交易使用年限分析(截至7月)　　　　(b) 二手车交易车型分析(截至7月)

图 1-6　二手车交易使用年限及二手车交易车型分析

(数据来源：中国汽车流通协会)

尽管我国二手车市场有着巨大的潜力和广阔的发展前景，但目前我国二手车市场仍然存在着较突出的问题。

(1) 二手车市场的交易体制还不够成熟，交易不够规范。由于我国二手车市场的发展速度过快，二手车市场法制还不健全，导致中国的二手车市场迄今还比较混乱。在交易中存在逃税、漏税的现象，而且还存在私买公卖价格低、公买私卖价格高的现象，造成公有资产的严重损失。这在一定程度上阻碍了二手车市场的发展。

(2) 二手车交易规模较小。虽然我国的新车销量已刷新全球历史纪录，但二手车年交易量远远低于美国等发达国家成熟市场的交易水平，如图 1-7 所示。

图 1-7　中国二手车交易量与新车交易量比值（2012 年）

来自中国汽车流通协会的数据统计，2014 年全年，国内二手车交易总额为 3675.65 亿元，同比增长 26.03%。二手车交易总数为 605.29 万辆，同比增长 16.33%。即便如此，与发达国家相比，我国二手车与新车交易量的比值还相对较低，不足美国的 1/10、德国的 1/8、日本和韩国的 1/6。过去 10 年，美国新车的年平均销量为 1600 万辆，而二手车的年销量却高达 4000 万辆以上，基本上是新车的 2～3 倍。拍卖和翻新则是日本二手车的主要流通形式，在日本以会员制形式组成的二手车拍卖行有 150 多家。

(3) 二手车信息的严重不对称，鉴定评估缺乏统一的科学标准。目前我国还尚未建立全国性的二手车交易信息网络系统，车辆的信息、维修、事故记录等信息缺乏透明度，导致我国的二手车市场还是一个信息很不对称的市场。其必然会导致二手车交易过程中不诚信的现象发生。加之目前我国的二手车鉴定评估体系还处于萌芽状态,二手车鉴定评估行业还没有一整套科学、统一、严谨的鉴定评估标准。

(4) 相关税收政策尚不完善。目前二手车拍卖企业要按拍卖的成交价的 4% 缴纳增值税,经销企业按成交价的 2% 缴纳增值税,而经纪公司、交易市场则只需缴纳 5% 的营业税。相比之下,拍卖企业、经销企业的税收比较重,这必将会阻碍行业整体经营水平的提高。

2. 我国部分重点城市二手车市场发展情况

随着经济的不断发展,二手车市场也随着经济的发展而日渐成熟,特别是当前我国经济的飞速发展和在国际上地位的不断提高,私家车随着人均收入的增长越来越被人们所需要。目前我国每年二手车交易量已占新车交易量的 1/3,而且每年都有所增长,相较于经济不发达区域,北京、上海这些大的中心城市的汽车保有量特别大,交易量也比较大。下面以北京、上海、广州这三个地方的交易数据为例进行分析研究,来了解一下目前我国二手车市场的现状。

1) 北京二手车市场情况

由于北京的特殊地理位置,正在逐步成为连接东北、西北和南部地区的二手车交易集中地。根据统计可知,2016 年北京新车交易 44.98 万辆,同比 2015 年 46.03 万辆累计负增长 2.28%;比 2015 年同比下降幅度减少了 12.65 个百分点,是北京连续第三年新车销售呈负增长的态势。二手车方面,2016 年北京交易二手车 67.06 万辆,同比 2015 年 68.78 万辆累计负增长 2.5%;2016 年是连续第二年二手车同比交易下降,下降幅度比 2015 年减少 2.8%,下降幅度有所缩小。整体来看,二手车过户交易量超过新车 49%,新旧车比值为 1∶1.49,同 2015 年新旧车比值基本持平。但是 2016 年北京二手车外迁率为 40.64%。内蒙古仍占据北京外迁地第一的位置,市场占有率达 32%,与 2015 年相比增长 13%,增长明显;山西超过辽宁、山东、吉林位居第二。大规模车辆的买卖和快速流动性是北京二手车市场的主要特点。

北京二手车销量快速增长的原因有:① 从 2005 年 3 月起,不是北京户口的居民也可以在北京上牌照,这一措施大大地促进了二手车的交易量。在北京地区购买二手车的人群主要分为三类:北京本地人、外省有暂住证的人和在北京定居迁往外省市工作或定居的人,分别占 40%、30% 和 30%。"暂住证"政策促使很多在北京工作的外省市单位的人把车辆过户到自己的名下。这一类的交易车辆每年都会至少有 2 万辆左右。② 自 2005 年 10 月起,北京地区取消车辆过户费,改为交易服务管理费。这项改革使二手车交易费用下降了 70% 以上,这也间接地更加促进了二手车交易量的上升。

2) 上海二手车市场情况

2001 年以来,上海的二手车交易量逐年上升。2006 年上海的二手车成交量达 21.6 万辆,较上年增长超过 35%,当年新上牌的新车总量仅 18.5 万多辆,二手车交易量首超新车交易量。二手车和新车交易量之间的距离正在逐年加大。到 2015 年,二手车交易总量达 39.4 万辆,营业额数十亿元人民币。

上海二手车市场的特点是拥有现代化的管理模式。《上海市二手车交易市场"十二五"发展规划》指出,要将上海二手车市场发展为与国际贸易中心相匹配,成为拥有影响力和辐射力的十分重要的商品市场。上海二手车市场拥有先进的计算机评估系统,使用计算机进行评估测试,将车辆的信息如车牌号、发动机号、车架号、车辆类型、行驶里程等数据输入,并输入需要维修的项目,计算机会根据目前的市场和价格的波动,自动打印出一份"二手车鉴定书"和"二手车技术检查表"。这种数据库的管理,对于规范二手车市场有着很大的现实意义。

3) 广州二手车市场情况

据统计,在 2005 年,广州二手车的交易量超过 8 万辆。2014 年二手车成交量达 80.18 万辆,同比增长 15.71%。广州二手车市场的交易特点是不受政策的影响。通过数据分析,从 2006 年开始,广州二手车市场的潜力被激发,成交量不断增大。二手车的销售额在 2006 年超过市场上新车的销售额。在广州二手车市场巨大消费潜力的背后,我们也要考虑二手车交易所带来的影响。广州二手车市场格局呈现多元化,巨大的二手车市场的潜力吸引了一大批投资商。近年来,在广州很多地方出现经营面积达上万平方米的二手车市场,与此同时,品牌店尤其是豪华车的二手车业务也纷纷加入,二手车市场竞争格局分化重组的趋势将难以避免。在这种局势下,出现了"大鱼吃小鱼"的现象,少数实力雄厚的经营者,规模越做越大,但也有部分经营者因长期资金周转不灵、库存车辆过多而被市场淘汰。

4) 全国二手车评估鉴定现状

当前我国的二手车鉴定评估系统还处于起步阶段,二手车鉴定评估行业还没有形成一套科学、统一、严谨的鉴定评估理论和办法。目前我国二手车鉴定评估主要是人起主导作用,而且很多二手车市场仍然采用简单的平均年限折旧法进行价值的评估。二手车市场鉴定评估人员也十分混乱,二手车市场缺少高素质的专业鉴定评估师,且获得国家正规职业资格证书的评估师人员相对比较少,许多鉴定评估师的专业水平也是参差不齐。所以在实际的鉴定评估工作中存在知识技能偏低、人为因素影响大、随意成分多等现象,漏估、高估、低估车价的现象时有发生。甚至有的地方发生了"私卖公高估价,公卖私低估价",不仅扰乱了市场秩序,而且造成了国有资产和税收的大量流失,严重影响了司法的公正和相关业务的正常开展,还使广大消费者的合法权益受到损害。许多二手车市场采用非常简单的平均年限折旧法,并辅之眼观、手摸、试驾等老办法,全凭评估者的经验进行鉴定和评估,其结果缺乏依据,并具有一定的片面性,得出的价格缺乏科学性和可信度,无法为公平的市场交易提供价值尺度,也无法使二手车的行驶安全和卖车者的利益得到保证。即使 2005 年出台的《二手车流通管理办法》也只是对二手车鉴定评估机构的性质、人员、场地等作出了简单的要求,并没解决目前我国二手车市场发展所面临的根本问题,这也在一定程度上阻碍了我国二手车市场的发展。

不过二手车鉴定评估环节存在的问题所引发的不良后果使得社会各界的反映十分强烈,也引起国家相关部门的重视。国家国内贸易局、人力资源和社会保障部已经对二手车的鉴定评估从业人员作出了先培训、后上岗的决定,先后还颁布了《旧机动车鉴定估价师国家职业标准》,编写了培训二手车鉴定评估从业人员的专用教材,成立相关的鉴定机构,为二手车鉴定评估行业走向规范化、科学化、法制化的轨道奠定了坚实的基础。而且国内一些 4S 店开展的品牌二手车业务和大型正规的二手车评估鉴定机构对二手车的鉴定都采取了人员评估和计算机检测评估相结合的评估方式,相对比较先进和紧跟世界潮流。但由于计算机检测鉴定需要专业仪器,成本相对较高,在我国并没有普及开来。不过这也说明我国的二手车鉴定评估行业正在进步。

1.3　二手车交易市场的政策法规及行业发展

1.3.1　二手车市场政策环境分析

自 2000 年以来,随着二手车市场的扩大,政府不断制定新的法规条例,以规范二手车市场交易。

1. 推动二手车市场初步发展

我国的二手车市场是随着我国改革开放和汽车行业发展而发展的,从 1979 年国家允许私人买车以来,汽车开始走入千家万户。有需求就有市场,20 世纪 80 年代后,二手车行业开始逐步兴起。起初是由私人自发式经营的路边摊模式,二手车交易以车贩子倒车为主要方式,促进了二手车的流通,但是也出现了二手车交易秩序混乱、诚信度较差等的特点,使消费者很难放心地购买二手车。

面对二手车市场规模的日益增长,为规范二手车交易,1998 年 3 月 9 日,当时的国内贸易部发布了关于《旧机动车交易管理办法》的通知,是我国第一部关于二手车交易的专门性文件。该办法中明确提出要设立旧机动车交易中心,具有旧机动车评估定价及旧机动车收购、销售、寄售、代购、代销、租赁、拍卖、检测维修、配件供应、美容及信息服务等功能,并为客户提供过户、上牌、保险等服务。明确了二手车的评估定价执行标准和从业人员资质,规范了二手车交易行为:收购、销售、寄售、代购、代销、租赁、拍卖。从此,我国的二手车市场走上正规发展之路。

2. 促进二手车市场规范发展

随着经济快速发展,汽车私人消费需求快速增长,截至 2004 年底,全社会汽车保有量已增加到 2709 万辆,其中私人汽车保有量占总保有量的 55.3%。但随之而来的是,法律法规不健全,不能适应新的形势需求。比如,国内贸易部在 1998 年颁布的《旧机动车交易管理办法》规定,二手车只能在二手车市场交易,市场外的交易都是非法的。但随着管理方式日益改进,场外交易已经具备条件,应按国际惯例,允许汽车经销商、拍卖公司等经营主体经营二手车。

在此背景下,2005 年 8 月,商务部发布了《汽车贸易政策》,鼓励二手车流通,加快二手车市场的培育和建设;同年 10 月,具体的施行办法《二手车流通管理办法》正式实施,标志着二手车市场走上科学规范发展之路。《二手车流通管理办法》实现经营主体多样化,简化二手车交易程序,对二手车的行为规范、鉴定评估有了更为明确的规定。

2006 年 3 月,为加强规范二手车交易行为,商务部出台《二手车交易规范》,并明确规定二手车经销企业需为车辆提供质量保证。2009 年 2 月，国务院出台的《汽车产业调整与振兴规划》，则进一步明确了二手车市场发展的政策和措施。

3. 保障二手车市场转型发展

随着二手车进入全新、快速的稳定发展阶段后，近年来，二手车市场似乎也走到了十字路口，路边摊的历史原因造成二手车市场不被信任；国企背景、限迁、限购政策原因造成二手车市场经营和服务滞后。

2016 年 3 月 14 日，国务院办公厅下发《国务院办公厅关于促进二手车便利交易的若干意见》，文件对营造二手车自由流通的市场环境、进一步完善二手车交易登记管理、加快完善二手车流通信息平台、加强二手车市场主体信用体系建设、优化二手车交易税收政策、加大金融服务支持力度、积极推动二手车流通模式创新、完善二手车流通制度体系建设等八方面提出意见，此文件取消了影响二手车行业发展的多条限制，全面激发了二手车行业活力。与之前下发的文件不同的是：首先，这次文件是由国务院牵头发布，体现国家重视程度；其次，每条都规定了执行的具体部门与执行时间，体现了明确的责任分工，更利于政策的落地执行；最后，从执行效果看，仅取消限迁一项，截至 2016 年底全国已经有 10 省份 133 个城市取消限迁，虽然数量不到一半，但效果尚可，毕竟各地难度不一。

相信随着国家政策的逐步落实与施行，二手车行业的发展肯定也会"继续前进"。

二手车相关政策法规汇总见表 1-1。

表 1-1　二手车相关政策法规汇总

政策工具	政策法规名称	文　号	发布时间
行业管理	旧机动车交易管理办法	贸易部（内贸机字〔1998〕第 33 号）	1998 年
	关于加强旧机动车市场管理工作的通知	国经贸贸易〔2001〕1281 号	2001 年
	二手车流通管理办法	商务部令 2005 年第 2 号	2005 年 8 月 29 日
	二手车交易规范	商务部公告 2006 年第 22 号	2006 年 3 月 24 日
	关于进一步规范二手车市场秩序促进二手车市场健康发展的意见	工商市字〔2009〕212 号	2009 年 10 月 22 日
	商务部关于促进汽车流通业"十二五"发展的指导意见	商建发〔2011〕489 号	2011 年 12 月 22 日
	家用汽车产品修理、更换、退货责任规定	国家质检总局〔2013〕250 号	2013 年 10 月
	二手车鉴定评估技术规范	国标〔2013〕第 27 号	2014 年 6 月
	国务院关于"先照后证"改革后加强事中事后监督的意见	国发〔2015〕62 号	2015 年 10 月 13 日
	国务院办公厅关于促进二手车便利交易的若干意见	国办发〔2016〕13 号	2016 年 3 月 25 日
	关于加强二手车环保达标监管工作的通知	环办大气函〔2016〕2373 号	2016 年 12 月 29 日
	商务部办公厅公安部办公厅环境保护部办公厅关于请提供取消二手车限制迁入政策落实情况的函	商办建函〔2017〕115 号	2017 年 3 月 16 日

续表

政策工具	政策法规名称	文　号	发布时间
关联政策	公安部关于修改《机动车登记规定》的决定	公安部令第 124 号	2012 年 9 月 12 日
	汽车贷款管理办法	中国人民银行,中国银行业监督管理委员会令〔2004〕第 2 号	2004 年 8 月 16 日
税收管理	国家税务总局关于统一二手车销售发票样式问题的通知	国税函〔2005〕693 号	2005 年 7 月 5 日
	国家税务总局关于二手车经营业务有关增值税问题的公告	国家税务总局公告 2012 年第 23 号	2012 年 6 月 1 日
	国家税务总局关于二手车经销企业发票使用有关问题的公告	国家税务总局公告 2013 年第 60 号	2013 年 10 月 9 日

1.3.2 互联网+二手车行业发展分析

1. 二手车行业网站分类

当今互联网上涉及二手车信息的网站有很多,而其中绝大多数网站是以乘用车二手车为主题的网站,专业的面向商用车二手车网站相对较少,更多一些的是综合类二手车网站,兼有乘用车与商用车信息。二手车相关网站见表 1-2,按照内容与定位这些网站主要分为三类。

表 1-2　二手车相关网站描述

企　业	概　述
瓜子二手车	主打 C2C 个人二手车买卖服务的交易平台,实行瓜子二手车和毛豆新车网双品牌运作
优信二手车	二手车拍卖平台,集竞价拍卖、车辆检测、安全支付、物流运输及售后服务代办为一体
大搜车	汽车新零售和新金融平台,SaaS 系统在二手车商以及新车非 4S 店渠道覆盖率超过 70%
58 同城	提供分类信息及本地生活服务
淘车	腾讯、京东、百度、易车等互联网巨头投资 65 亿元打造的互联网汽车零售交易平台
人人车	二手车交易服务平台,主打个人二手车、无差价交易服务
赶集网	分类信息和 O2O 生活服务网站
车置宝	主打二手车帮卖网络竞价,为车主提供全程免费的一站式卖车服务
车易拍	二手车检测、拍卖交易服务网站,此后扩充到分期购车、汽车金融等服务
车王二手车	线上线下二手车服务超市,拥有线下 20 多家连锁二手车零售超市
二手车之家	汽车之家旗下二手车交易平台
百姓网	分类信息和本地消费生活服务网站
看车网	二手车 O2O 平台,为经销商提供估价、拍卖引导、金融、延长质保等产品及服务
273 二手车	二手车连锁交易平台及网站,旗下有二手车检测系统、"拍车宝"二手车拍卖服务等
换车网	综合换车服务平台,着力于汽车置换业务及后市场服务

续表

企　　业	概　　述
丰顺路宝	主打事故车残值拍卖的公司，为各保险公司提供保险减损解决方案
51 汽车	全国性二手车信息平台
车 e 估计	专注于为金融机构提供二手车鉴定评估服务
什马出行	农村新能源汽车一站式新零售交易服务平台
优车库二手车	中高端二手车帮买平台，专注于高端二手车的精选与服务
亿乘科技	致力于通过移动互联网工具帮助车商快速发布和分享二手车，加快二手车的流通速度
九域车联	主打高档二手车的二手车经销商与服务平台
享车无忧	提供二手车残值租赁服务，以汽车使用权代替所有权为客户提供用车服务
车立拍	专注个人二手车与二手车车商信息发布
车商税	为中国汽车经销商企业、汽车服务企业提供一站式的数字化管理解决方案

1）分类信息类网站

网站为用户提供众多本地生活、商务服务类信息，其中二手车信息只占网站信息量的一小部分。这类网站是由卖车人通过网站发布自己的二手车信息，买家通过网站搜索到自己需要的二手车信息，按照卖车人登记在网站上的联系方式与之取得联系。这一类型的网站只作为信息发布平台，并不作为二手车的销售方与买家有任何业务往来，实际的二手车交易是通过买卖双方在线下进行的。

2）专业二手车信息平台网站

网站为用户提供二手车交易供求信息，其中既包括乘用车二手车信息也包括商用车信息，但从网站的信息量比重来看，乘用车的信息量远大于商用车的信息量。

3）汽车门户网站

此类网站主要报道乘用车与商用车市场动态，提供最新的汽车新闻资讯和行业数据、汽车导购和报价信息以及经销商信息等。二手车信息作为该网站的一个分支频道存在，由网站发布或者由用户自主发布二手车信息。

2. 二手车行业网站盈利模式

1）分类信息类网站

（1）广告收入。分类信息网的广告收入主要来自精准广告方面，其实商家对这类广告有着很强的需求。

（2）用户在线支付。分类信息网用户可以享受免费发布信息的一些基本服务项目。但是，如果你要享受一些特殊服务项目，就需要付费才能使用。这不仅是分类信息网盈利模式之一，同时，也是为了更好地为那些想要获得更好服务的用户提供必要条件。

（3）商家付费。在分类信息网上，商家的产品信息发布是免费的，并且是按照发布时间的先后顺序排列的。如果你发布的时间早的话，很可能会被其他商家发布的产品信息覆盖掉，很难被用户发现。如果你经常在此网站上发布，不仅占用时间，而且还占用自己的人力资源。因此，可以成为分类信息网的赞助商，那样就可以显示在网页的上边。当然这是收费的，但这相对于在电视或报纸上做广告可能要便宜得多。

2）专业二手车信息平台网站

网站以公司总部为基础开展线下业务,随着多年的发展,现在已辐射到全国较广的区域。凭借着设立在部分地区的实体店或合作店,线上与线下相结合的开展二手车业务。主要盈利模式有:

(1) 网站本身作为一个专业的二手车媒体,为全国广大二手车商提供网店、会员和广告推广服务,通过收取建站费、会员服务费和广告费来创收。

(2) 在有分支机构的城市开展二手车交易服务,以中介服务为主,通过收取一定的信息中介费或服务费来创收。

(3) 使用二手车信息发布平台的用户在网上可免费发布信息,同时对一部分用户提供一定的增值付费服务项目。

(4) 汽车增值辅助服务,比如二手车保险、贷款、检测、维修、保养、改装等。

3）汽车门户网站

(1) 广告收入:汽车门户网站的广告收入主要来自页面广告。

(2) 经销商、厂家推广收入:在产品信息页面、相应产品的经销商页面以及生产厂家页面推广信息等。

3. 二手车行业网站发展趋势分析

1）内容翔实的数据平台

由于我国二手车中90％以上都是在交易市场中完成的,造成的结果就是市场上车辆遍地,而网络上的车辆寥寥无几。要解决这个问题,首先必须实现二手车信息的上网,并纳入专门的数据库中,这其中,要尽可能地做到二手车信息的丰富和真实,这样,消费者在选择车辆的时候,就无须到处奔波,耗费大量时间和精力了。只要轻点鼠标,相关信息就一目了然。其次,二手车可以利用品牌优势,将车辆检测标准、规范的业务流程、严谨可靠的过户流程等车辆翔实的内容通过网络数据平台告之客户,让每一位选择二手车的客户都能感受到"诚信"服务。另外,二手车通过寄售、代售、虚拟预售等多种方式延伸服务类型,满足不同客户需求,从而提升品牌认知度和满意度。

2）互动平台

由于二手车选择、购买过程比较复杂,消费者在购买的过程中必然会有大量的问题需要得到解答。往往是一个问题得到了解答,不久又会产生新的问题,所以,二手车交易远不像新车那样干脆利落,常常是要经过多次沟通才能形成最后购买意向。这就对商家提出较高的要求,要不厌其烦、耐心细致地回答消费者的提问,只有如此,才有可能得到好的回报。

建立一个互动平台则可以较好地满足这种需求,同时在互动交流过程中,还可以收集客户对品牌的建议与不足。通过对二手车服务平台的不断改进和完善,从而更好地满足客户的需要。

3）二手车拍卖与交易服务平台

二手车拍卖与具有拍卖特征的交易服务平台业务指二手车以公开竞价的形式转让给最高应价者的经营活动。二手车拍卖公司和交易服务平台的业务主要来自集团客户、经纪公司、经销公司、黄牛和个人车主的委托,通过拍卖的方式,实现 B2B、B2C 和 C2C 交易,如图1-8所示。二手车拍卖分为二手车实地竞拍和二手车网络竞价,二手车经营者为了节省成本,二手车网上竞价逐渐活跃起来。自2011年起,二手车交易的跨区域流转比例不断上升的市场形势为拍卖提供了大发展的契机。2012年,实体拍卖与网络竞购等肩负二手车交易批发功能的业务呈现更快发展势头,越来越多的交易服务平台加入其中。

图1-8　二手车电商交易模式示意图

"互联网+汽车"给汽车后市场带来更大的想象空间,而二手车电商正成为创业的爆发点。有关数据显示,47.2%的中国二手车电商平台用户期望通过分期付款的方式购买二手车,23.8%的用户有意愿贷款购买。在中国二手车电商品牌中,人人车、优信二手车以及瓜子二手车网民知名度较高,分别以68.4%、62.6%及58.5%的知名度排名前三。

二手车业务正愈发成熟,开始朝整个生态链拓展。2018年9月16日,瓜子二手车第一家严选直卖店落地沈阳,正式开业。直卖店内包括车辆复检区、展示区、洽谈区、过户接待区、金融服务区等服务区域,承载了二手车咨询体验、检测整备、交易过户、金融、保险、维修保养等服务。瓜子二手车严选直卖店将通过人工智能大数据,实现瓜子二手车直卖网与直卖店的融合,也实现围绕交易和二手车生态服务间的融合,极大提升了二手车行业的效率与用户体验。瓜子二手车直卖业务完成战略升级,也标志着二手车行业进入线上线下一体化的新零售阶段。二手车电商开始涉足交易、金融、汽车后市场等整条产业链,覆盖消费者买车用车全生命周期,以资本的生态力量提升业务规模和加深业务护城河,汽车生态圈正在形成。

2018 年限迁政策解禁点燃二手车跨区域交易,这一政策的推动可以让车主多卖钱,也让二手经销商的运营得到强化,获得好车的渠道大大拓宽。另外,二手车电商对 AI 技术的积极应用正在推动二手车行业加速实现标准化,对定价环节的标准化是二手车电商对行业生态圈的重要贡献。

本 章 小 结

本章主要内容包括汽车评估的定义及特点,二手车市场的形成与发展现状,分析二手车交易市场的政策法规及未来行业发展趋势等。

下列的总体概要或框图覆盖了本章的主要学习内容,可以利用以下线索对所学内容进行一次简要的回顾,以便归纳、总结和关联相应的知识点。

(1) 汽车评估的概述。介绍了汽车评估广义和狭义上的定义,描述了汽车评估的特点、作用及意义等。

(2) 我国二手车市场的形成与发展。介绍了我国二手车市场的基本情况以及发展取得的成绩和存在的问题,分析了全国及北京、上海、广州部分重点城市二手车市场发展情况。

(3) 国外二手车市场的形成与发展。介绍了国外二手车市场的基本情况,分析了美国、英国、日本等国家的二手车市场发展现状。

(4) 二手车市场政策环境分析。主要介绍了二手车交易市场的政策法规。

(5) "互联网＋二手车"行业发展。主要介绍了二手车行业网站分类、二手车行业网站盈利模式、二手车行业网站发展趋势分析等。

自 测 题

一、单项选择题

1. 从美国、英国、日本等成熟市场来看,二手车与新车交易量比例高达 2∶1 甚至 3∶1。而我国二手车与新车交易量比例为(　　　)。

    A. 2∶1　　　　　　B. 3∶1　　　　　　C. 1∶3　　　　　　D. 1∶2

2. 下列(　　　)不是二手车价格评估人员的岗位职责。

    A. 接受客户对二手车交易的咨询,引导客户合法交易

    B. 负责收集二手车鉴定估价的市场价格信息

    C. 为交易后二手车提供技术服务

    D. 不准走私、非法拼装、报废车辆进场交易

3. 《二手车流通管理办法》中给出了二手车的定义:是指办理完(　　　)之后到达到国家报废标准之前所进行的交易并且所有权发生转移的汽车、挂车和摩托车。

    A. 销售手续　　　　B. 注册登记手续　　　C. 上牌手续　　　　D. 寄售手续

4. 二手车鉴定评估以( )为基础。

    A. 车内鉴定   B. 排放鉴定   C. 外观鉴定   D. 技术鉴定

二、判断题(在括号内正确的打√、错误的打×)

1. 汽车评估的核心是对汽车的某一时间点的价格进行估算。   ( )

2. 汽车评估直接涉及当事人双方的权益,对评估机构和人员有较高的要求。   ( )

3. 我国从 2009 年至今汽车生产和销售量是世界第一,已连续 3 年超过 2000 万辆。

                                                                         ( )

三、简答题

1. 何谓汽车评估?

2. 我国二手车市场和国外的相比存在哪些差距?

3. 请简述二手车市场发展存在的问题。

第 2 章

汽车评估基础知识

2.1 汽车评估的基本要素

由汽车评估狭义定义可知,汽车评估由八大基本要素组成,即鉴定评估主体、鉴定评估客体、鉴定评估依据、鉴定评估目的、鉴定评估原则、鉴定评估程序、鉴定评估价值和鉴定评估方法。

以上八个要素构成了汽车鉴定评估活动的有机整体,它们之间相互依托,是保证汽车鉴定评估工作正常进行和评估价值科学性的重要因素。

2.1.1 评估的主体和客体

1. 汽车鉴定评估主体

汽车鉴定评估主体是指汽车鉴定评估业务的承担者即从事汽车鉴定评估活动的专业评估机构及专业评估人员。由于汽车鉴定评估直接涉及当事人双方的权益,是一项政策性、专业性都很强的工作,因此无论是对专业评估机构,还是对专业评估人员都有较高的要求。

1) 汽车鉴定评估机构

汽车鉴定评估机构作为汽车保险市场、二手车交易市场、汽车碰撞事故双方的中介,易被双方当事人所接受,因而可以缓解当事人双方的矛盾冲突。也可以说,汽车鉴定评估机构是减少当事人之间摩擦的润滑剂。然而,汽车鉴定评估机构毕竟是以利润最大化为目标的中介组织,因此,无论评估人员本身是否出于商业目的,其行为的商业性是明显的,而公正性则相对有限。目前汽车鉴定评估机构的法律地位完全不同于我国司法系统中的公证部门。

此外,汽车鉴定评估机构的职能主要表现在以下几个方面:

(1) 评估职能。评估即评价、估算,指对某一事物或物质进行评判和预估。评估职能是评估所应具有的作用。汽车评估机构与其他公估人一样具有一种广义的评估职能,包括评估职能、勘验职能、鉴定职能、估价职能等。汽车评估机构对汽车进行评估,得出评估结论,并说明得出结论的充分依据和推理过程,体现出其评估职能。评估职能是汽车评估机构的关键职能。

（2）公证职能。这里所指的公证,即汽车评估机构对汽车评估结论作出符合实际、可以信赖的证明。汽车评估机构之所以具有公证职能,是因为:第一,汽车评估机构有丰富的汽车评估知识和技能,在判断汽车评估结论准确与否的问题上最具有资格和权威性;第二,作为当事人之外的第三方,汽车评估机构完全站在中立、公正的立场上就事论事,科学办事。

公证职能是汽车评估机构的重要职能,并具有以下特征:第一,这种公证职能虽然不具备定论作用,但却有促成事故结案、买卖成交的作用,因为当事人双方难以找出与评估结论完全不同的原因或理由。第二,这种公证职能虽然不具备法律效力,但该结论可以接受法律的考验。这是因为汽车评估机构的评估结论确定之后,必须经当事人双方接受才能结案或买卖成交。一旦当事人双方有一方不能接受,则可选择其他途径解决,如调解协商、仲裁或诉讼。但是,汽车评估机构可以接受委托方的委托出庭辩护,甚至可被聘请为诉讼代理人出庭诉讼,本着对委托方特别是对评估报告负责的原则,促成双方接受即定结论。

（3）中介职能。汽车评估服务机构作为中介人,从事评估经济活动,并参与相关利益的分配,为当事人提供服务,具有鲜明的中介职能。这是因为:第一,汽车评估机构可以受托于双方当事人的任何一方。第二,汽车评估机构以当事人之外的第三方身份从事汽车评估经营活动,从当事人一方获得委托,以中间人立场执行汽车评估,并收取合理费用。这样,汽车评估服务机构以中间人的身份,独立地开展汽车评估,从而得出评估结论,促成双方当事人接受该结论,为当事人提供中介服务,淋漓尽致地发挥其中介职能。

2）汽车鉴定评估人员

（1）汽车鉴定评估人员的基本素质

汽车鉴定评估人员的基本素质(见表 2-1)对评估工作水平和评估结果的质量有至关重要的影响。

表 2-1　汽车鉴定评估人员的基本素质

序号	基本素质	具体要求
1	政策理论素质	1. 掌握马克思主义的基本理论,能运用马克思主义的立场、观点和方法分析和解决问题 2. 有一定的资产评估业务理论,熟悉并掌握资产评估基本原理和基本方法 3. 有一定的政策水平,熟悉并掌握国家颁布的与二手车交易有关的政策、法规、行业管理制度及有关的技术标准
2	业务素质	1. 具有一定的汽车专业知识,熟悉汽车构造、汽车理论、汽车运用、汽车维修、汽车英语、汽车故障诊断、微机操作等知识 2. 具有实际的汽车检测技能,能够借助必要的检测工具,对汽车的技术状况进行必要的判断和鉴定,具有较高的收集、分析和运用信息资料的能力及一定的评估技巧 3. 具备经济预测、财务会计、市场金融、物价、法律等方面的知识
3	思想品德素质	热爱祖国,坚持四项基本原则,拥护改革开放的方针政策,遵纪守法,公正廉洁。鉴定评估人员只有具备较高的思想品德素质,才能在评估工作中自觉履行自己的职责和义务,恪守职业道德,全心全意地为客户服务

（2）汽车评估人员的职业标准要求

除了保证汽车鉴定评估质量以外，汽车鉴定评估的从业人员还需经过严格的考试或考核，取得劳动部门颁发的二手车鉴定评估岗位资格证书。

二手车鉴定估价师的技能要求见表 2-2。

表 2-2　二手车鉴定估价师的技能要求

职业功能	工作内容	技能要求	相关知识
咨询服务	业务接待	1. 能按岗位责任和规范要求，文明用语、礼貌待客 2. 能够简要介绍二手车交易方式、程序和有关规定	1. 岗位责任和规范要求 2. 二手车交易主要方式、程序和有关规定
咨询服务	法规咨询	1. 能向客户解答二手车交易的法定手续 2. 能向客户说明不同车主、不同类型二手车交易的有关法规	1. 国家对不同车主、不同类型二手车交易的规定 2.《机动车强制报废标准规定》《二手车交易管理办法》等
咨询服务	技术咨询	1. 能向客户解答汽车常用的技术参数、基本构造原理及使用性能 2. 能识别汽车类别、国产车型号和进口汽车出厂日期 3. 能根据客户提供的情况，初步鉴别二手车新旧程度	1. 汽车主要技术参数、基本构造原理及使用性能 2. 汽车分类标准、国产车型号编制规则和进口汽车出厂日期的识别方法 3. 鉴别二手车新旧程度基本方法
咨询服务	价格咨询	1. 能掌握二手车市场价格行情 2. 能向客户简要介绍二手车市场的供求状况 3. 能向客户介绍二手车交易所需的基本费用	1. 二手车价格行情、供求信息的收集渠道和方法 2. 二手车交易各项费用价格构成因素
手续检查	检查车辆各项手续	1. 能按规定检查二手车交易所需的各项手续 2. 能识别二手车交易所需票证的真伪	1. 二手车交易手续和相关知识 2. 二手车交易所需票证识伪常识
车况检查	技术状况检查	1. 通过目测、耳听、试摸等手段，能判断二手车外观和主要总成的基本状况 2. 通过路试，能判断发动机动力性能，传动系、转向系、制动系、电路、油路等工作情况	1. 目测、耳听、试摸检查二手车的方法和要领 2. 路试检查二手车的方法和要领 3. 汽车检测技术常识
车况检查	技术状况检测	1. 能读懂汽车检测报告 2. 会使用简单的检测仪器和设备	
技术鉴定	二手车主要部件技术状况鉴定	1. 熟悉汽车主要部件正常工作的状态 2. 能判定二手车主要部件的技术状况	1. 汽车主要部件的工作原理 2. 检测报告数据分析方法 3. 二手车技术状况等级鉴定方法
技术鉴定	二手车整车技术状况鉴定	1. 能正确分析检测报告的数据 2. 能判定二手车整车的技术状况等级	

续表

职 业 功 能	工 作 内 容	技 能 要 求	相 关 知 识
评估定价	评估价格	1. 根据车况检测和技术鉴定结果，确定二手车的成新率 2. 根据二手车成新率及市场行情，确定二手车价格	1. 确定二手车成新率的方法 2. 二手车价格评估程序和方法
	编写评估报告	能编写二手车鉴定评估报告	评估报告的格式、要求

二手车高级鉴定估价师的技能要求见表 2-3。

表 2-3　二手车高级鉴定估价师的技能要求

职 业 功 能	工 作 内 容	技 能 要 求	相 关 知 识
咨询服务	业务接待	1. 能合理运用社交礼仪及社交语言 2. 能与国外客户进行简单交流 3. 能发现客户的需求和交易动机，营造和谐的洽谈气氛	1. 营销工作中的公关语言、礼仪 2. 常用外语口语 3. 客户的需求心理、交易动机等常识
	法规咨询	1. 能向客户解答二手车交易的法定手续 2. 能向客户说明不同车主、不同类型二手车交易的有关法规	1. 国家对不同车主、不同类型二手车交易的规定 2.《机动车强制报废标准规定》《二手车交易管理办法》等
	技术咨询	1. 能向客户解答和说明汽车主要总成的工作原理 2. 能向客户介绍汽车维护、修理常识 3. 能为客户判断二手车常见故障 4. 能理解国外常见车型代号的含义 5. 能看懂进口汽车英文产品介绍、使用说明等技术资料	1. 汽车主要总成工作原理 2. 汽车维护、修理常识 3. 汽车常见故障 4. 国外常见车辆型号的含义 5. 汽车专业英语基础
	价格咨询	1. 能通过计算机网络查询二手车价格行情和供求信息 2. 能分析说明二手车市场价格、供求变化趋势 3. 能根据车辆使用情况，初步估计二手车价格	1. 计算机信息系统软件使用方法 2. 价格学、市场学基础知识 3. 二手车价格粗估方法
	投资咨询	1. 能帮助客户根据用途选择车型 2. 能根据客户需要，提供投资建议	1. 二手车用途及购买常识 2. 二手车投资收益分析方法
手续检查	检查车辆各项手续	1. 能按规定检查二手车交易所需的各项手续 2. 能识别二手车交易所需票证的真伪	1. 二手车交易手续和相关知识 2. 二手车交易所需票证识伪常识

职业功能	工作内容	技能要求	相关知识
车况检查	技术状况检查	1. 能识别事故车辆 2. 能识别翻新、大修车辆 3. 能发现二手车主要部件更换情况	1. 识别事故车辆的方法及识别翻新、大修车辆的方法 2. 汽车维修常识 3. 汽车基本的检测技术和方法
	技术状况检测	1. 熟悉汽车检测的基本项目 2. 能掌握汽车基本检测方法 3. 会使用汽车常用的检测仪器和设备	
技术鉴定	二手车主要部件技术状况鉴定	熟悉汽车主要部件的技术状况对整车性能的影响	1. 汽车部件损耗规律 2. 二手车技术鉴定报告格式和内容
	二手车整车技术状况鉴定	能撰写二手车技术鉴定结果报告	
评估定价	评估价格	1. 掌握国家有关设备折旧规定和计算方法 2. 掌握并能运用多种评估定价方法 3. 能利用计算机鉴定估价软件进行估价	1. 设备折旧法 2. 二手车估价软件使用方法 3. 价格策略与常用定价方法：成本定价法、需求定价法、竞争定价
	编写评估报告	能运用计算机编写评估报告	计算机文字处理软件使用方法
工作指导	指导鉴定估价工作	1. 了解汽车的发展动态 2. 能指导二手车鉴定估价师处理工作中遇到的较复杂问题 3. 能结合实际情况,对鉴定估价工作提出改进意见	汽车发展动态以及鉴定估价的相关知识

2. 汽车鉴定评估的客体

汽车鉴定评估的客体是指被评估的车辆。汽车鉴定评估是以变动汽车产权或不变动汽车产权为目的而进行的评估,为将要发生的经济行为提供公平的价格尺度。例如在二手车交易过程中准确地确定二手车价格,并以此作为买卖成交的参考底价。根据《二手车流通管理办法》的规定,以下九种车辆不允许进行交易。

（1）已报废或者达到国家强制报废标准的车辆。

（2）在抵押期间或者未经海关批准交易的海关监管车辆。

（3）在人民法院、人民检察院、行政执法部门依法查封、扣押期间的车辆。

（4）通过盗窃、抢劫、诈骗等违法犯罪手段获得的车辆。

（5）发动机号码、车辆识别代号或者车架号码与登记号码不相符,或者有凿改迹象的车辆。

（6）走私、非法拼（组）装的车辆。

（7）不具有《机动车登记证书》《机动车行驶证》、有效的机动车安全技术检验合格标志、车辆购置税完税证明、养路费缴付凭证、车船使用税缴付凭证、车辆保险单等任一证明或凭证的车辆。

（8）在本行政辖区以外的公安机关交通管理部门注册登记的车辆。

(9) 国家法律、行政法规禁止经营的车辆。

此外,车辆上市交易前,必须先到公安交通管理机关申请临时检验,经检验合格,在其行驶证上签注检验合格记录后,方可进行交易。检验被交易车辆的车架号码和发动机号码的符号、数字及各种外文字母的全部拓印,发现不一致或改动、凿痕、锉痕、重新打刻等人为改变或毁坏的,对车辆一律扣留审查。

2.1.2　评估的依据和目的

1. 汽车鉴定评估的依据

汽车鉴定评估工作和其他工作一样,在评估时必须有正确科学的依据,这样才能得出正确结论。汽车鉴定评估的依据是指评估工作所遵循的法律、法规、经济行为文件以及其他参考资料。一般包括行为依据、法律依据、产权依据和取价依据四部分。

1) 行为依据

行为依据是指实施汽车鉴定评估行业的依据,一般包括经济行为成立的有关决议文件以及评估当事方的评估业务委托书。

2) 法律依据

法律依据是指汽车鉴定评估所遵循的法律法规,主要包括:

(1)《国家资产评估管理办法》。

(2)《国有资产评估管理实施细则》。

(3)《机动车强制报废标准规定》。

(4)《中华人民共和国机动车登记规定》。

(5)《二手车流通管理方法》。

(6)《机动车运行安全技术条件》。

(7) 其他相关的政策法规。

3) 产权依据

产权依据是指表明机动车权属证明的文件,主要包括:

(1) 机动车来历凭证。

(2)《机动车登记证书》。

(3)《机动车行驶证》。

(4)《出租车营运证》。

(5)《道路营运证》等。

4) 取价依据

取价依据是指实施汽车鉴定评估的机构或人员,在评估工作中直接或间接取得或使用对汽车鉴定评估有借鉴或佐证作用的资料,主要包括价格资料和技术资料。

(1) 价格资料。价格资料包括新车销售价格、易损零部件价格、车辆装备价格、维修工时定额和维修价格资料,国家税费征收标准、车辆价格指数变化、各品牌车型残值率等。

(2) 技术资料。技术资料包括机动车的技术参数,新产品、新技术、新结构的变化,车辆故障的表面现象与差别,车辆维修工艺及国家有关技术标准等。

2. 汽车鉴定评估的目的

汽车鉴定评估的目的是为了正确反映汽车的价值及变动,为将要发生的经济行为提供公平的价格尺度。同时,它告诉汽车鉴定评估机构市场在哪里,到哪里去寻找评估业务。在汽车鉴定评估市场,针对汽车的鉴定评估主要分为两大类,即一类为变动汽车产权,另一类为不变动汽车产权。

1) 变动汽车产权

变动汽车产权是指车辆所有权发生转移的经济行为,包括二手车的交易、置换、转让、并购、拍卖、投资、抵债、捐赠等。

(1) 车辆的交易转让。二手车在交易市场上进行买卖时,买卖双方对二手车交易价格的期望是不同的,甚至相差甚远。因此需要鉴定评估人员对被交易的二手车进行鉴定评估,评估的价格作为买卖双方成交的参考底价。

(2) 车辆置换。置换的概念源于海外,它强调的是旧物品(或次等的、较差的)与新物品(较好的)进行交换,这种交换是不等价的,由置换方给予差额补贴。置换业务有两种情况,即一种是以旧换新业务,另一种是以旧换旧业务。两种情况都会涉及对置换车辆的鉴定评估,结果直接关系到置换双方的利益。

(3) 车辆拍卖。拍卖是指以公开竞价的形式将特定物品或者财产权利转让给最高应价者的买卖方式。对于公务车,执法机关罚没车辆,抵押车辆,企业清算车辆,海关获得的抵税、放弃车辆和私家车等,都需要对车辆进行鉴定评估,为拍卖车辆活动提供拍卖底价。此外,还有与拍卖方式基本类似的招标底价。

(4) 其他。其他经济行为(如企业发生联营、兼并、出售、股份经营或破产清算)也需要对企业所拥有的汽车进行鉴定评估,以充分保证企业的资产权益。

2) 不变动汽车产权

不变动汽车产权是指车辆所有权未发生转移的经济行为,包括汽车的纳税、保险、抵押、典当、事故车损、司法鉴定(海关罚没、盗抢、财产纠纷等)。

(1) 车辆保险。在对车辆进行投保时,所缴纳的保险费高低直接与车辆成本的价值大小有关。同样当被保险车辆发生保险事故,保险公司需要对事故进行理赔。为了保障双方的利益,也需要对核保理赔的车辆进行公平的鉴定评估。除一般的车损评估外,还包括火烧车和浸水车的鉴定评估。

(2) 抵押贷款。银行为了确保放贷安全,要求贷款人以机动车作为贷款抵押。银行为了确保贷款的安全性,要对汽车进行鉴定评估。而这种贷款的安全性在一定程度上取决于对抵押车辆评估的准确性。一般情况下,评估价要比市价略低。

(3) 担保。担保是指车辆所有单位或所有人,以其拥有的汽车为其他单位或个人的经济行为提供担保,并承担连带责任的行为。

(4) 典当。当典当双方对当物车辆的估价有较大的出入时,为了保障典当业务的正常进行,可以委托汽车鉴定评估人员对当物车辆的价值进行评估,典当行可以以此作为放款的依据。当当物车辆发生绝当时,对绝当车辆的处理,同样也需要委托汽车鉴定评估人员为其提供鉴定评估服务。

（5）纳税评估。纳税评估是指政府为纳税赋税，由评估人员估定的作为机动车纳税基础的价码，具体纳税价格视纳税政策而定。

（6）司法鉴定。司法鉴定按性质的不同可分为刑事案件和民事案件。①刑事案件一般是指盗抢车辆、走私车辆、受贿车辆等。其委托方一般是国家司法机关和行政机关，委托目的是为了取证。②民事案件是指法院执行阶段的各种车辆。其委托方一般是人民法院，委托目的是案件执行需要进行抵债变现。上述两种情况都要求鉴定评估人员对车辆进行评估，有助于把握事实的真相，确保司法公正，因此要求极高。

在接受车辆评估委托时，明确车辆的评估目的十分重要。对车辆的鉴定评估是一种市场价格评估，所以对客户提出的不同委托目的，有不同的评估方法。对于同一车辆，由于不同的评估目的，评估出来的结果有所不同。

2.1.3　评估的原则和程序

1. 汽车鉴定评估的原则

汽车鉴定评估的基本原则是对汽车鉴定评估行为的规范。正确理解和把握汽车鉴定评估的原则，对于选择科学、合理的汽车鉴定评估方法、提高评估效率和质量具有十分重要的意义。汽车鉴定评估的原则分为工作原则和经济原则两大类。

1）工作原则

汽车鉴定评估的工作原则是评估机构与评估工作人员在评估工作中应遵循的基本原则，包括合法性原则、公平性原则、独立性原则、客观性原则、科学性原则、专业性原则等。

（1）合法性原则。汽车鉴定评估行为必须符合国家法律、法规，必须遵循国家对机动车户籍管理、报废标准、税费征收等政策要求，这是开展汽车鉴定评估的前提。

（2）公平性原则。公平、公正、公开是汽车鉴定评估机构和工作人员应遵守的一项最基本的道德规范。要求鉴定评估人员的思想、作风、态度公正无私，评估结果应该公道、合理，绝不能偏向任何一方。

（3）独立性原则。独立性原则，一是要求汽车鉴定评估机构和工作人员应该依据国家的法规和规章制度及可靠的资料数据，对被评估的汽车价格独立地作出评估结论，且不受外界干扰和委托者的意图影响，保持独立公正；二是评估行为对于委托当事人应具有非利害和非利益关系。评估机构必须是独立的评估中介机构，评估人员必须与评估对象的利益涉及者没有任何利益关系。绝不能既从事交易服务经营，又从事交易评估。

（4）客观性原则。客观性原则要求鉴定或评估结果应以充分的事实为依据，在鉴定评估过程中的预测推理和逻辑判断等只能建立在市场和现实的基础资料以及现实的技术状态上。

（5）科学性原则。科学性原则是指汽车鉴定评估机构和人员应运用科学的方法、程序、技术标准和工作方案开展活动。即根据评估的基准日、特定目的，选择适用的方法和标准，遵循规定的程序实施操作。

（6）专业性原则。专业性原则要求汽车鉴定评估工作尽量由专业的鉴定评估机构来承担。同时还要求汽车鉴定评估行业内部存在专业技术竞争,以便为委托方提供更多的选择余地。并要求鉴定评估人员接受相关专业培训,通过职业技能鉴定并取得国家相关部门统一颁发的执业证书,持证上岗。

2) 经济原则

汽车鉴定评估的经济原则是指在汽车鉴定评估过程中,进行具体技术处理的原则。它是汽车鉴定评估原则的具体体现,是在总结汽车鉴定评估经验及市场能够接受的评估准则的基础上形成的。经济原则主要包括预期收益原则、替代原则、最佳效用原则。

(1) 预期收益原则。预期收益原则是指在对营运性车辆进行评估时,车辆的价值可以不按照其过去形成的成本或购置价格决定,但必须充分考虑它在未来可能为投资者带来的经济效益。车辆的市场价格主要取决于其未来的有用性或获利能力,未来效用越大,评估值越高。预期收益原则要求在进行评估时,必须合理预测车辆的未来获利能力及取得获利能力的有效期限。

(2) 替代原则。替代原则是商品交换的普遍规律,即价格最低的同质商品对其他同质商品具有替代性。据此原理,汽车鉴定评估的替代原则是指在评估中,面对几个相同或相似车辆不同价格时,应取较低者为评估值,或者说评估值不应高于替代物的价格。这一原则要求评估人员从购买者角度进行汽车鉴定评估,因为评估值应是车辆潜在购买者愿意支付的价格。

(3) 最佳效用原则。最佳效用原则是指若一辆汽车同时具有多种用途,在公开市场条件下进行评估时,应按照其最佳用途来评估车辆价值。这样既可保证车辆出售方的利益,又有利于车辆的合理使用。

2. 汽车鉴定评估的程序

汽车鉴定评估作为一个重要的专业领域,情况复杂,作业量大。在进行汽车鉴定评估时,应分步骤、分阶段地实施相应的工作。从专业评估角度而言,汽车鉴定评估机构开展汽车鉴定评估经营活动应按图 2-1 所示的评估流程进行,具体过程参照附录 2——国家标准《二手车鉴定评估技术规范》(GB/T 30323—2013)进行。

1) 受理鉴定评估

了解委托方及其车辆的基本情况,明确委托方要求,主要包括委托方要求的评估目的、评估基准日、期望完成评估的时间等。

2) 查验可交易车辆

(1) 查验机动车登记证书、行驶证、有效机动车安全技术检验合格标志、车辆购置税完税证明、车船使用税缴付凭证、车辆保险单等法定证明、凭证是否齐全,并按照表 2-4 检查所列项目是否全部判定为 Y。

(2) 如发现上述法定证明、凭证不全,或表 2-4 检查项目任何一项判别为 N 的车辆,应告知委托方,不需继续进行技术鉴定和价值评估(司法机关委托等特殊要求的除外)。

(3) 发现法定证明、凭证不全,或者表 2-4 中第 1 项、4~8 项任意一项判断为 N 的车辆应及时报告公安机关等执法部门。

图 2-1　汽车鉴定与评估流程

表 2-4　可交易车辆判别表

序号	检　查　项　目	判　　别
1	是否达到国家强制报废标准	Y　N
2	是否为抵押期间或海关监管期间	Y　N
3	是否为人民法院、检察院、行政执法等部门依法查封、扣押期间的车辆	Y　N
4	是否为通过盗窃、抢劫、诈骗等违法犯罪手段获得的车辆	Y　N
5	发动机号与机动车登记证书登记号码是否一致,且无凿改痕迹	Y　N
6	车辆识别代号或车架号码与机动车登记证书登记号码是否一致,且无凿改痕迹	Y　N
7	是否走私、非法拼组装车辆	Y　N
8	是否法律法规禁止经营的车辆	Y　N

3) 签订委托书

对相关证照齐全、表 2-4 检查项目全部判别为 Y 或者司法机关委托等特殊要求的车辆,按附录 2 签署二手车鉴定评估委托书。

4) 登记基本信息

(1) 登记车辆使用性质信息,明确营运与非营运车辆。

(2) 登记车辆基本情况信息,包括车辆类别、名称、型号、生产厂家、初次登记日期、表征行驶里程等。如果表征行驶里程与实际车况明显不符,应在《二手车鉴定评估报告》或《二手车技术状况表》有关技术缺陷描述时予以注明。

5) 判别是否为事故车

(1) 参照图 2-2 所示车体部位,按照表 2-5 要求检查车辆外观,判别车辆是否发生过碰撞、火烧,确定车体结构是完好无损或者有事故痕迹。

　①—左A柱　　⑤—右B柱　　⑨—左前减振器悬挂部位
　②—左B柱　　⑥—右C柱　　⑩—右前减振器悬挂部位
　③—左C柱　　⑦—左前纵梁　⑪—左后减振器悬挂部位
　④—右A柱　　⑧—右前纵梁　⑫—右后减振器悬挂部位

图 2-2　车体部位结构图

(2) 使用漆面厚度检测设备配合对车体结构部件进行检测,使用车辆结构尺寸检测工具或设备检测车体左右对称性。

(3) 根据表 2-5、表 2-6 对车体状态进行缺陷描述。即车身部位+状态。例如,4SH,即左 C 柱有烧焊痕迹。

(4) 当表 2-5 中任何一个检查项目存在表 2-6 中对应的缺陷时,则该车为事故车。

(5) 事故车的车辆技术鉴定和价值评估不在二手车鉴定与评估的范围之内。

表 2-5　车体部位代码表

序号	检查项目	序号	检查项目
1	车体左右对称性	8	左前纵梁
2	左 A 柱	9	右前纵梁
3	左 B 柱	10	左前减振器悬挂部位
4	左 C 柱	11	右前减振器悬挂部位
5	右 A 柱	12	左后减振器悬挂部位
6	右 B 柱	13	右后减振器悬挂部位
7	右 C 柱		

表 2-6　车辆缺陷状态描述对应表

代表字母	BX	NQ	GH	SH	ZZ
缺陷描述	变形	扭曲	更换	烧焊	褶皱

6) 鉴定车辆技术状况

(1) 按照车身、发动机舱、驾驶舱、启动、路试、底盘等项目顺序检查车辆技术状况。

(2) 根据检查结果确定车辆技术状况的分值。总分值为各个鉴定项目分值累加,即鉴定总分＝$\sum$项目分值,满分 100 分。

(3) 根据鉴定分值,按照表 2-7 确定车辆对应的技术等级。

表 2-7   车辆技术状况等级分值对应表

技术状况等级	分 值 区 间
一级	鉴定总分≥90
二级	60≤鉴定总分＜90
三级	20≤鉴定总分＜60
四级	鉴定总分＜20
五级	事故车

7) 评估车辆价值

(1) 按照车辆有关情况,确立估值方法,并对车辆价值进行估算。

(2) 估值方法选用原则。一般情况下,推荐选用现行市价法;在无参照物、无法使用现行市价法的情况下,选用重置成本法。

(3) 现行市价法的运用方法。评估价值为相同车型、配置和相同技术状况鉴定检测分值的车辆近期的交易价格;如无参照,可从本区域本月内的交易记录中调取相同车型、相近分值,或从相邻区域的成交记录中调取相同车型、相近分值的车辆成交价格,并结合车辆技术状况鉴定分值加以修正。

(4) 当无任何参照体时,使用重置成本法计算车辆价值。车辆评估价值＝更新重置成本×综合成新率。

① 更新重置成本为相同型号、配置的新车在评估基准日的市场零售价格。

② 综合成新率由技术鉴定成新率与年限成新率组成:

$$综合成新率 ＝ 年限成新率×\alpha + 技术鉴定成新率×\beta$$

式中,年限成新率＝预计车辆剩余使用年限/车辆使用年限(乘用车使用年限 15 年,超过 15 年的按实际年限计算,有年限规定的车辆、营运车辆按实际要求计算);技术鉴定成新率＝车辆技术状况分值/100;α,β 分别为技术鉴定成新率与年限成新率系数,由评估人员根据市场行情等因素确定,且 $\alpha+\beta=1$。

技术鉴定成新率×β,相当于实体性陈旧贬值与功能性陈旧贬值后,车辆剩余的价值率;年限成新率×α,相当于经济性陈旧贬值后,车辆剩余的价值率。

8) 撰写并出具鉴定评估报告

(1) 根据车辆技术状况鉴定等级和价值评估结果等情况,按照附录 2 要求撰写《二手车鉴定评估报告》,做到内容完整、客观、准确,书写工整。

(2) 按委托书要求及时向客户出具《二手车鉴定评估报告》,并由鉴定评估人与复核人签章,鉴定评估机构加盖公章。

9) 归档工作底稿

将《二手车鉴定评估报告》及其附件与工作底稿独立汇编成册,存档备查。档案保存一般不少于 5 年;鉴定评估目的涉及财产纠纷的,其档案至少应当保存 10 年;法律法规另有规定的,从其规定。

2.1.4 评估的假设和计价标准

1. 汽车鉴定评估假设

汽车鉴定评估假设是与汽车鉴定评估标准有着密切联系的概念。汽车鉴定评估过程中所采用的理论和方法,都是建立在一定的假设条件上的。如果其假设前提不同,所适用的评估标准也就不同,评估结果也会大相径庭。汽车鉴定评估假设有继续使用假设、公开市场假设和清偿假设三种。

1) 继续使用假设

继续使用假设是指汽车将按现行用途继续使用,或将转换用途继续使用。这一假设的核心是强调汽车对未来的有效性。

对于可继续使用的汽车的评估与不能继续使用的汽车的评估,所采用的计价标准是不同的。例如,对一辆可继续使用的处于在用状态的汽车进行评估时,一般采用重置成本法评估其处于在用状态的价值,其评估值包括车辆的购买价及剩余继续使用期的折算费用等。但如果汽车无法继续使用,只能将其拆零出售,以现行市价法评估其零件的变现值,并且还需扣除拆零费用。两者的评估值显然不同。再如,一辆正在营运的汽车,以收益现值法评估其价值,设为 10 万元,但如果该汽车所属的企业因破产被强制清算拍卖,就只能以清算价格法评估其价值,其价格一定会大大低于 10 万元。

在采用继续使用假设时,需考虑以下几个条件:

(1) 车辆尚有显著的剩余使用寿命。这是继续使用假设的最基本的前提要求。

(2) 车辆能用其提供的服务或用途满足所有者或占有使用者经营上期望的收益。这是投资者持有或购买车辆的前提条件。

(3) 车辆的所有权明确,能够在评估后满足二手车交易或抵押等业务需要。这同时也是转换用途的前提条件。

(4) 充分考虑车辆的使用功能,即无论车辆的现行用途还是转换用途继续使用,都是在法律许可的范围内,按车辆的最佳效用使用。

(5) 车辆从经济上和法律上允许转作他用。

2) 公开市场假设

公开市场假设是指被评估的车辆可以在完全竞争的交易市场上,按市场原则进行交易,其价格取决于该汽车在公开市场上的行情。

不同类型的车辆,其性能、用途不同,在市场上买卖的活跃程度也不一样。一般情况下,用途广泛的车辆比用途狭窄的车辆市场活跃,因此也越容易通过市场交易实现其最佳效用。这里所谓的最佳效用是指车辆在法律许可的范围内,被用于最有利的用途,可取得最佳经济效果。在汽车鉴定评估时,对于具备在公开市场上进行交易条件的车辆,作公开市场假设,并根据车辆所在地区、环境条件及市场的供求关系等因素确定其最佳用途。按车辆的最佳用途进行评估,有助于实现车辆的最佳效用。

3) 清偿假设

清偿假设是指车辆所有者由于种种原因,以拍卖的方式出售车辆。这种情况下的汽车交易,与公开市场下的交易具有两点显著区别:一是交易双方的地位不平等,卖方是非自愿地被迫出售;二是交易被限制在较短的时间内完成。因此,汽车的价格往往明显低于继续使用或公开市场假设下的价格。

2. 汽车鉴定评估的计价标准

资产评估的计价标准是指资产评估价值的质的规定性,即评估价值内涵,是资产评估价值形式上的具体化。

资产评估计价标准应与特定经济行为相匹配,不同的评估目的决定了不同的价值内涵,决定了评估项目应选择的计价标准。计价标准的确定对评估方法的选用具有约束性,评估价值是计价标准与评估方法即评估价值的规定和量化过程共同作用的结果。合理选择资产评估计价标准是资产评估具有科学性和有效性的根本前提。

关于资产评估的计价标准,从不同的角度出发有着不同的表述,目前理论界有两种表述方式。

一种是将计价标准分为市场价值和非市场价值。市场价值是指在公开市场条件下自愿买方与自愿卖方在评估基准日进行交易的价值估计数额,当事人双方应自主谨慎行事,不受任何强迫压制。非市场价值是指不满足市场价值成立的资产在非公开市场条件下实现的价值。

另一种表述是将资产评估价值归纳为重置成本、现行市价、收益现值和清算价格四种价值类型。

2.2　汽车评估的基本知识

2.2.1　机动车的分类

2.2.1.1　按国家标准分类

经国家质量监督检验检疫总局批准,汽车分类的两个新国家标准《汽车和挂车类型的术语和定义》(GB/T 3730.1—2001)和《机动车辆及挂车分类》(GB/T 15089—2001)于2002年3月1日正式实施,代替了《汽车和半挂车的术语和定义:车辆类型》(GB/T 3730.1—1988)和《机动车分类》(GB/T 15089—1994)。

GB/T 15089—2001主要用于型式认证,是型式认证各技术法规适用范围的依据;GB/T 3730.1—2001是通用性分类,适用于一般概念、统计、牌照、保险、政府政策和管理的依据。

1. 依据国家标准 GB/T 15089—2001 的分类

国家标准《机动车辆及挂车分类》(GB/T 15089—2001)中将机动车及挂车分为L类、M类、N类、O类和G类5种。通常将M类、N类、M类与O类组合、N类与O类组合、G类机动车都称为汽车。

(1) L 类：两轮或三轮机动车辆。

(2) M 类：至少有四个车轮，且用于载客的机动车辆。M 类又分为以下 3 类：

① M$_1$ 类：包括驾驶员在内，座位数不超过 9 座的载客车辆。

② M$_2$ 类：包括驾驶员在内，座位数超过 9 座，且最大设计总质量不超过 5000kg 的载客车辆。

③ M$_3$ 类：包括驾驶员在内座位数超过 9 座，且最大设计总质量超过 5000kg 的载客车辆。

(3) N 类：至少有四个车轮，且用于载货的机动车辆。N 类又分为以下 3 类：

① N$_1$ 类：最大设计总质量不超过 3500kg 的载货车辆。

② N$_2$ 类：最大设计总质量超过 3500kg，但不超过 12000kg 的载货车辆。

③ N$_3$ 类：最大设计总质量超过 12000kg 的载货车辆。

(4) O 类：挂车，包括半挂车。O 类又分为以下 4 类：

① O$_1$ 类：最大设计总质量不超过 750kg 的挂车。

② O$_2$ 类：最大设计总质量超过 750kg，但不超过 3500kg 的挂车。

③ O$_3$ 类：最大设计总质量超过 3500kg，但不超过 10000kg 的挂车。

④ O$_4$ 类：最大设计总质量超过 10000kg 的挂车。

(5) G 类：即 M 类与 N 类的越野车。

2. 依据国家标准 GB/T 3730.1—2001 的分类

新的国家标准《汽车和挂车类型的术语和定义》(GB/T 3730.1—2001)对在道路上运行的汽车、挂车和汽车列车的类型给出了术语和定义。它为我国汽车产品的设计、生产、销售、使用以及税收、进出口管理等提供了通用语言，为汽车行业及相关方面标准、法规的制定提供了重要依据，是汽车行业国际化程度的重要表征。

该标准参照国际惯例对汽车按用途分类进行了十分详尽的表述，将广义上的汽车分为有动力汽车和无动力的挂车，有动力的汽车和无动力的挂车组成汽车列车，其中将汽车分为乘用车和商用车。

1) 汽车

《汽车和挂车类型的术语和定义》(GB/T 3730.1—2001)将汽车定义为：汽车是指由动力驱动，具有四个或四个以上车轮的非轨道承载的车辆，主要用于载运人员和/或货物、牵引载运人员和/或货物的车辆以及特殊用途。GB/T 3730.1—2001 有关汽车的分类如下。

(1) 乘用车

乘用车是指在设计和技术特性上主要用于运载乘客及其随身行李和/或临时物品的汽车，包括驾驶员座位在内最多不超过 9 个座位。乘用车也可牵引一辆挂车，它可细分为 11 小类，详见图 2-3。

(2) 商用车

商用车是指在其设计和技术特性上用于运送人员和货物的汽车，并且可以牵引挂车。

商用车(乘用车不包括在内)可细分为客车、货车和半挂牵引车3大类。客车又细分为8小类,货车又细分为6小类,详见图2-3。

图 2-3　GB/T 3730.1—2001 有关汽车的分类

2) 挂车

挂车是指就其设计和技术特性需由汽车牵引才能正常使用的一种无动力的道路车辆,用于载运人员和/或货物,或特殊用途。挂车分为牵引杆挂车、半挂车和中置轴挂车3种类型。

3) 汽车列车

汽车列车是指一辆汽车与一辆或多辆挂车的组合。共有8种类型,分别为乘用车列车、客车列车、货车列车、牵引杆挂车列车、铰接列车、双挂列车、双半挂列车、平板货车。

2.2.1.2　按公安车辆登记管理分类

为了对机动车辆核发牌照和进行登记管理,公安车辆管理部门也有一套自己的车辆分类方法,如机动车行驶证上就有车辆类型信息。从 2004 年 8 月 1 日开始,公安机关开始按照行业标准《车辆说明文件第一部分:车辆注册技术参数表》(QC/T 698.1—2004)对机动车辆进行登记管理,其中对车辆类型按照《机动车登记信息代码　机动车辆类型代码》的规定进行分类,见表 2-8、表 2-9。

表 2-8　机动车规格分类

分类		规格	说　明
汽车	载客	大型	车长不小于 6m 或者乘坐人数不少于 20 人。乘坐人数可变的,以上限确定。乘坐人数包括驾驶员(下同)
		中型	车长小于 6m,乘坐人数大于 9 人且小于 20 人
		小型	车长小于 6m,乘坐人数不大于 9 人
		微型	车长不大于 3.5m,发动机气缸总排量不大于 1L
	载货	重型	车长不小于 6m 或者总质量不小于 12000kg
		中型	车长不小于 6m,总质量不小于 4500kg 且小于 12000kg
		轻型	车长小于 6m,总质量小于 4500kg
		微型	车长不大于 3.5m,总质量不大于 1800kg
	三轮汽车(原三轮农用运输车)		以柴油机为动力,最高设计车速不大于 50km/h,最大设计总质量不大于 2000kg,长不大于 4.6m,宽不大于 1.6m,高不大于 2m,具有三个车轮的货车
	低速货车(原四轮农用运输车)		以柴油机为动力,最高设计车速不大于 70km/h,最大设计总质量不大于 4500kg,长不大于 6m,宽不大于 2m,高不大于 2.5m,具有四个车轮的货车
摩托车		普通	最大设计时速大于 50km/h 或者发动机气缸总排量大于 50mL
		轻便	最大设计时速不大于 50km/h,发动机气缸总排量不大于 50mL
半挂车		重型	最大总质量不小于 12000kg
		中型	最大总质量不小于 4500kg 且小于 12000kg
		微型	最大总质量小于 4500kg

表 2-9　机动车结构分类

分类		结构	说　明
汽车	载客	普通客车	车身为长方体或近似长方体,单层地板,一厢或两厢式结构,安装座椅的载客汽车
		双层客车	车身为长方体或近似长方体,双层地板,一厢或两厢式结构,安装座椅的载客汽车
		卧铺客车	车身为长方体或近似长方体,单层地板,一厢或两厢式结构,安装卧铺的载客汽车
		铰接客车	车身为长方体或近似长方体,单层地板,由铰接装置连接两节车辆且连通,安装座椅的载客汽车
		越野客车	车身结构为一厢或两厢式结构,所有车轮能够同时驱动,接近角、离去角、纵向通过角、最小离地间隙等技术参数按照高通过性设计的载客汽车
		轿车	车身结构为两厢式且乘坐人数不超过 5 人,或者车身结构为三厢式且乘坐人数不超过 7 人的载客汽车。但同一型号车辆可增加乘坐人数的除外

续表

分类		规格	说　明
汽车	载货	普通货车	载货部位的结构为栏板的载货汽车,不包括具有自动倾斜装置的载货汽车
		厢式货车	载货部位的结构为封闭厢体且驾驶室各自独立的载货汽车
		封闭货车	载货部位的结构为封闭厢体且与驾驶室连成一体,车身结构为一厢式的载货汽车
		罐式货车	载货部位的结构为封闭罐体的载货汽车
		平板货车	载货部位的地板为平板结构且无栏板的载货汽车
		集装箱车	载货部位为框架结构且无地板,专门运输集装箱的载货汽车
		自卸货车	载货部位具有自动倾卸装置的载货汽车
		特殊结构货车	载货部位为特殊结构,专门运输特定物品的载货汽车。如运输小轿车的双层结构载货汽车、运输活禽畜的多层结构载货汽车
	其他	半挂牵引车	不具有载货结构,专门用于牵引半挂车的汽车
		专项作业车	装置有专有设备或器具,用于专项作业的汽车。如洒水车、吸污车、水拌车、起重车、医疗车等
		三轮汽车	载货部位为栏板结构,具有三个车轮的货车
		普通低速货车	载货部位为栏板结构,具有四个车轮的低速货车
		厢式低速货车	载货部位为封闭厢体结构且与驾驶室各自独立,具有四个车轮的低速货车
		罐式低速货车	载货部位为封闭罐体结构,具有四个车轮的低速货车
		自卸低速货车	载货部位具有自动倾卸装置,具有四个车轮的低速货车
电车		无轨电车	以电动机驱动,设有集电杆,驾线供电的电车
		有轨电车	以电动机驱动,设有集电杆,驾线供电,有轨道的电车
摩托车		二轮摩托车	装有两个车轮的摩托车
		正三轮摩托车	装有与前轮对称分布的两个后轮,仅有驾驶员座位的摩托车
		正三轮载客摩托车	装有与前轮对称分布的两个后轮的具有载客装置的摩托车
		正三轮载货摩托车	装有与前轮对称分布的两个后轮的具有载货装置的摩托车
		侧三轮摩托车	在两轮摩托车的一侧装有边车的摩托车
轮式自行机械		轮式装载机械	具有装卸设备的轮胎式自行机械
		轮式挖掘机械	具有挖掘设备的轮胎式自行机械
		轮式平地机械	具有平整设备的轮胎式自行机械

分类	规格	说　明
挂车	普通全挂车	载货部位为栏板结构的全挂车
	厢式全挂车	载货部位为封闭厢体结构的全挂车
	罐式全挂车	载货部位为封闭罐体结构的全挂车
	平板全挂车	载货部位的地板为平板结构且无栏板的全挂车
	集装箱全挂车	载货部位为框架结构且无地板,专门运输集装箱的全挂车
	自卸全挂车	载货部位具有自动倾卸装置的全挂车
	普通半挂车	载货部位为栏板结构的半挂车
	厢式半挂车	载货部位为封闭厢体结构的半挂车
	罐式半挂车	载货部位为封闭罐体结构的半挂车
	平板半挂车	载货部位的地板为平板结构且无栏板的半挂车
	集装箱半挂车	载货部位为框架结构且无地板,专门运输集装箱的半挂车
	自卸半挂车	载货部位具有自动倾卸装置的半挂车
	特殊结构半挂车	载货部位为特殊结构,专门运输特定物品的半挂车

2.2.1.3　按交通部门对收费公路收费标准进行分类

依据中华人民共和国交通行业标准《收费公路车辆通行费车型分类》(JT/T 489—2003),车型分类见表 2-10。

表 2-10　汽车按收费公路车辆通行费分类

类别	车辆及规格		类别	车辆及规格	
	客车	货车		客车	货车
第 1 类	≤7 座	≤2t	第 4 类	≥40 座	10~15t(含 15t) 20ft 集装箱车
第 2 类	8~9 座	2~5t(含 5t)			
第 3 类	20~39 座	5~10t(含 10t)	第 5 类		>15t 40ft 集装箱车

注：1ft(英尺)=0.3048m。

2.2.1.4　按照汽车的结构特征分类

1. 按汽车动力装置种类及其使用的燃料分类

活塞式内燃机汽车分为往复活塞式内燃机汽车与旋转活塞式内燃机汽车。前者占汽车的绝大多数。

1) 往复活塞式内燃机汽车

主要以汽油和柴油为燃料。此外,各种代用燃料汽车如气体燃料、液化气体燃料以及双燃料等,目前主要用于城市公共汽车。

(1) 汽油机汽车。

(2) 柴油机汽车。

(3) 气体燃料汽车:用天然气或煤气作为燃料的汽车。

(4) 液化气体燃料汽车:用液化石油气作为燃料的汽车。

(5) 双燃料汽车:用汽油和液化石油气两种燃料的汽车。

2) 旋转活塞式内燃机汽车

由于各种原因未能普及。

(1) 电动汽车(EV)。电动汽车是以蓄电池和电动机作为动力装置的汽车。其突出优点是零排放、低噪声、能量转换效率高以及操纵简便等,是汽车未来的发展方向。但因功能装置质量大、比能量低、寿命短等技术经济原因,因此目前尚难以普及。

(2) 混合动力汽车。即使用内燃机和电动机两套动力源的油电混合动力汽车。因其动力性能、燃油经济性、续驶里程、使用方便性等方面具有显著优势,故其最具商业与实用价值。如丰田的普锐斯(PRIUS)已经批量生产并投放中国市场。

(3) 燃气轮机汽车。燃气轮机汽车是指使用燃气涡轮机作为动力装置的汽车。与活塞式内燃机相比,其突出优点是功率大、质量小、转矩特性好,而且对燃料无严格限制。但其最大的缺陷是"三高",即耗油高、噪声高和制造成本高。目前主要用于特种汽车。

2. 按汽车车身的承载方式分类

(1) 承载式车身汽车。指无车架,以车身作为承载基础件的汽车,主要用于轿车和大客车。

(2) 非承载式车身汽车。指装有独立车架作为承载基础件的汽车,普遍用于各类货车。

3. 按汽车的驱动方式分类

(1) FR 式。发动机前置后轮驱动的汽车,多用于载货车、客运汽车和中高档轿车。

(2) FF 式。发动机前置前轮驱动的汽车,其优点是传动系统紧凑、质心低,如桑塔纳、奥迪 100 等均为 FF 式。

(3) RR 式。发动机后置后轮驱动的汽车,主要用于大客车,个别微型轿车和轻型轿车也有采用。

(4) MR 式。发动机中置后轮驱动的汽车,为大多数 F1 赛车所采用。

(5) 4WD 式。四轮(全轮)驱动的汽车,因其可获得最大的牵引力,为大多数越野车所采用。

4. 按汽车的行走方式分类

(1) 轮式汽车。此为汽车的最主要行走方式。

(2) 履带式汽车。主要用于特种汽车,如森林工业汽车等。

(3) 其他行驶机构的汽车。如雪橇式汽车、气垫式汽车以及步行机构式汽车等。

2.2.2　车辆识别代码及车型铭牌的识读

2.2.2.1　车辆识别代码（VIN）的识读

1. 车辆识别代码的含义

VIN 码是英文 vehicle identification number 的缩写，即车辆识别代码。

VIN 码是表明车辆身份的代码，由 17 位字符（包括英文字母和数字）组成，又称 17 位识别代号编码。它是制造厂为了识别而给一辆车指定的一组字码。该号码的生成有着特定的规律，一一对应于每一辆车，并能保证 30 年内在全世界范围内不重复出现，故又称为"汽车身份证"。现在生产的汽车车型更新换代年限在逐渐缩短，一般 8～12 年就淘汰，不再生产。即使新的国家报废标准对 9 座以下非营运载客汽车没有使用年限的限制，一般也用不到 30 年。所以 17 位识别代号编码已足够使用，不可能有重号出现。

车辆识别代号中含有车辆的制造厂家、生产年代、车型、车身型式、发动机以及其他装备的信息。VIN 的每位代码代表着汽车的某一方面信息参数。按照识别代号编码顺序，从 VIN 中可以识别出该车的生产国家、制造公司或生产厂家、车的类型、品牌名称、车型系列、车身型式、发动机型号、车型年款（属哪年生产的年款型车）、安全防护装置型号、检验数字、装配工厂名称和出厂顺序号码等。

在进行汽车评估时，通过车辆的 17 位识别代码，不仅可以获得车辆的车型年款、发动机型号、车身型式等必要的技术资料，而且对于识别非法组装、拼装车辆等，都有着十分重要的作用。

2. 车辆识别代码的作用

车辆识别代号具有全球通用性、最大限度的信息承载性和可检索性，已成为全世界识别车辆唯一准确的"身份证"，它将伴随车辆的注册、保险、年检、保养、修理直至回收报废。

在汽车召回管理制度中，VIN 是判断车辆缺陷的重要依据之一。通过它，主管部门可以根据车主投诉记录判断在某批次车辆上是否可能存在缺陷。汽车制造商也可以通过分析，找到存在缺陷的车辆 VIN 码范围，进而有针对性地实施召回。因此，车主在向主管部门和制造商投诉车辆缺陷时一定要准确描述 VIN 代码。

车辆管理部门通过对 VIN 码的统一管理，能够实现车辆管理的规范化，保证车辆登记状况的准确性，使车辆年检和报废管理体系更加完善。如果推行条码化 VIN 管理，可以大大提高车辆登记和年检的效率和准确性。工作人员只要利用条码读取设备就能够快速获得车辆信息，减少人工输入。到目前为止，国内厂家仅有上海大众和长安汽车采用了条码化的 VIN。因此，交管部门可以在年检标签中打印车辆的 VIN，这将为日后车辆管理工作提供极大方便。

各大保险公司通过车辆 VIN 结合车辆管理部门提供的车辆登记和使用记录，就可以分析车辆的盗抢、交通事故情况等，估计车辆承保的风险程度，从而能够针对不同的车辆制定相应的保险制度。这对于当前保险公司推行的浮动车险费率制度至关重要。

整车制造厂通过 VIN,结合车辆制造档案就可以明确各批次车辆及零部件的去向和车辆的生产、销售及使用状况,对于进行调整生产、改进售后服务和实行汽车召回具有重大的指导意义。

维修企业通过车辆 VIN,通过查询相关的 VIN 规则说明,可以准确确定车辆的车型年款以及相应的配置状况,从而选择合适的仪器设备和相关的车型维修资料,正确地进行故障诊断和车辆维修。另外,配件订购也离不开车辆 VIN,因为不同批次的同一车型选用的配件也不尽相同,通过 VIN 就能明确车辆配置及其生产年限、批次,从而找到正确的零件。

在二手车鉴定交易过程中,除了首先要了解车型信息,还有一个重要的环节就是要了解查验车辆识别代码,通过识别代码来鉴定车辆的合法来源与车辆出厂年份、产地、配置类型等要素。勘验车辆识别代码不仅是二手车鉴定评估的必要环节,也是在二手车过户更名过程中交通管理部门必须掌握的一个重要信息与执行程序。

利用 VIN 代码这一车辆身份证进行车辆各相关环节的管理,充分体现了车辆管理制度的严谨性、科学性,实现了车辆管理手段的国际化、现代化,在日常车辆管理工作中必将取得良好的经济效益和社会效益。

3. 车辆识别代码的组成部分和基本内容

车辆识别代码共 17 位,由三部分组成。第一部分为世界制造厂识别代号(WMI),第二部分为车辆说明部分(VDS),第三部分为车辆指示部分(VIS),如图 2-4 所示。

图 2-4　VIN 的构成

1) 世界制造厂识别代码

世界制造厂识别代码为车辆识别代码的第 1～3 位,用来标识车辆制造厂的唯一性。WMI 代号由三位字码组成,WMI 代号中应使用阿拉伯数字和罗马字母:1 2 3 4 5 6 7 8 9 0 A B C D E F G H J K L M N P R S T U V W X Y Z(字母 I、O 及 Q 不能使用)。车辆制造厂应由其所在国的国家机构分配一个或几个 WMI 代号。国内车辆制造厂的 WMI 代号由国家汽车主管部门进行分配,国家汽车主管部门应将分配的 WMI 代号向 ISO 授权的国际代理机构——美国汽车工程师学会(SAE)进行申报并核对。WMI 包含了以下信息:

(1) WMI 代号的第一位字码由 SAE 分配,用以标明一个地理区域。目前,SAE 已经根据预期的需要为某一个地理区域分配了几个字码。例如,北美是 1～5,欧洲是 S～Z,非洲是 A～H,亚洲是 J～R,大洋洲是 6 和 7,南美洲是 8、9 和 0 等。

（2）WMI 代号的第二位字码由 SAE 分配,用以标明一个特定地区内的一个国家。目前,SAE 已经为每一个国家分配了第一位及第二位字码的组合,以保证国家识别标志的唯一性。国家汽车主管部门应使用 SAE 分配的字码组合。部分国家的识别标志见表 2-11。

表 2-11　部分国家的识别标志

字符组合	国家	字符组合	国家	字符组合	国家
10～19	美国	1A～1Z	美国	2A～2W	加拿大
3A～3W	墨西哥	4	美国	5	美国
6	澳大利亚	9	巴西	J0～J9	日本
JA～JZ	日本	K	韩国	LA～LZ	中国
L0～L9	中国	W0～W9	德国	WA～WZ	德国
S	英国	V	法国	Y	瑞典
Z	意大利	T	捷克	M	泰国

（3）WMI 代号的第三位字码由国家机构指定,用以标明某个特定的制造厂。当年产量少于 500 辆的制造厂,WMI 的第 3 位字码为数字 9。WMI 代号应通过第一位、第二位、第三位字码的组合保证制造厂识别标志的唯一性,如我国几个主要汽车制造厂的 WMI 为:

LSV 上海大众　　　　LFV 一汽大众　　　　LDC 神龙汽车
LEN 北京吉普　　　　LHG 广州本田　　　　LHB 北汽福田
LKD 哈飞汽车　　　　LS5 长安汽车　　　　LSG 上海通用

2）车辆说明部分

车辆说明部分为车辆识别代码的第 4～9 位,用以说明车辆特征,即车辆种类、车身类型、发动机类型、底盘类型等内容。

轿车:种类、系列、车身类型、发动机类型及约束系统类型;

MPV:种类、系列、车身类型、发动机类型及车辆额定总重;

载货车:型号或种类、系列、底盘、驾驶室类型、发动机类型、制动系统及额定总重;

客车:型号或种类、系列、车身类型、发动机类型及制动系统。

第 9 位为校验位,它与身份证号码中的校验位一样,其目的是提供校验 VIN 编码正确性的方式,通过它核定整个 VIN 码的正确与否,它在车辆识别中起着重要作用。如果有人故意涂改 VIN 中的一个或几个字母或数字,通过车辆代码识别软件,经过对校验位的一系列计算,就能判定该 VIN 为非法代码,从而帮助稽查人员判断车辆的合法性(参见《世界汽车识别代号(VIN)资料手册》第 21～23 页)。

3）车辆指示部分

车辆指示部分为车辆识别代码的第 10～17 位。第 10 位为车型年份,即厂家规定的型年(model year),不一定是实际生产的年份,但一般与实际生产的年份之差不超过 1 年,具体规定见表 2-12(30 年循环一次),它可以辅助认定车辆行驶证注册日期的真实性。第 11 位用来指示装配厂,若无装配厂,制造厂可规定其他的内容。第 12～17 位是生产顺序号,一般情况下汽车召回都是针对某一顺序号范围内的车辆,即某一批次的车辆。

表 2-12　车型年份与指示字母的对应关系

年份	代码	年份	代码	年份	代码	年份	代码
1971	1	1981	B	1991	M	2001	1
1972	2	1982	C	1992	N	2002	2
1973	3	1983	D	1993	P	2003	3
1974	4	1984	E	1994	R	2004	4
1975	5	1985	F	1995	S	2005	5
1976	6	1986	G	1996	T	2006	6
1977	7	1987	H	1997	V	2007	7
1978	8	1988	J	1998	W	2008	8
1979	9	1989	K	1999	X	2009	9
1980	A	1990	L	2000	Y	2010	A

需特别指出的是：①根据规定,车辆识别代码不得使用 I、O、Q 这 3 个英文字母。如果发现 VIN 代码字迹不清,有手工打刻痕迹,或出现 I、O、Q 字母,则说明这辆车的车辆识别代码已被涂改或伪造。可以断定,该车有盗抢嫌疑。②车辆识别代码的最后 4 位应是阿拉伯数字。如若不是阿拉伯数字,则该识别代码定为伪造,该车也有盗抢嫌疑。

下面是 VIN 码示例,表 2-13 中对应的是每位字母或数字代表的位数含义。

L　D　C　9　1　3　L　2　2　4　0　0　0　0　0　0　2　3
[1] [2] [3] [4] [5] [6] [7] [8] [9] [10] [11] [12] [13] [14] [15] [16] [17]

表 2-13　VIN 编码示例的含义

位　数	意　义
1	生产国别代码(L——中国)
2~3	生产厂家代码(DC——神龙)
4	车辆种类(9——短头乘用车)
5	表示车型系列代码与生产厂家有关
6	表示车身(车辆外观)类型代码(2——二厢车,3——三厢车)
7	表示发动机类型代码(L——1.6L 发动机,2——2.0L 发动机)
8	表示所装备变速箱类型(2——手动变速箱,3——自动变速箱)
9	校验位,一般用 0~9 这 10 个数字表示
10	车型年份即厂家规定的型年(4——2004 年)
11	表示装配厂,0 代表原厂装配
12~17	生产顺序号(即某一批次的车辆)

4. 车辆识别代码的位置

为了使车辆的 VIN 码容易被查找到,ISO 国际标准和各国的标准中都规定了 VIN 码标牌的固定位置,但各个国家规定的位置不尽相同。例如,美国规定 VIN 码应安装在仪表板左侧,在车外透过风挡玻璃(也称为风窗玻璃)可以清楚地看到。而欧盟则规定 VIN 码应安装在汽车右侧的底盘车架上或刻在车辆铭牌上。为防止车辆盗窃后的拆件交易,美国高速公路交通安全管理局(NHTSA)还规定,轿车、MPV 及轻型卡车的主要零部件(如发动机、变速器、保险杠、翼子板等)上必须标记车辆的 VIN 码。

根据国家《车辆识别代码(VIN)管理规则》,我国国家标准《道路车辆　车辆识别代号(VIN)》(GB 16735—2004)的规定,一般在以下几个地方能够方便地找到车辆 VIN 码。

(1) 国产轿车的 VIN 码大多可以在仪表板左侧、风挡玻璃下面找到(见图 2-5)。

图 2-5　左风挡仪表盘上的 VIN 码(代表:桑塔纳)

(2) 发动机、车架等大部件上的 VIN 码(见图 2-6)。

图 2-6　悬架支架上的 VIN 码(代表:别克 GLX)

(3) 散热器支架横梁上的 VIN 码(见图 2-7)。

图 2-7　散热器支架横梁上的 VIN 码(代表:别克 GL8)

(4) 翼子板内导水板上部上的 VIN 码(见图 2-8)。

除上述几个地方之外,VIN 码通常还存在于门柱、发动机舱内的各种铭牌、防火墙、机动车行驶证、保险单、质保和保养手册、车主手册等常见地方,在这些地方一般都能找到 VIN 码以供查看。

最后,对车辆识别代码的印刻也有要求:若直接打印在汽车和挂车(车架、车身等部件)上,字码高度至少应为 7mm,其他情况至少应为 4mm。在任何情况下,字码都应是字迹清

图 2-8　翼子板内导水板上的 VIN 码(代表:捷达 GIX)

楚、坚固、耐久和不易替换。车辆识别代码在文件上表示时应写成一行,且不能有空格;打印在车辆上或车辆标牌上时也应标示在一行。特殊情况下,由于技术上的原因必须标示在两行上时,两行之间不应有间隙,每行的开始与终止处应选用一个分隔符表示。分隔符必须是不同于车辆识别代码所用的任何字码,且不易与车辆识别代码中的字码相混淆。

2.2.2.2　车辆铭牌识读

1. 国产汽车型号编制规则

1988 年我国颁布了《汽车产品型号编制规则》,该标准规定了编制各类汽车产品型号的术语及构成,适用于新设计定型的各类汽车及半挂车,不包括军事特种车辆(如装甲车、水陆两用车等)。

1) 汽车产品型号的构成

汽车的产品型号由企业名称代号、车辆类别代号、主参数代号、产品序号组成,必要时附加企业自定代号,如图 2-9 所示。

对于专用汽车及专用半挂车还应增加专用汽车分类代号,位置在产品序号后面。用反映车辆结构和用途特征的三个汉语拼音字母表示。

2) 基本内容

汽车型号应能表明汽车的厂牌、类型和主要特征参数等。汽车型号均应由汉语拼音字母和阿拉伯数字组成。汽车型号包括如下 3 部分。

□□	○	○○	○	△
企业名称代号	车辆类别代号	主参数代号	产品序号	企业自定代号

□　用汉语拼音字母表示
○　用阿拉伯数字表示
△　用汉语拼音字母或阿拉伯数字均可

注:为了避免与数字混淆,不应采用汉语拼音字母中的 I 和 O。

图 2-9　汽车型号构成示意图

(1) 首部

首部是识别企业名称的代号,由两个或 3 个汉语拼音字母组成。例如,CA 代表第一汽车制造厂,EQ 代表第二汽车制造厂,TJ 代表天津汽车制造厂,HMC 代表海南马自达汽车制造公司等。

(2) 中部

中部由 4 位阿拉伯数字组成,左起首位数字表示车辆类别代号,中间两位数字表示汽车的主要特征参数,最末位是由企业自定的产品序号,见表 2-14。

表 2-14　我国汽车型号中 4 位阿拉伯数字代号的含义

首位数字		中间两位数字	最末位数字
载货汽车	1	表示汽车的总质量(t)①数值	企业自定义
越野汽车	2		
自卸汽车	3		
牵引汽车	4		
专用汽车	5		
客车	6	表示汽车的总长度(0.1m)②数值	
轿车	7	表示发动机的工作容积(0.1L)数值	
半挂车及专用半挂车	9	表示汽车的总质量(t)①数值	

注：① 当汽车总质量大于 3t 时,允许用 3 位数字。

② 当汽车总长度大于 10m 时,计算单位为 m。

（3）尾部

尾部是企业自定代号,可用汉语拼音字母或阿拉伯数字表示。如表示变型车(当采用不同的发动机、加长轴距、双排座驾驶室等),在尾部常加企业自定代号 A、B、C 等。若是专用汽车及专用半挂车,在产品序号前面还应增加专用汽车分类代号,用三个汉语拼音表示车辆结构和用途特征。例如 X 表示厢式汽车,G 表示罐式汽车等。

3）示例

（1）BJ2020S：BJ 代表北京汽车制造厂,2 代表越野车,02 代表该车总质量为 2t,0 代表该车为第一代产品,S 为厂家自定义。

（2）TJ7131U：TJ 代表天津汽车制造厂,7 代表轿车,13 代表排气量为 1.3L,1 代表该车为第二代产品,U 为厂家自定义。

（3）BH7160M：BH 代表北京现代汽车有限公司,7 代表轿车,16 代表排气量为 1.6L,0 代表该车为第一代产品,M 为厂家自定义。

2. 车型铭牌的识读

汽车制造厂家根据本国法规或企业标准,常在车辆的某一位置设有汽车的车型标牌(铭牌),称为车型铭牌。铭牌的形式如图 2-10 所示,虚线上部为规定区,虚线下部为自由区。车型铭牌一般固定在显而易见、不受更换部件影响的部位,其内容应该编写规范、字码清晰、防腐耐磨并且易于阅读。车型铭牌是二手车交易中认识、了解车辆的重要手段之一,所以不仅要能够熟练地找到车型铭牌,还要正确理解车型铭牌的含义。

图 2-10　乘用车车型铭牌的形式

常见车型铭牌的主要内容包括：车辆识别代码、品牌、整车型号、发动机型号、发动机排量、最大净功率、乘坐人数、最大设计总质量、制造年月、制造国等信息，如图 2-11 所示。

图 2-11 一汽海马车型铭牌

车型铭牌应位于车辆前进方向的右侧，易于观察，不易磨损、替换、遮盖的位置，且须在产品说明书中标明。如受结构限制，也可放在便于接近和观察的其他位置。例如，半承载式车身、非承载式车身结构的车型铭牌在右纵梁上，一厢式车身的车型铭牌在车身内部右侧，两厢式车身、三厢式车身的车型铭牌在发动机舱内右侧，两轮摩托车、轻便摩托车的车型铭牌在右侧或中部，客车的车型铭牌应置于车内前乘客门的前方。

2.2.3 汽车主要技术参数和性能指标

2.2.3.1 汽车主要技术参数

1. 主要尺寸参数

汽车的主要尺寸参数包括轴距、轮距、车长、车宽、车高、前悬、后悬等(见图 2-12)。

图 2-12 汽车尺寸参数示意图

1) 轴距 L

轴距指车轴之间的距离。对双轴汽车,轴距就是前、后轴之间的距离;对三轴汽车,轴距是指前轴与中轴之间的距离和前轴与后轴之间的距离的平均值。汽车轴距短,汽车总长就短,质量就小,最小转弯半径和纵向通过半径也小,机动灵活,一般普通轿车及轻型货车轴距较短。但轴距过短会导致车厢长度不足或后悬过长,汽车行驶时纵向振动过大,汽车加速、制动或上坡时轴荷转移过大而导致其制动性和操纵稳定性变坏,以及万向节传动的夹角过大等。一般货车、中高级轿车轴距较长。

2) 前、后轮轮距 B_1、B_2

汽车轮距对总宽、总质量、横向稳定性和机动性都有较大影响。轮距越大,则悬架的角度越大,汽车的横向稳定性越好。但轮距过大,会使汽车的总宽和总质量过大。

3) 汽车的外廓尺寸

汽车的外廓尺寸指总长 S、总宽 B 和总高 H。我国对公路车辆的限制尺寸是:总高不大于 4m,总宽(不包括后视镜)不大于 2.5m,左、右后视镜等突出部分的侧向尺寸总共不大于 250mm;总长对于载货汽车及越野汽车不大于 12m,牵引汽车带半挂车不大于 16m,汽车拖带挂车不大于 20m,挂车不大于 8m,大客车不大于 12m,铰接式大客车不大于 18m。

4) 汽车的前悬和后悬 L_F、L_R

(1) 汽车前悬:汽车前端至前轮中心之悬置部分。前悬处要布置发动机、弹簧前支架、车身前部、保险杠和转向器等,要有足够的纵向布置空间。前悬也不宜过长,以免使汽车的接近角过小而影响通过性。

(2) 汽车后悬:汽车后端至汽车后轮中心之悬置部分。后悬长度主要与货厢长度、轴距及轴荷分配有关。后悬也不宜过长,以免使汽车的离去角过小而引起上、下坡时刮地,同时转弯也不灵活。

2. 质量参数

汽车的质量参数主要有汽车的装载质量、整备质量、总质量、整备质量利用系数和轴荷分配等。

1) 装载质量

乘用车:以座位数计算,包括驾驶员座位在内最多不超过 9 个座位;

商用车中的客车:以载客量计;

商用车中的载货汽车:以其在良好的硬路面上行驶时所装载货物质量的最大限额(t)计。超载将导致车辆早期损坏,制动距离变长,甚至造成交通事故。

2) 整备质量

整备质量指汽车在加满燃料、润滑油、工作液(如制动液)及发动机冷却液并装备(随车工具及备胎等)齐全后(未载人)载货时的总质量。整备质量越小的汽车,燃油消耗越少,经济性越好。

3) 总质量

总质量指已整备完好、装备齐全并按规定载满客、货时的汽车质量。

4) 整备质量利用系数

整备质量利用系数指载货汽车的装载量与其整备质量之比。它表明单位汽车整备质量所承受的汽车装载质量。此系数越大表明该车型的材料利用率及设计与工艺水平越高。

5) 轴荷分配

轴荷分配指汽车空载和满载时的整车质量分配到各个车轴上的百分比。它对汽车的牵引性、通过性、制动性、操纵性和稳定性等主要性能以及轮胎的寿命都有很大的影响。

3. 机动性和通过参数

(1) 接近角:车辆静载时,水平面与切于前轮轮胎外缘的平面之间的最大夹角。

(2) 离去角:车辆静载时,水平面与切于后轮轮胎外缘的平面之间的最大夹角。

(3) 纵向通过角:车辆静载时,分别切于前后轮胎外缘的两平面相交于车底下较低部位所夹的最小锐角。为车辆可以超越的最大角度。

(4) 最小离地间隙:车辆支承平面与车辆上中间区域内最低点之间的距离。

(5) 转弯直径:转向盘转到极限位置时,内外转向轮的中心平面在车辆支承平面上的轨迹圆直径。

4. 转向系数参数

(1) 车轮前束:前轴两端车轮轮胎内侧轮廓线的水平直径端点作为等腰梯形的顶点,等腰梯形的前后底边的长度之差。车轮的水平直径与汽车的纵向对称平面的夹角称为前束角。

(2) 车轮外倾:车轮轴线与水平线之间的垂直于支承面的夹角。

(3) 主销内倾:转向主销与支承平面垂线在垂直于支承面的轴平面上的夹角。

(4) 主销后倾:转向主销与支承平面垂线在纵向对称平面的轴平面上的夹角。

(5) 最大转角:转向车轮由直线到转向盘极限位置时,车轮中心平面与车辆纵向对称平面所构成的夹角,分右转最大转角和左转最大转角。

2.2.3.2 汽车主要性能指标

汽车主要性能指标包含汽车的动力性能(最高车速、加速时间、爬坡性能)、经济性能(汽车的燃料消耗量)、制动性能(汽车的制动距离)、通过性能(最小转弯半径、汽车的最小离地间隙、接近角、离去角、纵向通过角)、操纵稳定性和汽车有害气体排放等。

(1) 最高车速:指在水平良好路面(混凝土或沥青)上和规定装载质量条件下汽车所能达到的最高车速(km/h),它是汽车的一个重要动力指标。目前普通轿车最高车速一般为150~200km/h。

(2) 加速时间:指汽车加速到一定车速所需要的时间。常用原地起步加速时间与超车加速时间表示。它也是汽车动力性能的重要指标。轿车常用 0~100km/h 的换挡加速时间来评价,如普通轿车为 10~15s。

(3) 爬坡性能:指汽车满载在良好路面等速行驶的最大爬坡度。一般要求在 30%(即16.7°)左右。越野车要求更高,一般在 60%(即 31°)左右。

(4) 燃料消耗量:通常以百公里油耗衡量,即汽车在良好的水平硬路面以一定载荷(轿车半载、货车满载)及最高挡等速行驶时的百公里燃料消耗量,单位为 L/100km。它是汽车的燃料经济性常用的评价指标。

（5）最小转弯半径：是指当转向盘转到极限位置，汽车以最低稳定车速转向行驶时，外侧转向轮的中心平面在支承平面上滚过的轨迹圆半径 R（见图 2-13）。它表征了汽车能够通过狭窄弯曲地面的能力。最小转弯半径越小，汽车的机动性越好。轿车的最小转弯半径一般约为轴距的 2～2.5 倍。

图 2-13　最小转弯半径

（6）制动距离：指在良好的试验跑道上在规定的车速下紧急制动（紧急制动时踏板力对货车要求不大于 700N，轿车要求不大于 500N）时，由踩制动踏板起到完全停车时的距离。我国通常以 30km/h 和 50km/h 车速下的最小制动距离来评价汽车的制动效能。如普通轿车以 30km/h 车速下的最小制动距离为 5.5～6.5m，中型载货车为 6.5～8.0m。

（7）最小离地间隙：指汽车满载、静止时，平直地面与汽车上的中间区域最低点之间的距离 C（见图 2-14）。它反映了汽车无碰撞地通过地面凸起的能力。

（8）接近角 γ_1：指汽车满载、静止时，前端突出点向前轮所引切线与地面间夹角（见图 2-14）。γ_1 越大，越不易发生汽车前端触及地面，通过性越好。

（9）离去角 γ_2：指汽车满载、静止时，后端突出点向后轮所引切线与地面间的夹角（见图 2-14）。γ_2 越大，越不易发生汽车后端触及地面，通过性越好。

（10）纵向通过角 γ_3：汽车满载、静止时，垂直于汽车纵向中心平面，分别与前、后车轮轮胎相切，相交并与车轮底盘刚性部件（除车轮）接触的两个平面形成的最小锐角（见图 2-14）。它决定了车辆所能通过的最陡坡道。γ_3 越大，汽车通过性越好。

图 2-14　汽车通过性的几何参数

（11）汽车有害气体排放：主要有一氧化碳（CO）、碳氢化合物（HC）、氮氧化物（NO$_x$）、二氧化硫（SO$_2$）、醛类和微粒（含碳烟）等。

进行汽车使用性能评价应主要从商务角度出发，为顾客提供通俗易懂的商业性评价，重点放在解释车型的时尚性、经济性、安全性、灵活性、环保性、实用性，善于把技术性很强的专业术语演绎为通俗易懂的商业语言，要把现代汽车新技术变为科普知识进行传授和推销。

2.3　汽车价格的影响因素

2.3.1　汽车的技术状况

1. 汽车的技术状况的定义或概述

汽车的技术状况是指定量测得的、表征某一时刻汽车的外观和性能的参数值的总和。

在汽车使用过程中，汽车内部零件之间、零件与工作介质和工作产物之间、汽车与外部环境之间均存在着相互作用，其结果是汽车零件在机械负荷、热负荷和化学腐蚀作用下，引起零件磨损、发热、腐蚀等一系列物理的和化学的变化，使零件尺寸、零件相互装配位置、配合间隙、表面质量等发生改变。如发动机气缸活塞组的尺寸、曲柄连杆机构的尺寸、制动器制动蹄片的尺寸、制动蹄与鼓的间隙等，在汽车使用过程中时刻都在发生着变化。汽车是由机构、总成组成的，而机构和总成又由零件组成，所以零件是汽车的基本组成单元。零件性能下降后，汽车的技术状况将受到影响，因此汽车技术状况的变化取决于组成零件的综合性能。

随着汽车行驶里程的增加，汽车的技术状况将逐渐变坏，致使汽车的动力性下降、经济性变坏、使用方便性下降、行驶安全性和使用可靠性变差，直至最后达到使用极限。其主要症状有：

（1）汽车最高行驶速度降低。

（2）加速时间与加速距离增长。

（3）燃料与润滑油消耗量增加。

（4）制动迟缓、失灵。

（5）转向沉重。

（6）行驶中出现振抖、摇摆或异常声响。

（7）排黑烟或有异常气味。

（8）运行中因技术故障而停歇的时间增多。

2. 汽车技术状况变化的原因

汽车技术状况的变化是汽车诸多内在原因综合作用的结果。主要原因有零件之间相互摩擦而产生磨损，零件与有害物质接触而产生腐蚀，零件在交变载荷作用下产生疲劳，零件在外载、温度和残余应力作用下发生变形，橡胶及塑料等非金属零件和电气元件因长时间使用而老化，由于偶然事件造成零件损伤等。这些原因使零件原有尺寸、几何形状及表面质量发生改变，破坏了零件原来的配合特性和正确的位置关系，从而引起汽车（或总成）技术状况变坏。

磨损是零件的主要损坏形式，磨损现象只发生在零件表面，其磨损速度既与零件的材料、加工方法有关，又受汽车运用中装载、润滑、车速等条件的影响。引起汽车技术状况变化的主要磨损形式有磨料磨损、分子-机械磨损和腐蚀磨损。磨料磨损是零件相互摩擦表面间在坚硬、锐利的微粒的作用下产生的磨损。微粒有的来自外界,如尘埃、沙土等;而有的微粒是从零件工作表面上脱落下来的,如金属磨屑。在零件相互摩擦过程中,磨料的作用将加速零件的磨损过程。分子-机械磨损也称黏着磨损,当零件接触面承受大载荷、滑动速度高、润滑又不良时,零件表面在摩擦过程中会产生大量的热,使材料强度降低并形成局部热点,易使零件局部表面金属黏结在一起。而黏结点在零件表面的相对运动中又被撕开,使一部分金属从一个零件表面转移到另一个零件表面,从而造成零件表面的损伤。产生黏着磨损的典型实例是气缸筒"拉缸"和曲轴"烧瓦"。腐蚀磨损是摩擦表面在酸、碱等腐蚀物质作用下而产生的磨损。腐蚀物质对零件表面的腐蚀可使表面形成薄而脆的氧化层,在摩擦力作用下,氧化层脱落,腐蚀作用进一步向零件深部发展,再形成氧化层。如此,氧化层不断生成,不断脱落,从而造成零件表面的损伤。

疲劳损坏是由于零件承受超过材料的疲劳极限的循环应力时而产生的损坏。通常,易于产生疲劳损坏的零件是承受交变载荷较大的零件,如汽车的钢板弹簧等。在由交变载荷导致的内部循环应力作用下,零件表面产生疲劳裂纹,裂纹不断积累、加深、扩展而产生零件的疲劳损坏。

腐蚀损坏产生于与腐蚀性物质接触的零件表面。易于产生腐蚀损坏的主要部件有燃料供给系统和冷却系统管道、车身、车架等。汽车在运动中,车身外表要受到风沙的磨蚀。而汽车使用环境中的空气湿度、尘埃等,对车身及裸露的金属零件也有一定的腐蚀作用。

零件所受载荷在内部产生的应力超过零件材料的弹性极限,就会发生变形。零件在制造和加工过程中产生的残余应力和零件受热不均而产生的热应力足够大时,也会导致零件变形或加剧变形过程。

老化是零件材料在物理、化学和温度变化的影响下逐渐变质或损坏的故障形式。汽车上的橡胶零部件(如轮胎、油封、膜片等)和电气元件(如晶体管、电容器等)长期受环境和温度变化的影响,会逐渐老化而失去原有性能。例如,温度的冷、热作用,油类及液体的化学作用,太阳光的辐射作用等。在汽车使用过程中,润滑油等液体的性能也会因氧化、污染而逐渐变坏。

因汽车零件和运行材料性能的变化而使汽车技术状况逐渐变坏的现象,不仅发生于汽车使用过程中,也发生于储存过程中。例如,橡胶、塑料等非金属零件因老化而失去弹性,强度下降;燃料、润滑油、制动液等氧化变质及产生沉淀;金属零件产生锈蚀;车身表面漆层剥落等。

3. 汽车技术状况变化的影响因素

汽车在使用过程中,技术状况的变化取决于汽车结构设计的合理性、制造工艺水平、零部件材料的物理化学性能、各种使用因素等,特别是各种使用因素对汽车技术状况的变化所起的作用尤为突出。影响汽车技术状况变化的使用因素包括汽车运行条件、燃料和润滑油的品质、汽车的合理运用等。

1) 汽车运行条件

汽车运行条件主要包括道路条件、交通状况和气候条件。

(1) 道路条件。汽车运行的道路条件对汽车技术状况有重要影响。汽车运行速度范围、发动机转速控制范围、汽车承受的载荷、操纵(换挡、转向、制动等)次数和强度等汽车运行情况都取决于道路的质量,因此汽车总成、零件的磨损强度也取决于汽车运行的道路条件。汽车在良好道路上行驶时,行驶阻力小,承受的冲击和动载荷小,汽车的速度性能得以发挥,燃油经济性好,零件磨损速率小,汽车的使用寿命就长。汽车在坏路面上行驶时,行驶阻力大,低挡使用的时间比例大,因而汽车的平均技术速度低,但发动机转速和负荷却很大,气缸内平均压力也很高,所以气缸-活塞组件磨损严重;汽车在崎岖不平的道路上行驶时,汽车底盘各总成(如车轮、悬架、车桥等)受到的冲击载荷加大,有时甚至遭到直接破坏和损伤;汽车在不良道路上行驶时,由于操作次数增加和使用时间增长,离合器、变速器、制动蹄和制动鼓等部件的磨损增大,这都使汽车的使用寿命大为缩短。

(2) 交通状况。交通状况对汽车技术状况的变化也有很大影响。在路面质量和交通状况良好的道路上行驶时,汽车能够经常采用高挡在经济工况下运行,操纵次数减少,因而汽车运行平稳,所承受的冲击载荷大为减轻;而在不良交通状况下运行时,如在城市混合交通状况下,常因车多路窄、交通流量大、交叉路口多而不能以最佳工况运行。据统计,在同样路面条件下,货车在市内的行驶速度较郊区降低 50% 左右,换挡次数增加 2~2.5 倍,制动消耗的能量增加 7~7.5 倍。显然,汽车在交通状况不良的道路上行驶时,汽车技术状况的恶化进程加剧。

(3) 气候条件。气候条件包括环境温度、湿度、风力和阳光辐射强度等。气候条件通常影响汽车总成的工作温度,改变其技术性能和工作可靠性。

图 2-15 所示为环境湿度与汽车及总成故障率的关系曲线。在适宜的环境温度下,汽车及总成故障率最低,可靠性最高。汽车上的每个总成都对应于一个最佳工作温度,气候条件通过对汽车总成工作温度的影响而使汽车的技术状况发生变化。如发动机磨损最小时的冷却系统水温为 70~90℃(见图 2-16)。气温过低时,发动机散热多,发动机工作温度偏低,使润滑油黏度大、流动性差,起动时到达润滑表面的时间长;同时燃油雾化不良,燃油以液滴状态进入气缸后,会冲刷缸壁上的润滑油膜,使磨损加剧。试验表明,在 −15℃ 的条件下起动发动机时,润滑油经 2min 才能到达主轴承;在 5℃ 时起动并走热发动机一次,气缸磨损程度相当于汽车行驶 30~40km 的气缸磨损量;而在 18℃ 时起动并走热发动机一次,气缸磨损程度相当于汽车行驶 200~250km 的气缸磨损量。当气温过高时,发动机易过热,润滑油黏度降低,在摩擦表面不易形成油膜,磨损也将加剧。

另外,非金属材料制成的零部件在低温下易出现硬化、开裂、弹性下降或零件结构强度降低等现象;气温过高,则易使供油系统和液压制动管路产生气阻并易发生爆胎,而使汽车的工作可靠性下降。

季节交替使环境温度、湿度和道路情况发生相应变化,如夏季炎热、干燥,灰尘多;秋、冬季雨雪多,气候湿冷,道路泥泞。不同季节的气候条件通过对汽车工作过程的影响而影响着汽车零件的磨损强度和汽车技术状况的变化。

2) 燃料和润滑油的品质

燃料、润滑油规格和品质对保证汽车正常工作和技术状况的变化速度具有重要影响。

图 2-15　环境温度对汽车故障率的影响

图 2-16　温度对发动机磨损的影响
1—化油器式发动机；2—柴油机

　　汽油的蒸发性、馏分温度、辛烷值和含硫量是与汽车技术状况的变化有直接联系的指标。馏分温度高低表示汽油中所含重馏分的多少。馏分温度越高，说明汽油中不易挥发、雾化和燃烧的重馏分越多。重馏分易以液滴状态进入气缸冲刷缸壁润滑油膜，窜入曲轴箱稀释润滑油，从而使润滑条件变差，磨损加剧。若所用汽油的辛烷值与发动机的压缩比不相适应，则易于发生爆燃，使发动机承受的机械负荷和热负荷增大，同时破坏缸壁上的润滑油膜，使磨损加剧，同时还会引起气门烧蚀、连杆变形、火花塞绝缘部分损坏等故障。燃料中的含硫量决定了发动机腐蚀磨损的强弱。

　　柴油的蒸发性、十六烷值、黏度、含硫量对发动机工作过程有很大影响。柴油中重馏分过多，会使燃烧不完全而形成炭粒，排放烟度增大，气缸磨损增加，还易堵塞喷油器喷孔。十六烷值对发动机工作的平稳性影响很大。柴油十六烷值选择不当，柴油机工作粗暴，所承受的载荷增大；或因其蒸发性差、低温流动性不良，发动机起动困难，从而加剧零件磨损。柴油的黏度应适宜，黏度大，则柴油的低温流动性和雾化性差，燃烧不完全，积炭和黑烟排放多；黏度小，则柴油对于喷油泵柱塞偶件的润滑作用下降，磨损加剧。柴油中含硫量从0.1%增加到0.5%时，柴油机气缸和活塞环的磨损量将增加20%～25%。

　　润滑油的黏度和抗氧化安定性是对汽车技术状况影响较大的性能指标。润滑油的黏度应与发动机转速、磨损状况和气候条件相适应。黏度大，则润滑油流动性差，低温时润滑条件差，磨损加剧；黏度小，则润滑油流动性好，但油性差，润滑油吸附金属表面的能力差，易使工作表面出现边界摩擦或半干摩擦状态，也会使发动机的磨损加剧。如果润滑油的氧化安定性不良，则易于在空气中的氧和热的作用下形成胶质沉淀物，使润滑油润滑性能下降；同时会因胶质物在油管、油道和机油滤清器中的沉积而影响润滑系统的正常工作，从而加剧零件的磨损。

　　3）汽车的合理运用

　　驾驶技术、装载情况和行驶速度等因素对汽车技术状况的变化有很大影响。

　　（1）驾驶技术。驾驶技术对汽车的使用寿命有直接影响。实践证明，相同型号和结构强度的汽车在运行条件相同或类似时，若驾驶员素质和驾驶技术有差别，则在汽车行驶一定的里程后，其技术状况也会产生很大差别。驾驶技术好的驾驶员在驾驶操作过程中，一般均注意采用预热升温、平稳行驶、换挡及时、合理滑行、温度控制等一系列正确合理的操作方法，并注意根据道路情况合理选择行驶路线和车速，保证车辆经常处于最佳工作状态，从而使车辆技术状况变差的速度放慢,汽车使用寿命延长。同时,驾驶员还应有一定的技术素质,能根据汽车使用说明书中所规定的各项使用要求合理使用车辆。

(2)避免超载。汽车装载量应按额定装载量进行控制。在超载状态下,汽车各总成承受的负荷增加,发动机工作不稳定,低速挡使用时间比例增大,冷却系统和润滑系统的工作温度升高,从而导致发动机和其他总成的磨损增大,汽车的使用寿命缩短。

(3)车速。车速对汽车技术状况的影响十分明显。汽车装载质量一定时,行驶速度对发动机磨损的影响如图 2-17 所示。汽车行驶速度过高,发动机经常处于高转速下运转,活塞在气缸内平均移动速度增高,气缸磨损相应增大。高速行驶时,汽车底盘特别是行驶机构受到的冲击载荷增大,易使前、后桥发生永久变形;同时,高速行驶时,制动使用更为频繁,汽车制动器磨损加剧。因此,汽车经常高速行驶对汽车使用寿命有一定影响。汽车行驶速度过低时,低挡使用的时间比例增多,汽车行驶相同里程发动机平均运转次数增多,同时由于润滑条件变差,其磨损强度较大。

图 2-17   行驶速度对发动机磨损的影响

4. 汽车性能劣化的规律

汽车的技术状况可用汽车的工作能力或运用性能来评价。汽车的运用性能包括动力性、经济性、使用方便性、行驶安全性、使用可靠性、装载质量和容积等。

汽车的运用性能是由原设计与制造工艺所确定的,主要取决于汽车的设计制造质量,在汽车使用过程中,汽车的实际运用性能从汽车的初始性能开始,随着使用时间或行驶里程的增长而变化。汽车的初始性能取决于汽车的制造质量;而汽车的实际运用性能除取决于汽车的制造质量外,还取决于汽车的运用条件和运输工作情况等多方面的因素。在汽车制造方面,可以通过改进汽车的结构设计和完善汽车的制造工艺来提高汽车的运用性能;在汽车运用方面,可以通过合理运用来提高汽车的实际运用性能。

汽车在使用过程中受到外部环境和内部条件多种因素的作用,其结构强度和使用条件都有平稳变化的一面,同时又有不确定的一面,其反映在汽车运用性能的变化规律上,表现为渐发性和突发性两种变化规律。渐发性变化规律指汽车运用性能的变化随行驶时间或行驶里程单调变化,从而可用函数式表示的变化规律;突发性变化规律表示汽车或总成出现故障或达到极限状态的时间是随机的、偶发的,没有必然的变化规律,对其变化过程独立地进行观察所得结果呈现不确定性,但在大量重复观察中又具有一定的统计规律。渐发性变化规律又称为函数变化规律,突发性变化规律又称为随机变化规律。

如果汽车运用合理,则汽车主要运用性能的变化按使用时间或行驶里程而逐渐呈函数规律变化,而汽车在使用过程中出现的某些具体故障则是随机发生的。

汽车运用性能随使用时间或行驶里程的增加逐渐变差的过程也称为汽车技术性能劣化。汽车技术性能劣化规律如图 2-18 所示。

汽车技术性能劣化可分为相对劣化和绝对劣化。相对劣化是指由于汽车工业发展,汽车新产品性能提高,而使原有产品的技术性能相对落后;绝对劣化是指随着使用时间推移,汽车技术性能逐渐下降。提高汽车技术性能的措施有三种:第一种是对汽车进行大修,即对

图 2-18　汽车技术性能劣化规律

汽车原有技术性能的恢复性作业,其最好效果仅能达到汽车原有的技术性能,一般情况下,大修汽车与新车性能存在着不同程度的差异,存在着不可逆转的技术性能劣化趋势;第二种是技术改造,即利用当前新技术或新工艺,对原有汽车进行改造,改造后将会使汽车性能得到某种程度的提高;第三种是对汽车进行更新,即以性能更好的新型汽车替代当前性能相对落后的旧汽车。很显然,采用不同的措施,其投资和效果是不同的,应进行技术经济分析。

2.3.2　汽车的使用寿命

汽车的使用寿命是汽车从开始使用到不能使用的整个时期,指从技术上和经济上汽车的使用极限,用累计使用年数或者累计行驶里程数表示。

1. 汽车使用寿命分类

汽车使用寿命可分为技术使用寿命、经济使用寿命、合理使用寿命,它们之间的关系为:技术使用寿命＞合理使用寿命≥经济使用寿命。

1) 技术使用寿命

汽车技术使用寿命是指从汽车开始使用,直至其主要机件到达技术极限状态而不能再继续修理时的总工作时间或总行驶里程。

汽车技术使用寿命,主要取决于各总成的设计水平、制造质量和使用维修情况。汽车到达技术寿命时,车辆应该予以报废,其零部件也不能再作备件使用。汽车维修做得越好,汽车技术寿命越会延长,但随着汽车使用时间的延长,汽车维修费也将日益增加。

2) 经济使用寿命

汽车经济使用寿命是指汽车从全新状态投入使用开始,到年平均总费用最低的使用年限或行驶里程。年平均总费用是车辆在使用年限内,年平均折旧费用与该汽车发生的经营费用之和。汽车经济使用寿命是汽车经济效益最佳时期,即汽车在技术上仍可继续使用,但年平均总费用上升,在经济上不合算。在汽车更新政策允许的情况下,汽车用户在更新车辆时应以经济使用寿命为主要依据。

在车辆的整个使用期内,购车费用一般只占总支出的 15％,使用、维修保养和燃油费等则占总支出的 85％。汽车使用至一定年限会出现年均总费用的最低值,如图 2-19 所示。年均总费用最低点的横坐标上标示的年限,就是汽车的经济寿命。因此在汽车使用到相当里程和使用年限后,需要从汽车使用总成本出发,对其进行全面经济分析,包括车辆制造成本、使用与维修费用、使用者管理开支、车辆当前的折旧以及市场价格的变化等一系列因素,作出综合的经济评定,确定是否经济合理,能否继续使用。

图 2-19　机动车年平均总费用曲线

3) 合理使用寿命

汽车合理使用寿命是指从汽车初次注册登记日开始计算,在到达经济使用寿命后,因为更新资金和更新车型等因素的制约,将营运车辆又继续使用一段时间的总使用年数或总行驶里程。汽车合理使用寿命以汽车经济使用寿命为基础。

国家汽车报废标准规定,多种营运车辆在达到报废年限后,还可以延缓报废。在定期检验合格的情况下,允许延长车辆使用年限的原因之一就是出于机动车合理使用寿命的考虑。

2. 汽车经济使用寿命的评价指标

汽车经济使用寿命的主要评价指标有使用年限、行驶里程、折算年限和大修次数。

1) 使用年限

使用年限是指汽车从开始投入运行到报废的年数,作为使用寿命的量标。这种方法除考虑了运行时间外,还考虑了车辆停驶期间的自然损耗问题。这种方法的特点是计量比较简单,但是没有反映汽车的使用强度和使用条件,同样使用年限的车辆由于行驶里程、载重、维护保养、驾驶技术和道路环境条件的不同而造成技术状况差异很大。

2) 行驶里程

行驶里程即汽车从开始投入运行到报废期间的行驶里程数,作为使用期限的指标。这种方法反映了汽车的真实使用强度,但没有反映运行条件的差异,如道路环境条件、载重乘员条件和保养维护状况等,也没有包含停驶期间的自然损耗。

对于专业运输车辆,由于其运行条件差异较大,虽然使用年限大致相同,但累计行驶里程相差悬殊。汽车运输业中,大多数以行驶里程作为考核车辆各项指标的基数,但对在用汽车进行评估,行驶里程一般作为参考依据。

3) 折算年限

折算年限是指汽车总的行驶里程与平均行驶里程之比,作为使用年限的量标,即

$$T_{折} = \frac{L_{总}}{L_{年}} \tag{2-1}$$

式中，$T_{折}$——折算年限；

　　$L_{总}$——总的累计行驶里程，km；

　　$L_{年}$——年均行驶里程，km/a。

这种方法综合了行驶里程和使用年限的特点，但计算起来年均行驶里程需要统计量值的支持，而该值不易取得且差异性较大。

4）大修次数

汽车在使用过程中，当动力性和经济性下降到一定程度，已无法用正常的维修和小修方法使其恢复正常技术状况时，就要进行大修。

运输技术部门除用里程作为指标外，也用大修次数作为指标。汽车报废之前，截至第几次大修最为经济，需权衡买新车的费用加旧车未折完的损失和大修费用加经营费用的损失，来预测截至哪次大修最经济合算。

3. 汽车经济使用寿命的影响因素

汽车经济使用寿命的长短主要受到汽车有形损耗和无形损耗的影响，而汽车有形损耗和无形损耗取决于汽车的使用强度、使用条件以及汽车使用地区的经济水平等。

1）汽车的损耗

首先从汽车的有形损耗和无形损耗两个方面进行分析。

无形损耗是指由于技术进步，生产的发展，出现了性能好、生产效率高的新型车，或原车型价格下降等情况，促使在用汽车提前更新。实际上是旧车型相对新车型的贬值，这个问题将在后面的用重置成本法进行车辆评估时详述。

有形损耗是指车辆在使用过程中本身的损耗。它包括磨损、锈蚀、腐蚀等自然损耗，以及燃料、润滑料和维护保养费用的增加。

有形损耗主要与运输成本有关。

汽车运输成本的一般构成为

$$C = C_1 + C_2 + C_3 + C_4 + C_5 + C_6 + C_7 + C_8 + C_9$$

式中，C_1——燃、润料费用；

　　C_2——维护、小修费用；

　　C_3——大修费用；

　　C_4——基本折旧费用；

　　C_5——轮胎费用；

　　C_6——驾驶员工资费用；

　　C_7——管理费用；

　　C_8——养路费用；

　　C_9——其他费用。

其中，$C_5 \sim C_9$ 是与汽车经济使用寿命无关的因素。当使用寿命确定后，C_4 是一个定值。而 C_1、C_2、C_3 随行驶里程（或使用年限）的增长、车况的下降而增加。由此可见，燃、润料费用，维护、小修费用和大修费用是影响经济使用寿命的重要指标。为了延长汽车的经济使用寿命,要尽量降低以上费用并延缓它们的增加速度。

2) 使用强度

前面说过,汽车的有形损耗与汽车的使用强度有关。而不同的汽车、不同的使用者、不同的用途,汽车的使用强度差异很大,汽车的经济使用寿命也不一样。

从行驶里程上来说,汽车的使用强度从 $1\times10^4\sim15\times10^4\,\mathrm{km/a}$ 不等。显然,年平均行驶里程越长,汽车的使用强度越大,经济使用寿命也越短。表 2-15 列出了几种车辆年均行驶里程。从表中可以看出,私家车强度最低,长途客车的强度最高。

表 2-15   各类车辆年均行驶里程 $10^4\,\mathrm{km/a}$

私家车	商用车	出租车	公交车	长途客车	大货车
1~3	2~5	10~15	8~12	10~20	8~12

从用途来看,出租车的使用强度显然大于私家车,经常超载的汽车使用强度要大于正常运载的汽车。

3) 使用条件

(1) 道路条件。道路对汽车使用寿命影响很大,直接影响车辆技术速度。道路条件差,车辆技术速度就慢,燃油消耗增大,车辆磨损增大,经济使用寿命则短。

(2) 自然条件。我国幅员辽阔,各地自然、地理条件差异较大,温度、湿度、年降雨量、空气中的含氧量、空气中的沙尘含量差异较大,造成车辆经济使用寿命也有一定的差异。

4) 经济水平

我国各地的经济发展水平差异很大,在发达地区的车辆淘汰更新快,经济使用寿命短;相反,欠发达和落后地区的车辆淘汰更新慢,经济使用寿命相对较长。如出租车的使用年限为 3~8 年不等,有的经济落后地区 8 年后还可以使用。

4. 汽车强制报废标准简介

《机动车强制报废标准》已经于 2012 年 8 月 24 日商务部第 68 次部务会议审议通过,并经国家发展改革委、公安部、环境保护部同意,予以发布,自 2013 年 5 月 1 日起施行。

1) 机动车强制报废的条件

按照新《机动车强制报废标准》规定,已注册机动车有下列情形之一的应当强制报废,其所有人应当将机动车交售给报废机动车回收拆解企业,由报废机动车回收拆解企业按规定进行登记、拆解、销毁等处理,并将报废机动车登记证书、号牌、行驶证交公安机关交通管理部门注销:

(1) 达到使用年限的。

(2) 经修理和调整仍不符合机动车安全技术国家标准对在用车有关要求的。

(3) 经修理和调整或者采用控制技术后,向大气排放污染物或者噪声仍不符合国家标准对在用车有关要求的。

(4) 在检验有效期届满后连续 3 个机动车检验周期内未取得机动车检验合格标志的。

(5) 对小、微型出租客运汽车(纯电动汽车除外)和摩托车,省、自治区、直辖市人民政府有关部门可结合本地实际情况,制定严于上述使用年限的规定,但小、微型出租客运汽车不得低于 6 年,正三轮摩托车不得低于 10 年,其他摩托车不得低于 11 年。

(6) 小、微型非营运载客汽车,大型非营运轿车,轮式专用机械车无使用年限限制。

(7) 机动车使用年限起始日期按照注册登记日期计算,但自出厂之日起超过两年未办理注册登记手续的,按照出厂日期计算。

2) 各类机动车的使用年限及行驶里程规定

新《机动车强制报废标准》第五条、第七条规定了机动车使用年限及行驶里程参考值,对达到一定使用年限及行驶里程的机动车引导报废。机动车使用年限及行驶里程参考值汇总见表 2-16。

表 2-16　机动车使用年限及行驶里程参考值汇总

车辆类型与用途				使用年限/a	行驶里程参考值/万公里
汽车	载客	营运	出租客运	小、微型	8	60
				中型	10	50
				大型	12	60
			租赁		15	60
			教练	小型	10	50
				中型	12	50
				大型	15	60
			公交客运		13	40
			其他	小、微型	10	60
				中型	15	50
				大型	15	80
		专用校车			15	40
		非营运	小、微型客车,大型轿车*		无	60
			中型客车		20	50
			大型客车		20	60
	载货	微型			12	50
		中、轻型			15	60
		重型			15	70
		危险品运输			10	40
		三轮汽车、装用单缸发动机的低速货车			9	无
		装用多缸发动机的低速货车			12	30
	专项作业	有载货功能			15	50
		无载货功能			30	50
挂车	半挂车	集装箱			20	无
		危险品运输			10	无
		其他			15	无
	全挂车				10	无
摩托车	正三轮				12	10
	其他				13	12
轮式专用机械车					无	50

注:表中机动车主要依据《机动车类型　术语和定义》(GA 802—2014)进行分类。标注 * 的车辆为乘用车。

2.3.3　汽车的品牌与保值

2.3.3.1　汽车主流品牌特点

汽车被称为改变世界的机器。由于汽车工业具有很强的产业关联度,因而常常被视为一个国家经济发展水平的重要标志。汽车一百多年的发展历史经历了几个重要的里程碑,其中福特的流水线生产和丰田的全面质量管理就是时代产物的杰出代表。在汽车技术日益发达的今天,从纯粹的技术层面上已经没有太大的秘密可言。汽车厂家之间的竞争更多地表现在品牌、制作工艺和耐用性等细微之处。比如国外一些汽车生产线,它会在某道流程上针对汽车的一项功能进行上万次的实验,直到找到这项功能的不足之处,然后再加以改进,这也是世界名车之所以经典的原因。与新的轿车品牌相比,传统品牌由于在规模上的优势,使得它们在制作、配件上都能达到比较高的标准化生产。

生产一部汽车,尤似诞生一个生命,也讲究"血统""发育""出生率""生育期"。不同的身世,造就不同的风格和特点。

汽车的血统是指某品牌、型号的汽车是出自以哪家制造商为首的汽车集团以及是否是该集团的主流、畅销车型。汽车是否有纯正的"贵族"血统,一般来说能够在很大程度上代表该品牌汽车的装配、制造质量和水平。

汽车的发育是指汽车的开发、设计、制造、装配工艺水平的高低。如果某车在设计、制造过程中的每一道工序和流程都精益求精、精雕细琢,那么,其发育肯定正常;相反,如果粗制滥造、东拼西凑,其发育肯定有缺陷。汽车是否有良好、正常的发育,将决定汽车购后的使用状况,影响汽车的各项使用性能的正常发挥。

汽车的出生率是指年款相近、车系相近的在用车在当地的保有量是否足够多。如果同一款车的产品线很长、变型车很多,对车辆的使用是会有很大好处的。汽车是否有很高的出生率以及在当地的保有量是否足够大,将决定车辆购后使用的方便程度,因为车辆的"同胞"越多,维修就越方便、便宜。

汽车的生育期是指生产厂家生产这款车的周期。如果一个厂家生产一款车的周期只有短暂的一两年,生育期就短;如果从投产到停产的周期较长,生育期就长。汽车生育期的长短将影响汽车生产的连续性。如果某品牌或车型的生育期很长,就将成为车坛的常青树,那么这款车就相对比较保值。比如捷达,已经连续生产了近20年,还一直比较畅销,就属于生育期较长的"车坛的常青树"。

2.3.3.2　影响汽车保值的因素

在目前日渐成熟的国内车市环境下,3～5年就升级换购新车的车主越来越多,车辆是否保值已成为广大理性车主购车时考虑的重要因素。加上近期国内通胀压力不断加剧,高保值车型更是凭借着过硬的产品品质、经济的养车成本、成熟的售后服务、良好的车主口碑及实实在在的省钱之道赢得了众多精明车主的青睐。

1. 保值与汽车保值率

保值就是产品在使用一段时间后残留在产品里的剩余价值。车辆是否保值,一般用保值率来衡量。

汽车保值率是指一款车型在使用一段时期后的交易价格与目前购买该款新车或同等替代车型所需价格的比率,即(旧车平均收购价/新车市场平均报价)×100%。它反映了一款新车使用后的折价程度,在二手车交易过程中起到确定交易价格的基础作用。随着中国二手车交易市场的快速发展,保值率逐渐成为消费者选购汽车的重要因素。

2. 保值率的影响因素

二手车保值率反映了某一车型在市场流通中所呈现的价格变动情况和价值折减程度,而非某一辆车。二手车的剩余价值率与车辆的实体成新率、新车市场发展水平、二手车市场发展水平、经济政策等紧密相关。二手车剩余价值率影响因素鱼骨图如图 2-20 所示。

图 2-20 二手车剩余价值率影响因素

1) 车辆的实体成新率

实体成新率是指二手车当前的技术经济性能与购买同样新车的技术经济性能的比值。二手车存在实体性贬值,由于使用及自然力的作用导致其技术经济性能的损耗或下降而引起的资产的价值损失。具体而言,指机动车在存放和使用过程中,因机件磨损和损耗等原因而导致的车辆实体发生的价值损耗以及由于自然力的作用而发生的损耗。投入交易的二手车一般都不是全新状态的,因此都存在实体性贬值,其实体成新率可由车辆技术状况、车辆外观状况、使用年限、行驶里程、车辆维护与保养等方面体现。

2) 新车市场

新车市场影响着二手车的市场价值,产品的升级换代、新车的价格稳定性、新车售后服务及成本以及该车型的品牌价值,这些影响新车市场价格的因素,也同样影响着二手车的市场价值。

(1) 新车价格稳定性

新车价格是衡量汽车保值率的重要基础要素,也是直接影响保值率变化的基本要素。新车价格的确定决定了具体品种的初始价格,确定了当期的价值表现形式。当价格确定为市场接受时,在其他影响因素不变的情况下,其保值率运行应该是逐步下降,并在经历相对平缓阶段后呈现加速下降的运动轨迹。事实上,新车价格的变化趋势受到多重因素的影响。

一是同一品牌车型的相关替代产品的价格政策的直接影响,如果替代产品(如车型升级换代)价格高于原产品价格,则对原产品保值率具有稳定作用,如果替代产品价格偏低,则对原产品保值率就具有相反的作用;二是对于同质状态的其他品牌的价格政策影响,如果其他品牌的同质产品以低于本品牌产品价格出现,则保值率必然受到冲击,如果以较高的价格出现,则影响较小。此外,市场战略、技术变革等非常规因素影响导致产品价格策略出现重大调整时,新车价格政策对市场前期推出的产品保值率会产生重大的影响,而这种影响更多地体现在对已有产品保值率的冲击。

(2) 品牌价值

品牌价值体现在品牌的市场占有率及市场份额,品牌的知名度、品牌的销售网络、品牌的技术含量、品牌的质量和品质标准、品牌的市场活动、消费者对该品牌的忠诚度等方面。汽车品牌的市场占有率在汽车保值率的形成中占有不容忽视的地位,而且这种影响还将随着占有率的变化而变化。市场占有率的扩大,表明了市场需求的集中度提高,品牌认知度上升,对于在用车辆的保值率具有向上的拉动作用。而随着市场竞争的加剧,市场占有率下降,又将对在用车辆的保值率产生负面影响。

(3) 售后服务质量及成本

售后的服务质量以及零部件成本、维修保养成本影响着二手车的剩余价值率。与其他众多商品消费不同,汽车在使用过程中需要有一系列服务保障,从而保持车辆技术状况的稳定,进而保持车辆价值和使用价值的合理折损。在成熟的汽车市场,汽车售后服务体系比较完善,车辆使用状况与使用环境也比较相同,维修保障服务业具有比较统一的标准,因此,车辆的保值率受到这方面的不利影响相对较少。我国汽车市场尚处于发展阶段,由于车辆使用环境的差异较大,维修服务标准参差不齐,技术保障的技术条件相对欠佳,车辆保值率的正常水平将难以保持。

3) 二手车市场

二手车市场是指由于当前的市场供需关系而导致的二手车价值的市场波动,表现在二手车市场的供需关系、OEM 品牌二手车项目的开展、市场发布的二手车指导价格等。

(1) 二手车市场供需状况。在市场经济条件下,供需状况对价格有很大影响。供应大于需求,价格就会下降;反之,需求大于供给,价格就会上升。对于二手车车价的影响主要体现在二手车供给表现、二手车需求表现、平均库存时间以及个性化配置四个方面。

(2) 厂商二手车项目。厂商有无二手车项目,直接影响着二手车的剩余价值,有二手车项目的厂商,车源可以部分控制在自己手中,由于提供专业服务、品质认证的二手车,其剩余价格会高于没有二手车项目的品牌。原则上,二手车项目对于二手车的剩余价值起着正相关作用。

(3) 二手车市场指导价格。市场指导价格是指一些市场信息数据机构发布的二手车指导价格。如宝马中国的所有二手车参考价格,均来自于 Redbook 所提供的参考数据;在美国,Kelly book 的数据对于价格具有基准的指导作用。历史成交价格的指导作用也在一定程度上影响着二手车的剩余价值。

4) 经济与政策

经济与政策是指由于宏观经济政策、通货膨胀、环境保护等外部环境因素的变化造成车辆市场价值的变化。这些外界因素在二手车的评估中不可忽视。比如 2008 年 9 月,针对大排量车型的附加购置税,在短期内将同类型的二手车价格提高了10%。2009年初发布的1.6L以下排量车型的购置税减免,则直接打压了当时二手车市场同类型的交易价格。另外,国家环保政策的要求越高,对车辆的性能要求就越高,直接影响二手车的交易价格。新环保标准的施行,使排放标准低的汽车逐渐流向不发达地区,造成了地区性二手车的剩余价值差异。

3. 中国乘用车保值率排名

中国二手车网乘用车保值率排名是在中国汽车流通协会、中国汽车维修行业协会的大力支持下,在国内20多个主要城市和373家重点二手车交易市场进行乘用车保值率数据采集工作,共汇集国内外主流车型5000余款、650000份二手车市场交易信息样本,按车型的级别、品牌美誉度、厂商售价稳定性、市场占有率、相关政策法规、区域性差异、消费者关注度、车主满意度、产品生命周期、宏观经济、二手车市场实际交易价格等方面进行价格模型分析,通过二手车价格模型进行价值评估,从而计算出每款车辆的保值率。

2017年中国二手车网乘用车保值率综合排名见表2-17。排名榜单列出了微型车(简称A00)、小型车(简称A0)、紧凑型车(简称A)、中型车(简称B)、中大型车(简称C)、豪华型车(简称D)、SUV、MPV各个级别车型保值率综合排名(取第四年保值率,因为第四年是一辆车车况性能最为可靠稳定的时期,此时的保值率真实体现该车应有的价值)。

表 2-17 2017 年中国二手车网乘用车保值率排名结果

类别	排名	厂 商	系 列	类别	排名	厂 商	系 列
微型车	1	长安铃木	奥拓	中大型车	1	华晨宝马	宝马5系
	2	上汽通用五菱	乐驰		2	一汽大众奥迪	奥迪A6L
	3	奇瑞汽车	奇瑞QQ		3	上海通用凯迪拉克	凯迪拉克XTS
小型车	1	广汽本田	飞度两厢	豪华车	1	英菲尼迪	英菲尼迪QX80
	2	上汽大众	POLO		2	奔驰	奔驰GLS级
	3	上汽通用雪佛兰	赛欧两厢		3	日产	途乐
紧凑型车	1	一汽大众	高尔夫	SUV	1	一汽大众奥迪	奥迪Q5
	2	上汽大众	朗逸		2	上海通用别克	昂科拉
	3	一汽大众	速腾		3	广汽丰田	汉兰达
中型车	1	大众	大众CC	MPV	1	上海通用别克	别克GL8
	2	大众	帕萨特		2	广汽丰田	奥德赛
	3	广汽丰田	凯美瑞		3	上汽大众	途安

注:数据来源于中国汽车流通协会。

国产各级别轿车1~5年保值率如图2-21所示。整体来看,各级细分市场的车龄保值率随着车龄的增长而逐步分化,车龄1~5年保值率表现最佳为中大型SUV,表现最差为微型轿车,其余各级别表现差异不大,相对稳定集中。

微型车细分市场综合保值率排名最低,车龄1年保值率均值62.88%,车龄5年保值率36.47%,1~5年保值率每年递减6~9个百分点。随着人民生活水平的逐步提高,加上全国多个如北、上、广、深、杭等地区出台汽车摇号或号牌拍卖政策,在拍卖价格居高不下或一号难求的市场环境下,消费者大多考虑一步到位,很少考虑选择微型车,加上市场竞争激烈,

图 2-21   国产各级别车型车龄 1~5 年保值率
(数据来源:中国汽车流通协会)

小型轿车的价格进一步下探,直逼微型车价格,微型车经销商为吸引消费者,往往降价促销,造成其保值率落后于其他细分市场。

在小型车和紧凑型车级别中,1~5 年车龄保值率表现十分接近,最大差距在第 2 年车龄上,为 1.03%,其余车龄差距不过 0.4%。整体来看,紧凑级车型保值率略好于小型车保值率。

中级轿车和中高级轿车的细分市场中,越来越多消费者的消费观念已经发生了转变,更加倾向于一步到位的选择,中级车或中高级成了他们的首选,无论新车还是二手车中级车市场都是各大厂商最重要的细分市场。随着二手车市场的健全和发展,多样化的汽车金融产品介入,进一步扩大了中级车的消费群体,其保值率稳定性进一步加强。

在 SUV 细分市场中,频频上市的新车型加剧了市场的竞争,小型、紧凑型和中型 SUV 保值率不分上下,首年保值率最高与最低保值率相差不到 2 个百分点,3 年保值率相差不过 4 个百分点,其中 5 年车龄保值率差距有所减小,在 3.5 个百分点附近。

中大型 SUV 部分情况相对特殊,车型较少。普拉多地位多年无可撼动;兰德酷路泽紧随其后;长城 H9 作为普拉多的翻版车型,因其实用的配置、强悍的性能、相对较低的价位形成了高性价比车型,受到不少消费者的青睐,首年保值率达 75.81%,远高于其他细分级别市场保值率。因哈弗 H9 车型上市较晚,并无 5 年车龄车型,其 5 年车龄保值率由普拉多和兰德酷路泽构成,为 55.66%,和其他细分市场保值差距出现了进一步扩大。

在 MPV 细分市场,随着二胎的放开、公务车市场改革、各企业蓬勃发展使得 7 座 MPV 越来越受到追捧,从高端商务需求到普通百姓 7 座用车,MPV 都成了其首选车型,因此整体 MPV 市场定价形成了从几万元到几十万元的跨度空间。MPV 车型处于百花齐放发展模式,高级别主流 MPV 车型诸如别克 GL8 和本田奥德赛、低级别诸如五菱宏光和宝骏 730 等都有不错的市场表现,其细分市场 1~5 年车龄保值率整体表现优良。

对于许多消费者来说,保值率是买车时非常重要的参考因素之一。下面,就以紧凑型轿车为例,分析一下三年来哪些紧凑型轿车的保值率(见表 2-18)比较高。

表 2-18　最保值的紧凑型轿车 TOP10　　　　　　　　　　　　%

排名	车　型	一年保值率	二年保值率	三年保值率
1	丰田卡罗拉	78.14	72.26	64.68
2	大众高尔夫	75.90	71.05	64.40
3	大众凌渡	74.17	69.07	63.40
4	昂克赛拉	74.92	68.44	63.10
5	本田杰德	76.20	70.11	62.68
6	大众速腾	74.69	69.01	62.00
7	本田凌派	73.40	67.18	61.89
8	丰田雷凌	73.60	69.18	61.55
9	大众宝来	70.25	66.01	60.55
10	本田锋范	74.36	69.96	59.55

注：数据来源于中国汽车流通协会。

二手车的售价与购买时价格的关系不大，而关系较大的是车辆目前的售价以及车辆的配置、排量等。综上所述，在二手车市场，二手车的保值率具有一定规律。

1）以品牌分，德系车普遍保值率较高

市场上的主流车型是以品牌划分的，因为品牌的价值是决定这个车的保值率最主要的因素之一。据多年统计了解，德系车是最保值的车型，其次是日系车，然后是美、韩系车，最后就是国产的一些自主品牌的车。提到具体车型，譬如说大众的几乎所有车型都很保值，除了可能有个别譬如说高尔可能稍微差一些，已经停产的稍微差一些以外，其他的车型几乎都很保值。自主品牌的车辆随着使用年限增加小毛病也随之而来，后期维修保养费用较高，所以购买人群较少，保值率也较低。

2）同车型，低配比高配保值，低排量比高排量保值

在购买车辆的时候，不少朋友喜欢购买顶配或者高排量车型，觉得性价比高、有面子。同样车型里越是高配、越是大排量，保值率越低。这也跟新车的销售一样，标配版的车型是销量最大的。例如同是 2010 年 5 月的 3.0L 排量皇冠，低配版本的车型要比高配版保值率高 7%。

3）跑车、高档豪华车、个性车型保值率很低

由于跑车、高档豪华车、个性车型基本都是少数富豪们的玩具，所以保值率十分低。几乎新车下地就直接 7 折甚至更低。如 2012 年的玛莎拉蒂开了不足 2 个月，直跌 81 万元，保值率剩下 69.5%，7 折还不到。GMC 这种超个性化的个性就更是代表了，才一年半的车龄，保值率就仅剩 40%。

2.4　资金的时间价值及车辆的经济评价

2.4.1　资金的时间价值

对于购买营运车辆而言，往往是一项较长时间的投资。而现在的购车投入资金和未来

的若干年的赚得收益资金因为时间的不同没有可比性。也就是说，在对一项长期投资计划进行效益评价时，把不同时期的现金收入和支出简单地相加，来计算总收益和总成本，这是不符合实际情况的。比如下面几个例子。

例 2-1　设年初一项购买二手车投资为 10 万元，年末成为 15 万元。另外一项购车投资也是 10 万元，年末成为 12 万元。显而易见前者比后者赚取利润要大，更有吸引力。

例 2-2　两项购买二手车均为 10 万元的投资，一项在第一年末得 11 万元，另一项在两年后也得 11 万元。显然，第一项投资比第二项投资更有吸引力。也就是说，资金收回越早则效益越高。

例 2-3　现有两项购买二手车投资计划，一项投资为 10 万元，年末收入 12 万元。另一项投资 20 万元，两年后收入为 25 万元。仅从净收入来看，后一项比前一项更有利。然而，若考虑资金的时间价值，最好的方案则取决于利率，而不是绝对收入。

例 2-4　考虑两项均为 10 万元购买二手车投资的方案，第一项于年末可得 12 万元，而另一项于第二年末可得 13 万元。我们不能只凭两个计划的净收入的差别就认定后一项比前一项好。因为利率、投资的时间及收益的大小都将影响其效益。

从以上例子可以看出，由于资金具有时间价值，所以现在的一笔资金比未来的一笔等额资金更富有价值。为了使发生在不同时点的资金具有可比性，必须把不同的时间发生的现金流量换算成某一相同时刻发生的资金量，然后才可以进行加减运算。

1. 相关概念

（1）收益。收益是指净收益流量，即现金流入量减去现金流出量。它尚未扣除投资的资本成本。表现收益大小的方式有两种：

收益的数额或金额。如一辆从事营运的汽车，一年内净收入 10 万元，10 万元就是这辆汽车的收益数额。

收益率。收益率是指收益数额对投资数额的比率，它表明每元投资所得的收益，收益多少和投资大小有关。为了比较各项投资收益的大小，用收益率作标准。收益率计算公式如下：

$$收益率＝收益÷资本$$

（2）现值。通常以字母 P 表示。它是指发生在（或折算为）某一特定时间序列起点的现金流量。

（3）终值。终值也称未来值或将来值，通常以字母 F 表示。它是指发生在（或折算为）某一特定时间序列终点的现金流量。

（4）等额序列值。等额序列值通常以字母 A 表示。它是指发生在（或折算为）某一特定时间序列各时间期末（不包括零期）并且金额大小相等的现金流量序列，也常称年金。

（5）不等额序列值。不等额序列值通常以字母 A_t 表示。它是指发生在某一特定时间序列各时间期末，并且金额大小不一定相等的现金流量序列。若现金流量从第二期起逐期等差递增（或递减），则称为等差序列值。若现金流量从第二期起按某一固定比例递增（或递减），则称为等比序列值（或几何序列值）。

（6）折现率。折现率通常用字母 i 表示。在经济分析中如果不作其他说明，一般指年利率或收益率。

（7）时间。这里的时间是指在等值计算中计算时间价值的期数，通常以年来计。

2. 资金时间价值的计算公式

1）现值与终值的计算公式

已知现值 P、折现率 i、时间 n，求终值 F。即有 n 期末的终值 F 与现值 P 的关系为

$$F = P(1+i)^n$$

简记为

$$F = P(F/P,i,n) \tag{2-2}$$

式中，$(1+i)^n$——终值系数，记为 $(F/P,i,n)$，其值可查表求得。这种系数符号内，括号中斜线上的符号表示所求的未知数，斜线下的符号表示已知数。系数符号 $(F/P,i,n)$ 表示已知 P、i、n，求 F。

已知终值 F、折现率 i、时间 n，求现值 P。即有现值 P 与 n 期末的终值 F 的关系为

$$P = F\frac{1}{(1+i)^n}$$

简记为

$$P = F(P/F,i,n) \tag{2-3}$$

式中，$1/(1+i)^n$——一次支付现值系数，简称贴现系数。系数符号 $(P/F,i,n)$，表示已知 F、i、n，求 P。

2）年金与终值的变换公式

已知每年有一个现金流量 A（年金）、折现率为 i，求在 n 年内积累的资金总量 F。即年金 A 与终值 F 的关系为

$$F = \frac{A[(1+i)^n - 1]}{i}$$

简记为

$$F = A(F/A,i,n) \tag{2-4}$$

式中，$[(1+i)^n - 1]/i$——等额序列终值系数。系数符号 $(F/A,i,n)$ 表示已知 A、i、n，求 F。

为了在 n 年内累积资金 F，已知收益率为 i，求每年的积累资金 A。即已知终值 F、折现率 i、时间 n，求年金 A，则有

$$A = F\frac{i}{(1+i)^n - 1}$$

简记为

$$A = F(A/F,i,n) \tag{2-5}$$

式中，$i/[(1+i)-1]$——等额序列偿债基金系数。系数符号 $(A/F,i,n)$ 表示已知 F、i、n，求 A。

3）年金与现值的变换公式

现在投资金额为 P，收益率为 i，要求在 n 年内全部收回投资。求每年收回的资金 A。即已知现值 P、折线率 i、时间 n，求年金 A。则有

$$A = \frac{P[i(1+i)^n]}{(1+i)^n - 1}$$

简记为

$$A = P(A/P, i, n) \tag{2-6}$$

式中,$[i(1+i)^n]/[(1+i)^n-1]$——资金回收系数。系数符号$(A/P, i, n)$表示已知P、i、n,求A。

已知收益率为i,为n年内每年回收A元,求现在的投资P。即已知年金A、折现率i、时间n,求现值P,则有

$$P = \frac{A[(1+i)^n - 1]}{i(1+i)^n}$$

简记为

$$P = A(P/A, i, n) \tag{2-7}$$

式中,$[(1+i)^n-1]/[i(1+i)^n]$——等额序列现值系数。系数符号$(P/A, i, n)$表示已知A、i、n,求P。

现将各公式及系数列于表2-19。各系数值在具体计算时可通过查表取得。

表 2-19　资金时间价值的计算公式

系 数 名 称	符 号	用途	公 式
终值系数	$(F/P, i, n) = (1+i)^n$	由现值求终值	$F = P(F/P, i, n)$
一次支付现值系数(贴现系数)	$(P/F, i, n) = 1/(1+i)^n$	由终值求现值	$P = F(P/F, i, n)$
等额序列现值系数	$(P/A, i, n) = [(1+i)^n-1]/[i(1+i)^n]$	由年金求现值	$P = A(P/A, i, n)$
资金回收系数	$(A/P, i, n) = [i(1+i)^n]/[(1+i)^n-1]$	由现值求年金	$A = P(A/P, i, n)$
等额序列终值系数	$(F/A, i, n) = [(1+i)^n-1]/i$	由年金求终值	$F = A(F/A, i, n)$
等额序列偿债基金系数	$(A/F, i, n) = i/[(1+i)^n-1]$	由终值求年金	$A = F(A/F, i, n)$

3. 计算举例

例 2-5　某单位欲购置一辆汽车从事营运业务。该车辆的剩余使用寿命为6年,购置全价为85000元。据预测,该车辆在使用过程中,每年的总费用支出为20000元,每年总收入为60000元。假定折现率10%,试在将车辆的购置全价折算为剩余使用期限内的年金的前提下,估算该车每年的净年金收入。

解:根据分析可知,这是一个已知现值求年金的问题。

据已知条件可知,折现率$i=10\%$,时间$n=6$年,现值$P=85000$元。由现值折算成年金为

$$A = 85000 \times (A/P, 10\%, 6)$$
$$= 85000 \times 0.22961$$
$$\approx 19517(元)$$

上式中,$(A/P,10\%,6)$ 的值可通过查表取得,为 0.22961。

由于车辆的年收入为 60000 元,年费用支出为 20000 元,故该车的净年金收入为

$$60000 - 20000 - 19517 = 20483(元)$$

例 2-6 某单位欲购置一辆汽车从事营运业务。该车辆的剩余使用年限为 6 年,购置全价为 80000 元。据预测,该车辆在使用过程中年耗油费用为 10000 左右,年维护费用为 5000 元左右,其他管理费用为 10000 元左右。假定折现率为 10%,试估算该车辆的现值成本。

解:根据分析可知,这是一个已知年金求现值的问题。

据已知条件可知,折现率 $i=10\%$,时间 $n=6$ 年。

车辆每年所需费用合计为

$$10000 + 5000 + 10000 = 25000(元)$$

即年金 $A=25000$ 元。

由年金折算成现值为

$$
\begin{aligned}
P &= 25000 \times (P/A,10\%,6) \\
&= 25000 \times 4.35526 \\
&= 108882(元)
\end{aligned}
$$

由于购置车辆时,一次性投资的资金为 80000 元,故车辆的现值成本为

$$80000 + 108882 = 188882(元)$$

2.4.2 二手车投资方案选择

在现实生活中,二手车购买使用的方案往往有多个,如何通过数学分析的方法对用户选定的投资目标方案进行分析比较,以选择购买的最佳方案,是我们这节关注的主要问题。技术方案的分析方法很多,下面介绍几种简单易行的分析方法。

1. 净现值比较法

净现值是指方案在寿命周期内收入现值总额与支出现值总额的差额。它表示方案的纯经济效益,其实质可视为净收益的现值总额,若收入现值总额与支出现值总额的差额≥0,则说明该方案能获得一定的投资收益,方案可行;若收入现值总额与支出现值总额的差额<0,则表示达不到预期的目的,方案不可行。在多方案选优时,若各方案的寿命相同,且投资者所追求的目标是获得最大的纯经济效益,则净现值最大的方案为最优。

从净现值分析中,在寿命周期内有收入现值总额和支出现值总额两项。假设寿命周期内收入现值总额相同(或未知),这时,我们只要计算出支出现值总额,通过比较方案中支出现值总额的大小,即可决定方案取舍的方法称现值成本分析法。现值成本分析法是把方案在寿命周期内所耗成本(包括投资和使用成本)的一切耗费都换算为与其等值的现值成本,然后据以决定方案取舍的方法。

运用现值成本分析法的前提条件是假设各方案收益是基本相同(或未知而假设相同)的。

例 2-7　某人选购同档次不同牌号的车辆作出租营运用车,在市场上有三种不同的车辆可供选择,其投资和费用见表 2-20。假定标准收益率 $i=10\%$,剩余使用年限 n 均为 5 年,试分析应选购哪一种牌号的车辆比较经济合理。

表 2-20　三种牌号的车辆有关资料　　　　　　　　　　　　元

成本 项目	牌 号		
	A	B	C
车辆投资	80000	55000	48000
年耗油费用	10000	18000	21000
年维护费	5000	9000	12000
年管理等其他费用	10000	12000	16000

解:同档次的三种牌号车辆,所得收入相同(或未知而假设相同)时,我们只计算各车辆的现值成本,即车辆的投资与费用现值。通过比较三种牌号车辆的现值成本,具有最低现值成本的方案为最优方案。

运用等额序列现值公式,三种牌号的车辆现值成本分别计算如下。

先求 A 车的总现值成本:

A 车的每年总花费为

$$10000+5000+10000=25000(元)$$

运用等额序列现值公式,将年总消费转化成现值成本,即

$$25000\times(P/A,10\%,5)=25000\times3.79079=94770(元)$$

则 A 车的总现值成本为

$$80000+94770=174770(元)$$

再求 B 车的总现值成本:

B 车的每年总花费为

$$18000+9000+12000=39000(元)$$

运用等额序列现值公式,将年总消费转化成现值成本,即

$$39000\times(P/A,10\%,5)=39000\times3.79079=147840(元)$$

则 B 车的总现值成本为

$$55000+147840=202840(元)$$

最后求 C 车的总现值成本:

C 车的每年总花费为

$$21000+12000+16000=49000(元)$$

运用等额序列现值公式,将年总消费转化成现值成本,即

$$49000\times(P/A,10\%,5)=49000\times3.79079=185749(元)$$

则 C 车的总现值成本为

$$48000+185749=233749(元)$$

通过计算比较,A 牌号车辆总现值最小,因此选购 A 牌号车辆。

从上例可以看出,买价低的车,不一定最省钱,只有通过收益和投入成本的全面认真的分析,才能做出正确的购买选择。

在使用该公式时,若方案中车辆剩余使用寿命不相等,则不满足时间的可比性。在这种情况下,一般不用净现值比较法,为了进行技术经济分析可用下述方法。

2. 年金比较法

年金比较法就是把所有现金流量化为与其等值的年金或年成本(不考虑收入时),用以评价方案经济效益的技术经济分析方法。

在实际应用时,如果已知现金收入和支出,可用净年金法;如果只知道支出时,则可用年成本比较。因而年金法又分为净年金法和年成本法两种。

1) 净年金法

当用净年金法进行方案比较时,若项目的收入和支出都知道,则把它们均换算为与其等值的年金并求和。若净年金大于零,则说明经济上可取,其中年金最大的方案是最好的方案。

例 2-8　有两种可供选择的汽车,其有关资料见表 2-21。

表 2-21　汽车有关资料

方案		投资/元	寿命/a	残值/元	年总收入/元	年总支出/元	收益率/%
汽车	A	50000	5	0	60000	30000	10
	B	60000	7	2000	75000	40000	10

解:根据净年金的概念则有如下计算方法:

净年金=年总收入-年总支出-现值投资成本折算成年金+终值收益折算成年金

则 A 车净年金为

$$60000 - 30000 - 50000 \times (A/P, 10\%, 5) = 30000 - 50000 \times 0.26380$$
$$= 16810(元)$$

B 车净年金为

$$75000 - 40000 - 60000 \times (A/P, 10\%, 7) + 2000 \times (A/F, 10\%, 7)$$
$$= 35000 - 60000 \times 0.20541 + 2000 \times 0.10541$$
$$= 22886(元)$$

计算表明,A、B 两方案均是可行方案,其中 B 方案更优。B 方案的净年金值为 22886 元,表示除满足收益率 10% 外,每年还有 22886 元的净收益。

2) 年成本法

年成本法是用等值的平均年成本评价方案经济效益的技术经济分析方法。年成本最低的方案是经济上较优的方案。

例 2-9　可供选择的汽车方案 A 和 B 均能满足工作要求,其不同点见表 2-22。假设收益率均为 10%。

表 2-22 汽车有关资料

项　目	汽　车	
	A	B
投资/元	50000	60000
剩余寿命/a	4	6
年维修费/元	5000	8000

解：A 车年总成本为

$$50000 \times (A/P,10\%,4) + 5000 = 50000 \times 0.31547 + 5000 = 20774(元)$$

B 车年总成本的为

$$60000 \times (A/P,10\%,6) + 8000 = 60000 \times 0.22961 + 8000 = 21777(元)$$

通过计算比较,汽车 A 的净未来成本更低,因而它是较好的方案。

上述计算中,各系数均在附录 1 中查表可得,也可以用资金回收公式计算。

本 章 小 结

本章主要内容包括汽车评估的基本要素,汽车技术状况、汽车的使用寿命、汽车的品牌与保值率等影响汽车价格的重要因素,资金的时间价值及车辆的经济评价等。

下列的总体概要或框图覆盖了本章的主要学习内容,可以利用以下线索对所学内容进行一次简要的回顾,以便归纳、总结和关联相应的知识点。

(1) 汽车评估的基本要素。介绍了汽车评估八大基本要素,分别为评估的主体和客体、评估的依据和目的、评估的原则和程序、评估的假设和计价标准等。

(2) 汽车价格的影响因素。介绍了汽车技术状况、汽车的使用寿命、汽车的品牌与保值率等重要影响因素,进一步了解汽车技术状况变化的原因及主要影响因素;还介绍了汽车经济使用寿命的评价指标,熟悉我国汽车的报废标准。

(3) 资金的时间价值及车辆的经济评价。介绍了资金的时间价值相关概念,给出了资金时间价值的计算公式,论述了二手车投资方案选择。

自 测 题

一、单项选择题

1. 二手车鉴定评估的客体是(　　)。

   A. 评估师　　　　　　　　　　　　B. 评估程序

   C. 二手车　　　　　　　　　　　　D. 评估方法和标准

2. 下列(　　)是机动车的产权证明。

   A. 机动车登记证　　　　　　　　　B. 机动车行驶证

　　　　C. 车辆号牌　　　　　　　　　　　　　　D. 车辆购置税完税凭证

3. 新的《机动车强制报废标准》于(　　　)年 5 月 1 日起实施。

　　　　A. 2012　　　　　　　B. 2013　　　　　　　C. 2014　　　　　　　D. 2015

4. 车辆的 17 位 VIN 代号编码经过排列组合,结果使车型生产在(　　　)年之内不会发生重号现象。

　　　　A. 40　　　　　　　　B. 50　　　　　　　　C. 20　　　　　　　　D. 30

5. 评估报告中的评估原则应遵循(　　　)的原则。

　　　　A. 客观性、自立性、公正性、科学性、一般性

　　　　B. 透明性、独立性、公正性、科学性、专业性

　　　　C. 客观性、独立性、公正性、科学性、专业性

　　　　D. 客观性、自立性、公正性、科学性、专业性

二、判断题(在括号内正确的打√、错误的打×)

1. 汽车的无形损耗是由于科学技术的进步和发展,从而导致车辆的损耗与贬值。

　　　　　　　　　　　　　　　　　　　　　　　　　　　　　　　　　　　(　　　)

2. 汽车的使用寿命是指汽车从生产制造开始到报废的整个时间过程。　　(　　　)

3. 车辆识别代码(VIN)第十位是年份代码。　　　　　　　　　　　　　　(　　　)

4. 日常的汽车养护可以使汽车处于良好的行驶状态,可以延长汽车的使用寿命。

　　　　　　　　　　　　　　　　　　　　　　　　　　　　　　　　　　　(　　　)

三、简答题

1. 简述车辆识别代码(VIN)的含义和组成。

2. 汽车技术状况变化的影响因素有哪些?

3. 简述汽车性能劣化规律。

4. 汽车的寿命有哪几种,相互有什么关系?

四、计算题

1. 某单位欲购置一辆汽车从事营运业务,该车辆的剩余使用寿命为 5 年,购置全价为 60000 元。据预测,该车辆在使用过程中,每年的总费用支出为 10000 元,每年总收入为 40000 元。假定折现率为 12%,试在将车辆的购置全价折算为剩余使用期限内的年金的前提下,估算该车每年的净年金收入。

2. 某单位欲购置一辆汽车从事营运业务,该车辆的剩余使用年限为 6 年,购置全价为 60000 元。据预测,该车辆在使用过程中年耗油费用为 10000 元左右、年维护费用为 8000 元左右、其他管理费用为 5000 元左右。假定折现率为 12%,试估算该车辆的现值成本。

3. 现在有 A、B 两辆车,资料见下表。试进行经济性投资分析。

方　　案		投资/元	寿命/a	残值/元	年总收入/元	年总支出/元	收益率/%
汽车	A	80000	10	2000	60000	40000	10
	B	50000	5	2000	70000	48000	10

4. 现在有 A、B 两辆车,资料见下表。试进行经济性投资分析。

项　　目	汽　　车	
	A	B
投资/元	90000	80000
剩余寿命/a	6	4
年维修费/元	10000	8000
年耗油费用/元	6500	8000
年管理等其他费用/元	10000	12000

第 3 章

新汽车评估

3.1 新汽车的价格构成及影响因素

3.1.1 新汽车的价格构成

1. 汽车价值与价格

汽车作为一种商品,既具有价值也有价格,因此,在分析新汽车的价格构成时,需要对汽车价值与汽车价格予以区别。

1) 汽车价值

汽车价值是指汽车企业设计、研制、生产该产品时所耗费的代价,同时也是指汽车企业的产品和服务带给消费者的利益,它是决定汽车价格高低和汽车品牌崇尚度的依据。

从经济学的角度来看,汽车产品的物质利益既包括汽车基本属性(如性能、质量等)的价值,也包括汽车的延伸功能(如舒适性、方便性和售后服务等)所带来的价值。汽车价值可分为以下5类。

(1) 性价比:是指汽车的性能价值,它主要包括动力性、操纵稳定性(即主动安全性)、安全性(即被动安全性)、燃料经济性和舒适性等。

(2) 故障率:是指汽车的品质价值,它主要包括零部件的可靠性、维修性和寿命等,它关系到汽车使用者的使用便利程度和维修支出负担。

(3) 使用成本:是指在汽车的使用过程中的经济耗费,它包括燃料的消耗、维修费用的支出、保险保养等费用的支出。

(4) 残值(即二手车价格):是指新汽车在使用一段时间以后,被作为二手车进行转让出售、置换,此时汽车能在市场上所卖出的价格。目前,我国的新车平均使用时间为4~5年,然后便会卖旧换新。因此,二手车的残值大,那么转手价格就高,车辆的保值功能就强。

(5) 售后服务:它与故障率相似,它关系到汽车使用者的使用便利程度以及相关的维修保养支出。售后服务的质量主要体现在售后服务网点的布设密度、布局位置,网点的汽车维修服务能力的强弱,网点的汽车救援响应能力,售后服务价格高低等。汽车的售后服务质量水平越来越成为汽车市场竞争的重要内容。

新车价值评估不仅是汽车制造企业对汽车定价的主要依据,而且新车的价值评估还可为消费者购车提供参考和咨询服务支持。

2) 汽车价格

汽车价格是指汽车价值的货币体现。汽车价格的确定不仅直接关系到汽车产品能够被市场所接受的程度,而且还决定着经营者、生产者和车主的切身利益。

2. 汽车价格的基本构成

汽车价格主要由设计研制与生产成本、营销成本与流通费用、企业利润和政府税金等4个要素构成。

1) 设计研制与生产成本

汽车设计研制与生产成本是汽车价格构成的主要部分,也是制定汽车价格的重要依据之一。研发与生产成本占汽车价格构成的比例越大,则该车的性价比就越高。一般而言,消费者都希望自己所购汽车的性价比越高越好。在选定车型范围内,可通过对于汽车的设计、结构、配置、零部件质量、工艺水平等因素进行间接比较,大致判断其研发与生产成本所占比重。

2) 营销成本与流通费用

汽车的营销成本与流通费用是指汽车从生产企业向最终消费者的转移过程中所产生的费用总和。影响流通费用大小的因素主要有转移环节的多少、转移时间和距离的长短等。一般而言,汽车销量越小、销售距离越远,则营销成本越高。另外,如果汽车的销售规模较大,则分摊到每辆汽车上的营销成本与流通费用则相对固定。

3) 企业利润

企业利润和经销商利润体现了汽车生产者和汽车经销商通过劳动所创造的价值,同时也是企业扩大再生产的重要保证,是汽车价格的必要组成部分。在汽车价格组成中,不同车型的利润差异较大,利润通常与汽车的品牌美誉度、汽车品质、热销程度成正比。

4) 政府税金

政府税金是指政府向汽车产品征收的各种税费,它主要包括汽车生产环节的增值税、销售环节的消费税等。税率的高低对汽车价格的影响较大。例如,我国目前增值税的税率为16%,也就是说一辆售价10万元的汽车就包含了1.6万元的增值税。

目前,国内进口车的价格主要由5部分构成,即到岸价格、关税、消费税、增值税和经销商费用,一般的进口车价格计算公式为:

进口车价格=到岸价格×(1+关税税率+消费税税率)×(1+增值税税率)+其他费用

以一辆到岸价为10万元人民币、排量为1.0~2.2L的进口中级轿车为例,按照我国加入世界贸易组织之前的关税征收状况,该进口车辆的销售价格=10万元×(1+80%+5%)×(1+当时的增值税税率)+其他费用。

3.1.2　新汽车价格的影响因素

汽车价格的影响因素主要包括经济社会发展水平、汽车消费市场的发展水平、汽车品质与品牌、汽车的制造成本与费用、企业的盈利目标和竞争力、企业的营销和售后服务水平等。

1. 经济社会发展水平

经济社会发展水平主要是指决定人们购买力的经济发展水平和整个社会的发展水平。轿车的私人购买力水平与人均 GDP 之间存在紧密的联系,这种联系可用恩氏系数 R 表示:

$$R = \frac{轿车的价格}{人均 \, GDP}$$

一般认为,当 R 值在 2~3 之间时,轿车开始进入家庭。一个社会的经济水平越高、发展速度越快,其购买力就越强,汽车价格的敏感性就越弱,就更有利于汽车的自由定价。反之,就不利于汽车的自由定价。另外,在不同的社会经济发展阶段,汽车消费者的状况会各有不同,包括收入水平、消费能力、消费特点、消费习惯、消费心理以及消费偏好等。

汽车作为道路交通工具,需要有发达的道路网络、停车场地、维修保养配套设施、科学高效的交通管理才能充分发挥其功能。因此,一个国家或地区的道路等级、道路里程、道路密度、路网的通达程度、停车的难易程度等对汽车的使用均有影响。随着我国汽车保有量的迅速增加,各大中城市的交通压力也变得越来越大,如北京市的汽车牌照摇号政策、上海市的汽车牌照拍卖政策、城市中心区域的停车收费、城市道路网络的常发性交通拥堵现象等,对汽车的消费有着明显的制约作用,这对汽车的价格也会产生一定的影响。

另外,与汽车使用相关的各种税费,如车辆购置税、过桥过路费、保险费、燃油价格水平以及停车费等,也都会影响汽车购买力和汽车价格。

2. 汽车消费市场的发展水平

汽车消费市场的发展水平主要包括汽车市场发展所处的阶段、汽车市场竞争状况等。

1) 汽车市场发展所处的阶段

(1) 充分竞争市场:是指由市场供求关系决定汽车价格的比较公平、公开的汽车市场。

(2) 完全垄断市场:是指整个汽车市场完全被少数几个品牌所垄断。如我国 20 世纪 80—90 年代的汽车市场就是此种情况,此种环境下的汽车价格肯定会很高。

(3) 垄断竞争市场:是指既有独占倾向又有竞争成分的市场。例如,现阶段我国中、低档轿车市场就是这种情况。其主要特点是:一方面同类汽车有较多的生产者,从而形成了激烈的市场竞争;另一方面不同企业生产的同类车型也存在着差异性,另外还包括消费者对某种品牌的偏好。

(4) 寡头垄断市场:是指某类汽车的绝大部分被少数几家企业所垄断的市场,它是介于上述第二、第三两种情况之间的一种汽车市场形式。例如,我国目前的货车市场就属于此种情况。此种市场上的汽车价格不是由市场供求关系决定的,而是由几家大汽车厂通过协议或默契形成的。

2) 汽车市场竞争状况

汽车市场的竞争激烈程度对汽车价格的影响非常大。一款新车的定价策略必须考虑它处于一个什么市场,市场中存在哪些竞争者,竞争的激烈程度,竞争对手的生产技术、产品的品质和种类、产品的市场占有率,以及同类产品的供求关系、价格、价格策略和销售策略等。

在完全竞争的市场中,通过价格可以调节市场的供求,使得供需达到均衡。当供求达到均衡时,价格会趋于稳定,此为价格机制的基本原理。汽车市场的供需与价格的关系如图 3-1 所示。

图 3-1　供需与价格的关系

2017 年国内汽车厂商销量排名(广义乘用车)见表 3-1。其中,上汽大众以绝对的优势夺得了 2017 年的汽车销量冠军;上汽通用位于第二;一汽大众在 2017 年的最后一个月马失前蹄,旗下的主力车型捷达销量出现了严重的下滑,使得一汽大众仅获得 2017 年的汽车销量季军;上汽通用五菱位居第四。

表 3-1　2017 年国内汽车厂商销量排名(广义乘用车)　　　　　　　　　　　　辆

排名	厂商	累计销量	排名	厂商	累计销量
1	上汽大众	2081729	16	广汽丰田	442855
2	上汽通用	1999482	17	奇瑞汽车	436298
3	一汽大众	1941025	18	北京奔驰	425296
4	上汽通用五菱	1553701	19	比亚迪	403119
5	吉利汽车	1239855	20	华晨宝马	384849
6	东风日产	1209554	21	神龙汽车	381479
7	长安汽车	1056022	22	东风悦达起亚	364020
8	长城汽车	947633	23	众泰汽车	314925
9	长安福特	829847	24	东风小康	266540
10	北京现代	790863	25	北汽银翔	255510
11	东风本田	724808	26	东风风行	225108
12	广汽本田	692989	27	江淮汽车	217600
13	一汽丰田	691042	28	北京汽车	206307
14	上海汽车	517535	29	广汽菲克	204976
15	广汽乘用车	507198	30	长安马自达	192053

注:广义乘用车是指轿车+SUV+MPV,不含微型车。

除了不同的汽车厂商之间的激烈竞争,汽车产品之间的竞争也较为激烈。2018 年 6 月的轿车、SUV、MPV 的销量排行情况见表 3-2～表 3-4。

表 3-2　2018 年 6 月轿车销量排行榜　　　　　　　　　　万辆

排名	品牌	6 月销量
1	轩逸	4.36
2	朗逸	4.17
3	卡罗拉	3.22
4	桑塔纳	2.97
5	捷达	2.70
6	速腾	2.35
7	宝来	2.06
8	领动	2.01
9	科沃兹	1.99
10	帝豪	1.96

表 3-3　2018 年 6 月 SUV 销量排行榜　　　　　　　　　万辆

排名	品牌	6 月销量
1	哈弗 H6	2.63
2	博越	2.22
3	宝骏 510	2.05
4	奇骏	1.90
5	途观	1.89
6	昂科威	1.77
7	宝骏 530	1.50
8	传祺 GS4	1.43
9	帝豪 GS	1.40
10	本田 XR-V	1.37

表 3-4　2018 年 6 月 MPV 销量排行榜　　　　　　　　　万辆

排名	品牌	6 月销量
1	五菱宏光	2.60
2	别克 GL8	1.23
3	比亚迪宋 MAX	1.22
4	宝骏 360	1.10
5	欧尚	0.57
6	宝骏 730	0.45
7	途安	0.44
8	菱智	0.44
9	欧诺	0.40
10	传祺 GM8	0.40

3. 汽车品质与品牌

汽车品质是指汽车的内在质量、性能、造型和外观质量等,它是影响汽车价格的首要因素。油耗指标也是汽车品质的重要内容之一。因为随着油价的不断上涨,汽车的消费成本也相应提高,故油耗低的车型更受到青睐。

品牌的美誉度是影响汽车价格的次要因素。据有关调查显示,品牌是消费者购车第一选择的次重要因素,这也就说明了品牌在汽车定价中的作用。例如,人们往往将奔驰、宝马、奥迪等高档汽车与车辆使用者的身份与社会地位进行某种联系。

4. 汽车的制造成本与费用

汽车的制造成本与费用是指汽车的生产成本、技术转让成本、管理费用和销售费用等,它是汽车产品价格构成的主体,汽车售价的绝大部分都要用来补偿其生产成本和经营费用。

5. 企业的盈利目标和竞争力

企业的经营目标就是使企业实现利润的最大化。因此,在制定销售价格时,必须考虑其盈利目标和营销策略,同时也要考虑产品本身的竞争能力。

6. 企业的营销和售后服务水平

企业的营销水平包括其管理过程、营销战略规划、营销调研与信息系统和售后服务等,该水平不仅影响市场的购买行为,而且也会对汽车价格产生重大影响。售后服务是决定消费者购买汽车的重要考虑因素,该项成本必然也会反映到汽车的价格之中。

3.2　新汽车的定价目标

企业对新汽车的定价目标主要包括利润目标类、销售目标类、竞争目标类 3 种类型。新汽车的企业定价目标分类情况见表 3-5。

表 3-5　企业定价目标分类情况

序号	类　型	细　分　类　别
1	利润目标类	最大利润目标
		适度利润目标
		预期投资收益目标
2	销售目标类	最大销量目标
		保持和扩大市场占有率目标
		保持和分销商渠道良好关系的目标
3	竞争目标类	维持企业生存的目标
		保持和稳定价格的目标
		应付和避免价格竞争的目标
		取得市场领先地位的目标

1. 利润导向型的汽车定价目标

汽车企业一般都把利润作为重要的汽车定价目标,这种目标主要有 3 种。

1）以利润最大化为目标

以利润最大化为汽车定价目标,指的是汽车企业期望获取最大限度的销售利润。追求利润最大化并不等于追求最高汽车价格。最大利润既有长期和短期之分,又有汽车企业全部汽车产品和单个汽车产品之别。通常已成功地打开销路的中小汽车企业,经常使用这种目标。

2）以目标利润作为汽车定价目标

汽车企业把某项汽车产品或投资的目标利润水平规定为汽车销售额或投资额的一定百分比,即汽车销售利润或汽车投资利润率。汽车定价是在汽车成本的基础上加上目标利润。根据实现目标利润的要求,汽车企业要估算汽车按什么价格销售、销售多少才能达到目标利润。

3）适当利润目标

有些汽车企业为了保全自己,减小市场风险,或者限于实力不足,以满足适当利润作为汽车定价目标,这种情况多见于处于市场追随者地位的中小汽车企业。

2. 以销量导向的汽车定价目标

这种汽车定价目标是指汽车企业希望获得某种水平的汽车销售量或汽车市场占有率而确定的目标。汽车市场占有率是汽车企业经营状况和汽车产品在汽车市场上的竞争能力的直接反映,对于汽车企业的生存和发展具有重要意义。因此,保持或扩大汽车市场占有率非常重要。一般来讲,只有当汽车企业处于以下几种情况时,才适合采用这种汽车定价目标。

（1）采用进攻型经营策略的汽车企业。

（2）低价能阻止现有和可能出现的竞争者。

（3）汽车企业有雄厚的实力能承受低价所造成的经济损失。

（4）汽车成本随着产量的增加呈现逐渐下降的趋势,而利润有逐渐上升的可能。

（5）该汽车的价格需求弹性较大,降低价格,扩大销售,促使汽车市场份额扩大;与此同时,使得单位汽车固定成本降低,汽车企业总利润增加。

3. 以竞争为导向的汽车定价目标

在汽车市场竞争中,大多数竞争对手对汽车价格很敏感,在汽车定价以前一般要广泛收集市场信息,把自己生产的汽车的性能、质量和成本与竞争者的汽车进行比较,然后制定本企业的汽车价格。通常采用的方法有:

（1）与竞争者同价。

（2）高于竞争者的价格。

（3）低于竞争者的价格。

汽车企业在遇到同行价格竞争时,常常会被迫采取相应对策。例如,竞相降价,压倒对方;及时调价,价位对等;提高价格,树立威望。在现代市场竞争中,需要注重汽车质量、促销、分销和服务等方面,以巩固和扩大自己的汽车市场份额。

3.3　新汽车的定价策略

目前,我国已成为全球最大的汽车消费市场,汽车正加速进入我国普通百姓家庭和单位,与此同时,汽车生产企业众多,汽车产品较为丰富,汽车的销售竞争激烈。在激烈的市场竞争中,价格策略是一种提高市场占有率的重要营销手段。新车的定价策略是指汽车生产企业通过市场调研,对顾客的需求和企业的生产成本以及市场竞争状况进行分析,从而选择一种能吸引顾客、实现营销组合的价格策略。基本的定价策略有如下5类。

1. 折扣和折让的定价策略

折扣和折让的定价策略是指企业为了实现经营战略或竞争的需要,通过价格折扣和折让策略,直接或间接地降价,以争取消费者和扩大销售量。具体包括数量折扣、现金折扣、交易折扣、季节折扣、运费折扣。

1) 数量折扣

数量折扣是指按买方购买汽车数量的多少,分别给予其不同的折扣。该折扣又分为累计数量折扣和非累计数量折扣。其中,累计数量折扣是指规定当买方购买的汽车在一定时期内达到一定数量或金额时,给予其一定折扣的优惠,其目的是使买方与企业保持长期合作,以维持企业的市场占有率。非累计数量折扣是指按每次购买的汽车数量多少给予折扣优惠,以此刺激买方大量购买,达到减少库存与资金积压的目的。

2) 现金折扣

现金折扣是指对按约定日期付款或提前付款的买主给予适当的折扣优惠价。其目的是鼓励买主尽早付款,以利于资金周转。但采用现金折扣时须考虑折扣率、给予折扣所限制的时间的长短、付清车款期限等问题。

3) 交易折扣

交易折扣是指企业根据中间商在营销活动中所担负的功能不同,而给予其不同的折扣。

4) 季节折扣

季节折扣是指在汽车销售淡季时,给购买者一定的价格折扣优惠,以刺激中间商或消费者在淡季多买汽车,从而达到减少库存与加速资金周转的目的。

5) 运费折扣

运费折扣是指为调动中间商或消费者的积极性,企业应对其运费给予部分或全部的补贴。

2. 按照汽车产品寿命期的定价策略

在汽车产品的不同寿命阶段,价格三要素即成本、消费者、竞争者也会有所不同,因此,需要在汽车产品导入期、成长期、成熟期、衰退期确定合适的定价策略,具体的定价策略选择情况见表3-6。

表 3-6　汽车产品寿命期的定价策略选择方法

产品寿命阶段	特　点	所　选　策　略
导入期	消费者的主要注意力在新产品的性能和效用上，而对新产品的价格敏感性较低	企业可采取对自己最有利的新产品价格策略
成长期	消费者的注意力不再单纯地停留在新产品的性能和效用上，开始比较不同产品的性价比	企业可采取产品差别化策略和成本领先策略
成熟期	市场对基本产品价格的可调范围已经缩小	销售更有利可图的其他产品或通过优质服务来巩固自己的竞争地位
衰退期	在减少损失的情况下退出市场，或巩固自己的市场地位	将资金紧缩到企业优势最强的品牌产品的生产线上（紧缩策略）；调整定价，以求最大的资金回笼，然后退出市场（收缩策略）；通过降价，打败弱小的竞争者，占领市场份额（巩固策略）

3. 针对消费者心理的定价策略

利用消费者对汽车价格不同的心理感受，有意识地将价格定得高些或低些、定成整数或带尾数的价格形式，以满足其心理需求，从而增加消费者的购买欲望，并以此扩大汽车的销量。其主要的心理定价策略有以下 5 种。

1) 尾数定价策略

利用消费者求廉的心理，定价时有意不取整数而带尾数的定价策略。这样可使消费者产生一种产品价格很便宜并且认为企业是经过成本核算才定价的感觉，从而激发其购买欲望，促进销售。例如，将原本 10 万元价值的汽车价格有意定为 9.8 万元。尾数定价策略一般适用于档次较低的经济型汽车。

2) 整数定价策略

在高档车定价时，往往将其定为整数，不带尾数，以提高汽车的品牌形象，满足消费者认为整数价格属于高档消费品的印象和心理追求。整数定价策略适用于档次较高而需求价格弹性系数不大的汽车。一般高收入阶层也比较容易接受较高的整数价格。

3) 声望定价策略

根据汽车品牌在消费者心目中的声望、信任度和社会地位，而确定其价格的一种策略。它可满足某些消费者对地位、身份、名望、财富和自我形象等的特殊需求。声望定价策略一般适用于具有较高知名度和较大市场影响力的著名高档品牌汽车，如劳斯莱斯、奔驰、宝马等。

4) 招徕定价策略

将某种汽车价格定得非常高或非常低，以引起消费者的好奇心和观望行为，以此来带动和促进其他更多品牌汽车产品销售的一种定价策略。

5) 分级定价策略

将同类汽车产品分为几个不同等级，以及分别采取不同价格进行销售的策略。这种策略可使消费者产生货真价实和按质论价的心理感觉。采用此策略时应注意：等级划分要适当,级差不能过大或过小。

4. 汽车新产品的定价策略

汽车新产品的定价主要包括撇油定价策略、满意定价策略、渗透定价策略,这三种策略的比较见表3-7。

表3-7 汽车新产品的定价策略比较

定价策略	优 点	缺 点	适 用 范 围
撇油定价策略: 在新产品投放市场的初期,实行高价保利的定价策略,以期在短期内尽快收回投资	新产品投放市场的初期尚无竞争者,就可以利用高价策略,可在短期内迅速获取较大利润;当竞争者大量进入市场时则主动降价,增强产品竞争力	当新产品尚未建立起声誉时,高价不利于迅速打开市场,且存在相当大的风险	难度大、开发周期长的新产品;有较大市场需求的新产品;可迅速树立起性能好、质量优、档次高的品牌形象的新产品
满意定价策略	价格居中,成功的可能性相对较大,风险相对较小	需要根据市场需求与竞争情况,并结合企业实际进行具体的分析确定定价水平	产品价格需求弹性一般,消费者对新产品的特质要求不高
渗透定价策略: 在新产品投放市场的初期,实行低价促销的定价策略,以期取得用户的接受,迅速打开市场	以低价迅速占领市场,通过薄利多销的手段增加利润,可有效阻止竞争者进入,有利于控制市场份额	投资回收期长,风险大	企业有规模生产能力,降低成本,薄利多销;产品价格需求弹性比较大,便于以低价扩大市场份额的新产品;技术已经公开、易于仿制、竞争者容易进入,且只有靠低价才能排挤竞争者占领市场的新产品

上述三种定价策略与汽车销量的关系如图3-2所示。由图可知,在撇油定价策略中,汽车销量最小,此时利用高价策略,获取高额利润;在渗透定价策略中,汽车销量最高,此时利用低价策略,扩大市场占有率,薄利多销;满意定价策略的汽车销量和价格则处于上述两种定价策略之间。其中,汽车撇油与渗透定价策略的选择标准差异见表3-8。

图3-2 汽车价格与销量的关系

表 3-8　汽车撇油与渗透定价策略的选择标准

选 择 标 准	撇油定价策略	渗透定价策略
市场需求水平	高	低
与同类车型的差别性	较大	较小
价格需求弹性	小	大
企业提高生产能力的可能性	小	大
消费者购买力水平	高	低
目标市场潜力	不大	大
汽车仿制的难易程度	难	易
投资回收期长短	较短	较长

5. 针对汽车产品组合的定价策略

对于同时生产销售多系列品种汽车产品的企业,可根据实际需求组合制定系列化的价格体系的一种策略。该策略可使企业的整个产品系统的利润实现最大化。它又可分为以下两种策略。

1) 同系列产品组合定价策略

将同一系列的汽车产品作为一个产品组合来进行定价。其中,最低价格产品可以充当"价格明星",它主要起吸引消费者购买整个系列产品的作用。而最高价格产品可以充当"品牌明星",主要起提高系列品牌影响力的作用。同系列产品组合定价策略与分级定价策略有部分相似。

2) 附带选装配置的产品组合定价策略

将汽车产品与其可供选装配置的装置作为一个产品组合来进行定价。例如,可以选装 ABS、动力转向、中央门锁、电动门窗以及电动后视镜等。此时,可将汽车价格相对定得低些,而将选装配置的装置的价格相对提高一些。

3.4　新汽车安全性评估

全世界每年由于汽车事故造成的人员伤亡、财物损失极大,由此,各发达国家都对汽车的碰撞安全提出了严格的要求,并且制定了相应的法规。NCAP 是英文 New Car Assessment Program 的缩写,即新车安全评价规程,考验汽车安全性能的一系列碰撞测试。1979 年,NCAP 最早在美国开展,此后在欧洲、日本等发达国家运行多年,其一般由政府或具有权威性的组织机构,按照比国家法规更严格的方法对在市场上销售的车型进行碰撞安全性能测试、评分和划分星级,向社会公开评价结果。由于这样的测试公开、严格、客观,为消费者所关心,也成为汽车企业产品开发的重要规范,对提高汽车安全性能作用显著。

目前,更多国家(如澳大利亚、韩国、印度等)开始重视和建立本国的 NCAP。在充分研究并借鉴其他国家 NCAP 发展经验的基础上,结合我国汽车标准、技术和车辆实际使用特征,中国汽车技术研究中心于 2006 年正式建立了 C-NCAP。试验形态主要包括正面碰撞、40%偏置碰撞、侧面碰撞以及颈部挥鞭伤害等试验。

近年来,随着道路交通环境以及安全技术水平的提升,原有的 NCAP 评价体系已不能很好地区分汽车安全性能的优劣。因此,各个国家纷纷根据各自的国情,对原有的评价体系进行技术升级,Euro NCAP 与 US-NCAP 分别于 2009 年和 2010 年较大幅度更新了各自的评价规程,C-NCAP 也于 2018 年更新了评价规程。C-NCAP 2018 版与最新 US-NCAP 和 Euro NCAP 在试验形态、碰撞速度、假人安放、评价指标等方面的比较见表 3-9 和表 3-10。

表 3-9　C-NCAP 与 Euro NCAP、US-NCAP 正面碰撞对比

正面碰撞	Euro NCAP	US-NCAP	C-NCAP	
试验形态	正面 40% 偏置碰撞	正面 100% 刚性壁障	正面 40% 偏置碰撞	正面 100% 刚性壁障
碰撞速度/(km/h)	64	56	64	50
假人安放	前排两个 Hybrid Ⅲ 50th,后排 P3、P1.5 儿童假人	驾驶员 Hybrid Ⅲ 50th,乘员侧 Hybrid Ⅲ 5th,后排无假人	前排两个 Hybrid Ⅲ 50th,后排左侧 Hybrid Ⅲ 5th	前排两个 Hybrid Ⅲ 50th,后排左侧 Hybrid Ⅲ 5th,右侧 Q3 儿童假人
假人测点	头、颈、胸、大腿、小腿	头、颈、胸、大腿	头、颈、胸、大腿、小腿	
伤害评价	取驾驶员和乘员伤害更严重的指标进行评价	驾、乘单独评价,取二者平均值作为评价结果	取驾驶员和乘员伤害更严重的指标进行评价	

注:P1.5 和 P3 分别表示 P 系列的 1 岁半和 3 岁儿童假人;Q3 表示 Q 系列的 3 岁儿童假人;Hybrid Ⅲ 50th 表示混合Ⅲ型第 50 百分位男性假人;Hybrid Ⅲ 5th 表示混合Ⅲ型第 5 百分位女性假人。

从表 3-9 可以看出,Euro NCAP 仅考核正面 40% 偏置碰撞性能,US-NCAP 仅考核正面 100% 刚性壁障碰撞性能,而 C-NCAP 考核更全面,涵盖上述两种试验,但 100% 刚性壁障碰撞速度不及 US-NCAP,此外碰撞假人选取略有差异。

表 3-10　C-NCAP 与 Euro NCAP、US-NCAP 侧面碰撞对比

侧面碰撞	Euro NCAP	US-NCAP	C-NCAP
试验形态	1. 可移动变形壁障侧碰撞 2. 侧面柱碰撞	1. 可移动变形壁障侧碰撞 2. 侧面柱碰撞	1. 可移动变形壁障侧碰撞 2. 无侧面柱碰撞
碰撞速度与角度	1. 90°侧面碰撞 50km/h 2. 90°侧面柱碰撞 29km/h	1. 27°斜角侧碰撞 50km/h 2. 75°斜角侧柱撞 32km/h	1. 90°侧面碰撞 50km/h 2. —
假人安放	1. 驾驶员 ES-2,后排 P1.5、P3 2. 仅驾驶员侧 ES-2 假人。	1. 驾驶员 ES-2re,驾后 SID-IIs 2. 仅驾驶员侧 SID-IIs	1. 驾驶员 WorldSID 50th,驾后 SID-IIs 2. —
台车质量/kg	950	1368	950
假人测点	ES-2:头、胸、腹、骨盆; P1.5、P3:头、胸	ES-2re:头、胸、腹、骨盆; SID-IIs:头、骨盆	ES-2:头、胸、腹、骨盆; SID-IIs:头、胸、腹、骨盆

续表

侧面碰撞	Euro NCAP	US-NCAP	C-NCAP
伤害评价	成人保护评价中，两种侧碰形式各占总分的 2/9	前排评价：柱碰撞和 MDB 碰撞，权重 1∶4；后排根据 MDB 结果，平均前后排结果得到总体侧碰评价结果	前后排乘员假人单独计分

注：ES-2、WorldSID 50th 代表用于侧面碰撞试验的碰撞假人；SID-IIs 代表侧碰假人；MDB 代表移动可变形壁障 (movable deformable barrier)。

从表 3-10 可以看出，C-NCAP 侧面碰撞测试项目仅有 MDB 侧面碰撞，较 Euro NCAP 和 US-NCAP 少了侧面柱碰撞测试；并且欧洲和美国的柱碰撞测试的碰撞速度与碰撞角度都有不同。

表 3-11　C-NCAP 与 Euro NCAP、US-NCAP 其他试验与总体星级评价方法对比

试 验 项 目	Euro NCAP	US-NCAP	C-NCAP
行人保护	成人、儿童头部冲击、大腿冲击、小腿冲击试验	无	成人、儿童头部冲击、腿部冲击试验
挥鞭伤害台车试验	动态＋静态评价，低、中、高 3 种强度碰撞脉冲动态评价指标：NIC，Nkm，回弹速度，上颈部 F_x、上颈部 F_z、T_1 加速度、头枕接触时间	无	仅动态评价，中强度碰撞脉冲动态评价指标：NIC、上颈部 F_x、上颈部 F_z、上颈部 M_y、下颈部 F_x、下颈部 F_z、下颈部 M_y
翻滚试验	无	根据静态稳定系数和动态试验评价	无
主动安全	电子稳定控制（ESC）、安全带提醒装置、限速装置	无	ESC、自动紧急制动（AEB）、安全带提醒装置
总体星级评价	成人保护、儿童保护、行人保护与主动安全装置得分以 5∶2∶2∶1 权重得出总分数对应不同星级。	根据正碰、侧碰以及滚翻试验的星级按照 5∶4∶3 的权重计算得出总体星级。	根据成员保护、行人保护、主动安全三个部分得分以 7∶1.5∶1.5 权重得到综合得分率，对应不同的星级

注：F—力；M—弯矩；NIC—颈部伤害指数（neck injury criterion）；Nkm—颈部伤害预测指标（neck injury predictor）；T_1—自上往下第一个胸椎（thorax）。

从表 3-11 可以看出，Euro NCAP 与 C-NCAP 均有行人保护测试且试验项目大致相同；Euro NCAP 与 C-NCAP 均有颈部挥鞭伤害台车试验，但在碰撞脉冲、评价指标方面均有差异；只有 US-NCAP 有翻滚试验；此外，Euro NCAP 与 C-NCAP 针对主动安全辅助装置进行了加分；在总体星级评价方面，3 个 NCAP 评价体系也不尽相同。某汽车偏置碰撞、侧面碰撞、侧面柱碰撞、翻滚测试如图 3-3～图 3-6 所示。

根据 2015 版新车安全评价规程，C-NCAP 公布了 2018 年某些车型的碰撞测试结果，碰撞测试结果中既有 5 星安全等级，也有 3 星安全等级，分别见表 3-12 和表 3-13。

图 3-3 汽车偏置碰撞

图 3-4 汽车侧碰

图 3-5 侧面柱碰撞

图 3-6 汽车翻滚测试

表 3-12   某车型 5 星安全等级碰撞结果

项 目		得 分
正面 100%重叠刚性壁障碰撞试验得分		17.15 分(满分 18 分)
正面 40%重叠可变形壁障碰撞试验得分		14.81 分(满分 18 分)
可变形移动壁障侧面碰撞试验得分		18.00 分(满分 18 分)
座椅鞭打试验得分		3.62 分(满分 4 分)
加分项	前排乘员安全带提醒	1.00 分
	侧面安全气囊及气帘	1.00 分
	ESC(电子稳定控制系统)	1.00 分
总分		56.6 分(满分 61 分)
星级		★★★★★(≥52 分且<60 分)

表 3-13   某车型 3 星安全等级碰撞结果

项 目		得 分
正面 100%重叠刚性壁障碰撞试验得分		12.37 分(满分 18 分)
正面 40%重叠可变形壁障碰撞试验得分		12.26 分(满分 18 分)
可变形移动壁障侧面碰撞试验得分		17.88 分(满分 18 分)
座椅鞭打试验得分		2.85 分(满分 4 分)
加分项	前排乘员安全带提醒	1.00 分
	侧面安全气囊及气帘	0.00 分
	ESC(电子稳定控制系统)	1.00 分
总分		47.4 分(满分 61 分)
星级		★★★

3.5   新车价值评估的方法与实例

1. 新车产品价值评估的基本方法与步骤

新车产品价值评估基本采用市场价格法,其主要步骤如下:

(1)采集与被评估汽车同类型汽车的技术参数、性能指标、配置情况以及价格水平。

(2)收集被评估汽车与参照车的市场价格走向,分析被评估汽车的定价目标、定价方法与定价策略。

(3)量化分析被评估汽车与参照车的差异性,给出评估结论。

2. 新汽车产品价值评估实例

例 3-1   试对 2018 年 7 月首发上市的一汽大众 T-ROC 探歌(2018 款 280TSI 两驱 DSG 舒适版)进行价值评估。

解:按照上述评估步骤,进行评估如下。

(1)采集与被评估汽车同类型汽车的技术参数、性能指标、配置情况以及价格水平。通过调研分析,2018 年 7 月市场上与一汽大众 T-ROC 探歌(2018 款 280TSI 两驱 DSG 舒适版)相近的车型包括领克 02、斯柯达柯珞克等。不同车型的技术参数、性能指标、配置情况以及价格水平比较见表 3-14。

表 3-14 车型比较信息

	探歌 2018 款 280TSI 两驱舒适型	领克 02 2018 款 1.5T DCT 两驱劲 Pro	柯珞克 2018 款 TSI280 舒适版
长×宽×高/(mm×mm×mm)	4318×1819×1582	4448×1890×1528	4432×1841×1614
工信部综合油耗/(L/100km)	5.7	6.2	6.0
轴距/mm	2680	2702	2688
整备质量/kg	1375	1520	1380
车身结构	SUV	SUV	SUV
油箱容积/L	50	50	50
行李厢容积/L	401	585	455
发动机型号	1395mL 涡轮增压直列 4 缸 16 气门直喷 95 号汽油	1500mL 涡轮增压 3 缸 12 气门直喷 95 号汽油	1395mL 涡轮增压直列 4 缸 16 气门直喷 95 号汽油
最大功率/kW	110	132	110
最大功率转速/(r/min)	6000	5500	5000
最大扭矩/(N·m)	250	265	250
最大扭矩转速/(r/min)	3000	4000	3000
变速箱	7 挡双离合变速箱	7 挡双离合变速箱	7 挡双离合变速箱
驱动方式	前置前驱	前置前驱	前置前驱
前悬架类型	麦弗逊式独立悬架	麦弗逊式独立悬架	麦弗逊式独立悬架
后悬架类型	多连杆式独立悬架	多连杆式独立悬架	扭力梁式非独立悬架
助力类型	电动助力	电动助力	电动助力
前/后制动器类型	通风盘式/盘式	通风盘式/盘式	通风盘式/盘式
后制动器类型	盘式	盘式	盘式
驻车制动类型	电子驻车	电子驻车	手刹
轮胎规格	215/55 R17	235/50 R18	215/55 R17
主/副驾驶座安全气囊	有	有	有
前/后排侧气囊	前排有	前排有	无
ABS 防抱死	有	有	有
制动力分配(EBD/CBC 等)	有	有	有
牵引力控制(ASR/TCS/TRC 等)	有	有	有
真皮/仿皮座椅	有	有	无
GPS 导航系统	无	有	有
多媒体系统	中控台彩色大屏	中控台彩色大屏	中控台彩色大屏
价格/万元	17.58	15.28	15.69

(2) 收集被评估汽车与参照车的市场价格走向,分析被评估汽车的定价目标、定价方法与定价策略。参照车辆的市场价格走向见表 3-15。

表 3-15　参照车辆的市场价格走势

	探歌 2018 款 280TSI 两驱舒适型	领克 02 2018 款 1.5T DCT 两驱劲 Pro	柯珞克 2018 款 TSI280 舒适版
最初上市时间	2018 年	2018 年	2018 年
最初上市指导价格/万元	17.58	15.28	15.69
评估基准日指导价格/万元	16.50	15.28	13.19
现价占最初上市价格百分比/%	93.86	100.00	84.07

由表 3-15 可以看出,探歌的现价占 2018 年上市指导价格的 93.86%,领克 02 的现价占 2018 年上市指导价格的 100.00%,柯珞克的现价占 2018 年上市指导价格的 84.07%,这 3 个车型由于上市时间距评估基准日较短,车型较新,降价幅度不大,车辆品牌具备一定的竞争力。因此,可以大致判断,这 3 个车型在上市之初采取的是撇油定价策略,凭借良好的车辆性能、过硬的质量,满足了较大的市场需求,以实现利润或预期利润最大化的定价目标。

探歌是一汽大众的首款 SUV 车型,在海外市场也不过是大众品牌的第四款全球战略 SUV 产品——前三款是途锐、途昂和途观。也就是说 SUV 产品在整个大众品牌体系内都是全新的序列,因此在设计风格上也有更多新的开创设计。

被评估车辆与参照车辆的市场定位各有不同。探歌定位于年轻的消费群体,竞争对手直接锁定同年发布的领克 02 以及同平台的斯柯达柯珞克等面向年轻人的 SUV。探歌所属的大众品牌在市场占有率上要高于领克所属的吉利等品牌,更具有消费者的认可度。探歌为德系车,主打产品质量与生产工艺,在针对中国消费者的审美设计方面略逊一筹,且探歌所处的 15 万~16 万元汽车产品丰富、竞争激烈,因此,探歌应以竞争导向为主的定价目标和方法,采取满意定价的策略,在汽车细分市场上获取相应的占有率。

(3) 量化分析被评估汽车与参照车的差异性,给出评估结论。

探歌与参照车型相比,其优势体现在综合油耗小(5.7L/100km)、后悬为独立悬架、有前排侧气囊,劣势体现在最大功率(110kW)相比领克 02 低、无 GPS 导航系统。对比情况见表 3-16。

表 3-16　探歌与参照车辆的差异性比较

	探歌 2018 款 280TSI 两驱舒适型	领克 02 2018 款 1.5T DCT 两驱劲 Pro	柯珞克 2018 款 TSI280 舒适版
轴距/mm	2680	2702	2688
最大功率/kW	110	132	110
工信部综合油耗/(L/100km)	5.7	6.2	6.0
后悬架类型	多连杆式独立悬架	多连杆式独立悬架	扭力梁式非独立悬架
前/后排侧气囊	前排有	前排有	无
驻车制动类型	电子驻车	电子驻车	手刹
GPS 导航系统	无	有	有
指导价格/万元	17.58	15.28	15.69

从被评估车型与参照车辆的试驾反映来看,主要有如下几点。

(1) 外观。探歌前脸虽然还有大众家族传统设计的影子,但是像环形 LED 日间行车灯、蜂窝状格栅、上下格栅形成的 X 形前脸都是新鲜的设计元素。宽大的 C 柱、轻翘的尾翼、多种可选的配色使整车造型时尚个性。

（2）内饰。探歌的内饰继承了大众的经典风格，中控的烤漆面板可以选装黑色、橙色、金色和红色，三幅式平底方向盘握感顺手，方向盘后侧配备了换挡拨片，10.3in 的全液晶仪表在画面分辨率和反应速度上都令人满意，还具有投射导航功能，科技感很强。

（3）空间。探歌的后备厢空间不大，不过整体很规整，座椅舒适且有包裹感，前排座椅具有加热功能，座椅支持 4/6 比例放倒，可以拓展更多的空间。

（4）不足之处。部分意见认为相对同等价位车辆探歌的配置较低、后排中央乘坐空间太小、后备厢可用面积小等。

参照车辆在评估基准日期的平均价格为

$$(17.58 + 15.28 + 15.69)/3 = 16.18(万元)$$

探歌与参照车辆的平均价格差值为

$$17.58 - 16.18 = 1.4(万元)$$

评估结论：

（1）探歌外观时尚动感、内饰配色丰富，能够吸引一部分年轻消费者。

（2）探歌后悬为独立悬架、前排具备侧气囊、有牵引力控制，车辆的操控性、安全性、舒适性相对参照车辆具有一定优势。

（3）探歌所属的大众品牌定位要高于斯柯达品牌，其价格相对较高，性价比相对参照车辆而言表现一般。因此，从其以竞争导向为主的定价目标、方法和满意定价的策略来看，该车还有降价的空间。

本 章 小 结

本章主要内容包括新汽车的价格构成及影响因素、新汽车的定价目标和策略、新汽车的安全性评估以及案例分析等内容。

（1）新汽车的价格构成及影响因素。比较分析了汽车价值与价格的联系和区别，介绍了汽车价格主要由汽车设计研制与生产成本、流通费用、政府税金和企业利润等 4 个要素构成。汽车价格的影响因素主要包括经济社会发展水平、汽车消费市场的发展水平、汽车品质与品牌、汽车的制造成本与费用、企业的盈利目标和竞争力、企业的营销和售后服务水平等。

（2）新汽车的定价目标和策略。介绍了新汽车的利润、竞争、销售 3 种类型的定价目标，以及新汽车产品的撇油定价策略、满意定价策略、渗透定价策略。

（3）新汽车的安全性评估。介绍了世界主要国家的新车安全评价规程，系统总结了中国 C-NCAP 2018 版与美国 US-NCAP 和欧盟 Euro NCAP 在试验形态、碰撞速度、假人安放、评价指标等方面的联系和区别，列举了两个车型的安全等级碰撞结果。

（4）新汽车价值评估案例分析。对 2018 年 7 月首发上市的一汽大众 T-ROC 探歌（2018 款 280TSI 两驱 DSG 舒适版）进行了价值评估分析。

自　测　题

一、单项选择题

1. 汽车价格主要由汽车设计研制与生产成本、流通费用、(　　)和企业利润等 4 个要素构成。

    A. 所得税　　　　　　B. 管理费　　　　　　C. 政府税金　　　　　D. 利息开支

2. 企业对新汽车的定价目标主要包括利润目标类、(　　)类、销售目标类 3 种类型。

    A. 销量目标　　　　　B. 竞争目标　　　　　C. 服务目标　　　　　D. 占有率目标

3. 汽车新产品的定价策略包括(　　)。

    A. 撇油定价策略、满意定价策略、渗透定价策略

    B. 撇油定价策略、满意定价策略、声望定价策略

    C. 撇油定价策略、满意定价策略、分级定价策略

    D. 声望定价策略、分级定价策略、渗透定价策略

二、简答题

1. 新汽车价格的影响因素有哪些?

2. 请简述新车产品价值评估的基本方法与步骤。

第 **4** 章

二手车技术状况鉴定

二手车技术状况鉴定是二手车鉴定评估的基础与关键,其鉴定方法一般包括静态检查、动态检查和仪器检查三个方面。静态检查是指二手车在静态状态下,根据检查人员的技能和经验,辅以简单的测量器具,对二手车技术状况进行检查。动态检查是指二手车在工作状态(发动机运转、二手车在运动或静止状态)下,根据检测人员的技能和经验,辅以简单的测量器具,对二手车的技术状况进行检查。仪器检查是指使用仪器、设备对二手车的技术性能和故障进行检测和诊断,既定性又定量地对二手车进行技术检查。

其中静态检查和动态检查是依据评估人员的技能和经验对被评估车辆进行直观、定性判断,即初步判断评估车辆的运行情况是否基本正常、车辆各部分有无故障及故障的可能原因、车辆各总成及部件的新旧程度等,是评价过程不可缺少的。而仪器检查是对评估车辆的各项技术性能及各总成部件技术状况进行定量、客观的评价,是进行二手车技术等级划分的依据,在实际中往往视评估目的和实际情况而定。

4.1 静态检查

二手车的静态检查主要包括识伪检查和外观检查两大部分,其中识伪检查主要包括鉴别走私车辆、拼装车辆和盗抢车辆等工作,外观检查包括鉴别事故车辆、检查发动机舱、检查客舱、检查行李舱和检查车底等内容,如图 4-1 所示。

图 4-1 静态检查内容

4.1.1 识伪检查

4.1.1.1 汽车合法性核查

汽车的主要证件包括机动车来历凭证、《机动车行驶证》、《机动车登记证书》、机动车号牌、道路运输证和机动车安全技术检验合格标志等法定证件。

1. 机动车来历凭证

机动车来历凭证主要包括以下几个方面：

（1）在国内购买的机动车，其来历凭证是全国统一的机动车销售发票或者二手车销售发票；在国外购买的机动车，其来历凭证是该销售单位开具的销售发票及其翻译文本。

（2）人民法院调解、裁定或者判决转移的机动车，其来历凭证是人民法院出具的已经生效的《调解书》《裁定书》或者《判决书》以及相应的《协助执行通知书》。

（3）仲裁机构仲裁裁决转移的机动车，其来历凭证是《仲裁裁决书》和人民法院出具的《协助执行通知书》。

（4）继承、赠与、中奖和协议抵偿债务的机动车，其来历凭证是继承、赠与、中奖和协议抵偿债务的相关文书和公证处出具的《公证书》。

（5）资产重组或者资产整体买卖中包括的机动车，其来历凭证是资产主管部门的批准文件。

（6）国家机关统一采购并到下属单位未注册登记的机动车，其来历凭证是全国统一的机动车销售发票和该部门出具的调拨证明。

（7）国家机关已注册登记并调拨到下属单位的机动车，其来历凭证是该部门出具的调拨证明。

（8）经公安机关破案发还的被盗抢且已向原机动车所有人理赔完毕的机动车，其来历凭证是保险公司出具的《权益转让证明书》。

（9）更换发动机、车身、车架的机动车，其来历凭证是销售单位或者修理单位开具的发票。

2.《机动车行驶证》

《机动车行驶证》是由公安车辆管理机关依法对车辆进行注册登记核发的证件，它是机动车取得合法行驶权的凭证。《中华人民共和国道路交通管理条例》第十七条规定，《机动车行驶证》是车辆上路行驶必需的证件。《中华人民共和国机动车登记管理办法》规定，机动车行驶证是二手车过户、转籍必不可少的证件。

3.《机动车登记证书》

根据 2001 年 10 月 1 日起实施的《中华人民共和国机动车登记管理办法》，在我国境内道路上行驶的机动车，应当按规定经机动车登记机构办理登记，核发机动车号牌、《机动车行驶证》和《机动车登记证书》。

机动车所有人申请办理机动车各项登记业务时均应出具《机动车登记证书》；当登记信息发生变动时，机动车所有人应当及时到车辆管理所办理相关手续；当机动车所有权转移时，原机动车所有人应当将《机动车登记证书》随车交给现机动车所有人。目前，《机动车登记证书》还可以作为有效资产证明，到银行办理抵押贷款。

《机动车登记证书》同时也是机动车的"户口本"，所有机动车的详细信息及机动车所有人的资料都记载在上面，证书上所记载的原始信息发生变化时，机动车所有人应携《机动车登记证书》到车管所作变更登记。

《机动车登记证书》是二手车评估人员必须认真查验的手续，《机动车登记证书》的内容更详细，一些评估参数必须从《机动车登记证书》中获取，如使用性质的确定等。

4. 道路运输证

道路运输证是县级以上人民政府交通主管部门设置的道路运输管理机构对从事旅客运输（包括城市出租客运）、货物运输的单位和个人核发的随车携带的证件，营运车辆转籍过户时，应到运输管理机构及相关部门办理过户有关手续。

5. 汽车安全技术检验合格标志

汽车必须进行安全技术检验，检验合格后，由公安机关发放合格标志。根据《中华人民共和国道路交通安全法实施条例》的规定，汽车检验合格标志应贴在汽车前窗右上角。若无合格标志或无效标志，则不能交易。汽车安全技术检验由机动车安全技术检验机构实施。机动车安全技术检验机构应当按照国家机动车安全技术检验标准对汽车进行检验，对检验结果承担法律责任。

6. 汽车号牌

汽车号牌是由公安车辆管理机关依法对机动车进行注册登记核发的号牌，它和汽车行驶证一同核发，其号码与行驶证应该一致。它是汽车取得合法行驶权的标志。《中华人民共和国道路交通管理条例》第十七条规定，汽车号牌不得转借、涂改、伪造。机动车号牌有两种类型，即"九二"式和"二〇〇二"式号牌。"二〇〇二"式号牌仅在北京等几个城市应用，且数量少，已不再核发。目前广泛采用的是"九二"式号牌。

"九二"式号牌是按中华人民共和国公共安全行业标准《中华人民共和国机动车号牌》（GA 36—1992）制作的。根据机动车号牌颜色的不同，汽车号牌有蓝底白字的小型客车号牌、黄底黑字的大型客车号牌、黑底白字的外资企业号牌等。

对于特殊车辆，其号牌有其特殊规定，如白底黑字为警用号牌、白底黑字且开头字母为红色为军用专用号牌、悬挂"使"字车牌为驻华使馆号牌、黄底黑字悬挂"挂"字号牌为大型货车的挂车号牌、黄底黑字悬挂"内"字号牌为场内使用的内部号牌、白底黑字悬挂"赛"字号牌为赛车专用号牌。

汽车号牌，除临时行驶车的号牌为纸质的，其余均为铝质反光材质。号牌上的字的尺寸大也都有明确的规定，可查阅《中华人民共和国机动车号牌》（GA 36—2007）。

4.1.1.2 各种非法汽车的识伪检查

所谓识伪检查主要是指对通过走私或非官方正规渠道进口的汽车和配件，进行识别和判断。这些汽车和配件有的是整车，有的是散件和境内组装成整车，甚至有些是国外旧车拼装成的整车。

一般正品汽车的挡风玻璃上贴有黄色商检标志。按我国产品质量法，正品汽车都带有中文的使用手册或维修手册各一份，而走私车、拼装车则一般没有。

目前在我国汽车市场上使用假冒伪劣的汽车配件的情况还比较严重。据调查统计，有

70％的车辆故障是由于汽车的配件质量和装配技术问题引起的,只有 30％为不良驾驶习惯造成的。例如,汽车灯具产品若使用了假冒伪劣配件会造成亮度不足、聚焦不集中、照射位置差、辐射面积小等问题。严重的伪劣灯具由于本身密封不严,在雨天会发生雨水进入灯具内,从而产生短路引发着火燃烧事故。在二手车交易市场不可避免会有一些走私车辆、拼装车辆、盗抢车辆以及事故车辆,如何鉴别这部分车辆,在二手车鉴定评估过程中是一项十分重要而又艰难的工作。它必须凭借技术人员所掌握的专业知识和丰富经验,结合有关部门的信息材料,对评估车辆进行全面细致的鉴别,从而使二手车交易规范、合法、有序地进行。

1. 鉴别走私车和拼装车

走私车辆是指没有通过国家正常进口渠道进口的并未完税的车辆。拼装车辆是指一些不法厂商和不法商人为了牟取暴利,非法组织生产、拼装无产品合格证的假冒、低劣汽车。这些汽车有些是境外整车切割、境内焊接拼装车辆;有些是进口汽车散件,国内拼装的国外品牌汽车;有些是国内零配件拼装的国内品牌汽车;有些是旧车拼装车辆,即用多台车拼装成一台汽车;甚至也有的是国产或进口零配件拼装的杂牌汽车。

对走私车辆、拼装车辆,在二手车交易鉴定评估中,首先要确定这些车辆的合法性。因为,有些走私、拼装车辆技术状况较好,从性能上符合国家有关机动车行驶标准和要求,已经国家有关执法部门处理,通过拍卖等方式,在公安车管部门注册登记上牌,取得了合法地位。

走私车辆、拼装车辆的一般鉴别方法如下:

(1) 运用公安车辆管理部门的车辆档案资料,查找车辆来源信息,确定车辆的合法性。这是一种最直接有效的判别方法。

(2) 查验二手车的汽车产品合格证、维护保养手册。对进口车必须查验进口产品商验证明书和商验标志。

(3) 检查二手车外观。查看车身全部是否有重新做油漆的痕迹,特别是顶部下沿部位。车身的曲线部位线条是否流畅,尤其是小曲线部位,根据目前技术条件没有专门的设备不可能处理得十分完美,留下再加工痕迹特别明显。检查门柱和车架部分是否有焊接的痕迹,很多走私车辆是在境外把车顶切割后,运入国内再进行焊接拼装起来的,即所谓的割顶车。

(4) 查看车门、发动机盖、行李厢盖与车身的接合缝隙是否整齐、均匀。

(5) 查看二手车内饰。检查内装饰是否平整,内装饰压条边沿部分是否有明显的手指印或有其他工具碾压后留下的痕迹,车顶饰板是否更换过。

(6) 打开发动机盖,检查发动机和其他零部件是否有拆卸后重新安装的痕迹,是否缺少零部件。查看电线、管路布置是否整洁、有序。核对发动机号码和车辆识别代码(车架号码)字体和部位,是否有凿痕或重新焊接过。

2. 鉴别盗抢车辆

盗抢车辆一般是指公安车管部门已登记上牌的,在使用期内丢失的或被不法分子盗窃的,并在公安部门已报案的车辆。由于这类车辆被盗窃方式多种多样,它们被盗窃后所遗留下来的痕迹会不同。如撬开门锁、砸车窗玻璃等,它们都会留下痕迹。同时,这些被盗车辆大部分经过一定涂装修饰后再卖出。这些车辆更易流入二手车市场交易。

盗抢车辆的鉴别方法一般有以下几种:

(1) 根据公安车辆管理部门的档案资料,及时掌握车辆情况,防止盗抢车辆进入市场交易。这些车辆从车辆主人报案起到找到为止这段时期内,公安车管部门将这部分车辆档案材料锁定,不允许进行车辆过户、转籍等一切交易活动。

(2) 根据盗窃一般手段,主要检查汽车门锁芯有无被更换过的痕迹,门窗玻璃是否更换过,窗框四周的密封胶是否有插入玻璃升降器开门的痕迹,转向盘锁或点火开关是否有破坏或更换过的痕迹。

(3) 有些盗窃车辆销赃时,会对车辆有关证件进行篡改和伪造,使被盗赃车证件方面有很多疑点。检查的重点是核对行驶证与车身或机舱内发动机号码和车辆识别代码。看车身或机舱内代码周围是否有变形或凿削的痕迹,是否有重新焊接的痕迹。

(4) 查看车辆外观是否全身重新做过油漆,或者改变过原车辆颜色。

4.1.2　外观检查

4.1.2.1　鉴别事故车辆

1. 鉴别碰撞事故车

严重碰撞或撞击的车辆只要符合以下任何一条损伤的,就应认为是碰撞事故车:

(1) 碰撞或撞击后,车架大梁弯曲变形、断裂后修复。

(2) 散热器及散热器支架被撞损伤后修复或更换过的。

(3) 车身后翼子板碰撞后被切割或更换过。

(4) 车门及其下边框、B柱碰撞变形弯曲后修复或更换过。

(5) 整个汽车在事故中翻滚,整个车身产生变形凹陷、断裂后修复的。

碰撞事故车辆的鉴别步骤如下。

1) 检查车辆的周正情况

在汽车制造厂,汽车车身及各部件的装配位置是由生产线上经过严格调试的装、卡具保证的,装配出的车辆各部分对称、周正。而维修企业对车身的修复则是靠维修人员目测和手工进行操作,装配精度难以保证。因此检查车身是否发生过碰撞,可站在车的前部观察车身各部的周正、对称状况,特别注意观察车身各接缝,若出现不直、缝隙大小不一、线条弯曲、装饰条有脱落或新旧不一的情况,说明该车可能发生过事故或修理过。

第一种检查方法是:从汽车的前面走出5~6m,蹲下沿着轮胎和汽车的外表面向下看汽车的两侧。在两侧,前、后车轮应该排成一线。然后,走到汽车后面进行同样的观察,前轮和后轮应该仍然成一条直线。如果不是这样,则车架或整体车身发生了弯曲变形。即使左侧前、后轮和右侧前、后轮互成一条直线,但如果一侧车轮比另一侧车轮更远离车身,则汽车已发生过碰撞事故。

第二种检查方法是:蹲在前车轮附近,检查车轮后面的空间,即车轮后面与车轮罩后缘之间的距离,用直尺测量这段距离。再转到另一前轮,测量车轮后面与车轮罩后缘之间的距离。该距离应该和另一前轮大致相同。如果发现左前轮或左后轮和它们的轮罩之间距离与右前轮或右后轮的相应距离大大不同,则车架或整体车身发生了弯曲变形。

　　2) 检查油漆脱落情况

　　查看排气管、镶条、窗户四周和轮胎等处是否有多余油漆。如果有,说明该车已做过油漆或翻新。用一块磁铁(最好选用冰箱柔性磁铁,不会损伤汽车漆面,且磁性足以承担此项工作)沿车身周围移动,若遇到磁力突然减小,说明该局部进行过补灰做漆工作。当用手敲击车身时,若敲击声发脆,说明车身没有进行过补灰做漆工作;若敲击声沉闷,说明车身进行过补灰做漆工作。如果发现新漆的迹象,则查找车身有无制造不良的现象或金属抛光的痕迹。沿车身查找是否有像波状、非线性翼子板或后顶盖侧板那样的不规则板材。如果发现车身或面板、车门、发动机罩、行李厢盖等配合不好,汽车可能已经遭受过碰撞,导致这些板面对准困难。换句话说,车架可能已经弯曲。

　　3) 检查底盘线束及其连接情况

　　未发生事故的车辆在正常情况下,其连接部件应配合良好,车身没有多余焊缝,线束、仪表部件等应安装整齐,新旧程度接近。因此在检查车辆底盘时,应认真观察车底是否漏水、漏油、漏气,锈蚀程度与车体上部检查的是否相符,是否有焊接痕迹,车辆转向节臂、转向横直拉杆及球销有无裂纹和损伤,球销是否松旷,连接是否牢固可靠,车辆车架是否有弯、扭、裂、断、锈蚀等损伤,螺栓、螺钉是否齐全、紧固,车辆前后是否有变形、裂纹。固定在车身上的线束是否整齐,新旧程度是否一致。这些都可以作为判断车辆是否发生过事故的线索。

2. 鉴别泡水车辆

　　首先打开发动机罩,查看散热器、散热器片、散热器前板(从下往上看)是否留有污泥。然后检查发动机旁的发电机、起动机、电线插座等小零件,左右轮罩的接缝处。其次,翻倒检查前、后排座椅,查看弹簧及内套绒布是否有残留污泥,或者还伴有霉味。此外,还要查看行李舱内的备胎座内有无污泥。若是泡水车,后轮罩隐秘的接缝处死角内会留有污泥。

　　另外,还要仔细检查一下前、后车门中间的 B 柱,把塑料饰板轻轻撬开,可看出浸泡水线的高度。如果塑料饰板没有更换,不需要撬开,就可发现泡水高度的水线印迹。撬开塑料饰板后,可查看到 B 柱内死角接缝不易清洗处的污泥和水线印迹。最后还可检查前、后风窗玻璃橡胶条,在车内将其拉开,内有污泥,则肯定是泡水车。

　　有时会遇到河塘的水非常清澈干净,无污泥。碰到这种情况,也可按上述方法检查,看出浸泡水线的痕迹。泡过水与未浸水的界面如图 4-2 所示,一定会留下痕迹,仔细查看,即可发现异样。多处查看,都存在同样的问题,即可肯定是泡水车。

　　一般情况下,水浸车对车体损伤较小,较少的水浸入车内并不至于对车体造成损伤。水泡车因为水位漫延至车身腰线,基本对车体的电子线路、发动机舱、内饰造成腐蚀,尽管经过修复还能使用但是存在重大隐患。而水淹车因为已经没过大顶,只能选择报废处理。

图 4-2　泡水车程度

3. 鉴别火烧车辆

火烧车,顾名思义,就是因为车辆起火造成了一定的价值损耗的车,严重的就直接报废了。车辆起火的原因大致可分为外部环境因素和车辆内部因素,外部环境因素大致为人为纵火和自然火灾引发车辆燃烧,车辆内部因素可能为线路故障导致漏电、电器失效短路、漏油、机械摩擦起火等问题导致车辆自燃。

目前市场中流通的二手车都会经过翻新和修整,但是由于火烧的原因,在车体上必然还会留下火焰灼烧过的痕迹。因此,在鉴别过程中,只需要仔细观察车辆几个难以翻新整修的部分就可以对车体的过去有个了解。检查火烧车要注意以下几个要点:

(1)最简单也是最重要的是,进入车内有无刺鼻气味,是否有烧焦的味道;检查内饰、地板有无过火痕迹,漆面是否完好;检查座椅漆面是否完好。因为即使对火烧车辆做一次大修,但是车内的气味一时半会是清除不干净的,所以闻气味是很管用的方法。

(2)检查发动机舱内的保险丝盒和驾驶舱内的保险丝盒是否有更换或火烧熏黑的痕迹。车辆自燃的情况一般最主要是因为线路老化导致,而发动机舱是车辆线路最密集的部位,如果发生过火烧事故,线圈以及保险丝一定会过火,所以从发动机舱以及车身线束是否有过更换、部分地方是不是有火烧痕迹可以看出来是不是火烧车。如果做过更换,那么检查线束接口部位是不是和新线束一致,有没有瘤状、熏黑的痕迹也可以判断车辆是否发生过火烧,如图 4-3 所示。

图 4-3　火烧车熏黑痕迹

(3)观察防火墙有无火烧或熏黑痕迹。一般机动车发动机舱由于高温工作环境,易燃度明显高于其他地方,所以当车辆着火的时候,其防火墙是首当其冲的位置,必然留有火烧后的印记,所以需要仔细查找蛛丝马迹。

(4)检查车身外观,车门和前后翼子板外表面是否有油漆起伏痕迹,车身油漆颜色和光泽是否均匀,周边胶条是否沾有油漆,如图 4-4 所示,可以通过这些简单的细节来判断这辆车是否发生过火灾事故。

所以在鉴定二手车的时候,依据上面几点大概可以分辨出哪些是火烧车辆了。二手车的车况不仅仅是由事故车、火烧和水淹历史表现出来的,而是要检测专家结合严格的检测和多年的经验,再结合专业车辆历史记录查询工具书鉴定,才能更全面地判断一辆车的综合情况。

图 4-4 火烧车胶条处细节检查

4.1.2.2 车辆外观检查的内容

车辆在进行外观检查之前,一般都要进行外部清洗,以确保检查的可靠性。外观检查项目中,须在底盘下面进行的项目最好在设有检测地沟及千斤顶或汽车举升器的工位上进行。

1. 车身检查

1)检查车身的周正情况

汽车制造时,汽车车身及各部件的装配是由生产线上经过严格调试的装夹具保证的,装配出的车辆车身对称、周正(见图 4-5)。而维修企业对车身的修复则是靠维修人员目测和手工操作,装配难以精确保证。因此车身是否发生过碰撞,可通过在车的前部观察车身各部的周正、对称状况来检查。检查车身各接缝的焊接情况,如出现不直、缝隙大小不一、线条弯曲,装饰条有脱落或新旧不一,说明该车可能发生过事故或修理过(见图 4-6)。

2)检查车门情况

检查车门是否关闭严密,合缝;车门窗框是否变形、翘曲;门缝是否均匀整齐,密封胶条是否硬化、脱落,以防车门漏水、透气。检查开关车门是否有不正常的响声,门窗玻璃升降是否灵活,门锁是否开关灵活有效。

3)检查油漆脱落情况

首先应检查风窗玻璃四周边缘的油漆是否平整,有无皱折,如不平整、有皱折,则说明该车已做过油漆或翻新过。其次,要注意车身和车门等表面局部补灰的情况。局部补灰的地方,其表面光洁度有差别,反光不一样,甚至出现凹凸不平,或有明显的橘皮状,这说明该处车身有过补灰做漆。查看排气管、镶条、窗户四周和轮胎等处是否有多余油漆,如果有,说明该车已做过油漆或翻新(见图 4-7)。用一块磁铁,在车身周围移动,如遇到突然减小磁力的

图 4-5　车身展开示意图

图 4-6　左右车缝不一致

地方,说明该局部补了灰做了油漆。当用手敲击车身时,如敲击声发脆,说明车身没有补灰做漆;如敲击声沉闷,则说明车身曾补灰做漆。

4)检查车体歪斜错位

在目测检查时,如发现有较严重的横向或纵向歪斜,可用高度尺、水平尺检查车体歪斜是否超过规定值。此时,还应考虑到车架、车身是否变形,悬架刚度是否下降,轮胎气压是否正常。若有异常,应及时排除。否则,车体歪斜会越来越严重,最终引起汽车行驶跑偏,重心转移,操纵失灵不稳,轮胎磨损加剧等种种不良后果。

《机动车运行安全条件》规定,车体应周正,左右对称部位高度差不得大于 40mm。

图 4-7　油漆脱落的细节

2. 检查发动机舱

1）检查发动机清洁情况

打开发动机罩,观察发动机表面是否清洁,是否有油污,是否锈蚀,是否有零部件损坏或遗失,导线、电缆、真空管是否松动。如果发动机上灰尘多,说明该车的日常维护不够;发动机表面特别干净,也可能是车主在此前对发动机进行了特别的清洗,不能由此断定车辆状况一定很好。对于车主而言,为了使汽车能更快售出,且卖个好价钱,所以,有的车主将发动机舱进行了专业清洁。

2）检查发动机铭牌和标牌

查看发动机上有无发动机铭牌,如果有,检查上面是否有发动机型号、出厂编号、主要性能指标等,这可以判别发动机是不是正规出厂。排放信息标牌应该在发动机罩下的适当位置或在风扇罩上。检查车架号或 17 位编码,一般位于风挡玻璃下或发动机隔墙上,看是否正确或被更改。

3）检查发动机机油

发动机润滑系统对发动机各个运动部件进行润滑,若发动机润滑系统不良将严重影响发动机的使用寿命和价值。主要是检查机油质量、机油泄漏、机油滤清器等项目。例如,用棘轮扳手拆下机油滤清器,观察机油滤清器有无裂纹,密封圈是否完好。机油泄漏的地方主要有气门室盖、气缸垫、油底壳垫、曲轴前后油封、机油滤清器、机油散热器的机油管、机油散热器、机油压力感应塞应逐一检查,并检查油底壳放油螺塞是否松动或密封垫损坏。

4）检查发动机冷却系统

发动机冷却系统对发动机有很大影响,应仔细检查发动机冷却系统相关零部件,主要检查冷却液、散热器、水管、冷却风扇、风扇皮带等。检查冷却系统是否有渗漏现象。检查散热器的散热效果。用手挤压散热器和暖风器软管,看是否有裂纹或发脆情况。对于皮带驱动的冷却风扇,应检查散热器风扇皮带的磨损情况。

5）检查点火系统

点火系统工作性能的好坏直接影响发动机的动力性和经济性。对点火系统的外观检查主要是检查蓄电池、点火线圈、高压线、分电器、火花塞等零件的外观性能。检查标牌,确定蓄电池的寿命。检查蓄电池的表面情况。检查蓄电池表面是否清洁亦可以看出车主对汽车的保养情况。对于有分电器的点火系统,应仔细检查分电器的工作情况,观察分电器盖有无裂纹、炭痕、破损等现象,这些现象均会导致分电器漏电、点火能量不足,引起发动机动力不足。用火花塞套筒扳手拆下任意一个火花塞,观看火花塞的燃烧情况。

6) 检查发动机的供油系统

发动机供油系统有进油管路和回油管路,检查油管是否老化。燃油滤清器一般在汽车行驶 50000km 需更换,如燃油滤清器看起来和底盘的其他部件一样脏,可能燃油滤清器还没有更换过。对于电喷发动机,如发动机动力性差,还要检查系统压力和油泵压力。

7) 检查发动机进气系统

发动机进气系统性能的好坏,对发动机工作性能尤其是混合气浓度的控制,有很大影响,因此应仔细检查发动机进气系统。检查进气软管是否老化变形,是否变硬,是否有损坏或烧坏处。检查空气滤芯,观察其清洁情况。检查节气门拉线是否阻滞、是否有毛刺等。

8) 检查发动机附件

检查发动机支架减振垫是否有裂纹,如有损坏,则发动机振动大,使用寿命会缩短。拆下正时罩,仔细检查齿形带内、外两侧有无裂纹、缺齿、磨损等现象,若有,则表明此车行驶了相当的里程。对于 V 型发动机,更换齿形带的费用高。检查制动主缸是否锈蚀或变色,制动主缸锈蚀和变色表明有制动液泄漏问题。打开继电器的塑料盖,查看内部。查看发动机舱中导线是否擦破或是裸线,是否露在保护层外,是否固定在导线夹中,是否用非标准的胶带包裹,是否有旁通原有线束的外加导线。

3. 检查客舱

1) 检查转向盘

将汽车处于直线行驶的位置,左右转动转向盘,最大游动间隙由中间位置向左或向右应不超过 15°。如果间隙超过标准,说明转向系统的各部分间隙过大,转向系统需要保养维修。两手握住转向盘,将转向盘向上下、前后、左右方向摇动推拉,应无松旷的感觉。如果有松旷的感觉,说明转向机内轴承松旷,需要调整。

2) 检查加速踏板

观察加速踏板是否磨损过度发亮,若磨损严重,说明此车行驶里程已很长。踩下加速踏板,测试踏板有无弹性,如图 4-8 所示。若踩下很轻松,说明节气门拉线松弛,需要检修;若踩下加速踏板较费劲,说明节气门拉线有阻滞、破损,可能需要更换。

图 4-8　检查加速踏板运动情况

3）检查制动踏板

检查制动踏板的踏板胶皮是否磨损过度，通常制动踏板胶皮寿命是3万公里左右，如果换了新的，说明此车已经行驶了3万公里以上。

用手轻压制动踏板，自由行程应在规定范围内，如图4-9所示。如超过标准，则应调整踏板自由行程；将制动踏板踩到底，检查制动踏板与地板之间应有一定的距离。踩下液压制动系统的制动踏板时，踏板反应要适当，过软说明制动系统有故障，过硬则可能是真空助力有问题。

图4-9　检查制动踏板自由行程

4）检查离合器踏板

检查离合器踏板的踏板胶皮是否磨损过度，如果已更换了新的踏板胶皮，说明此车已行驶1.3万公里以上。

轻轻踩下或用手推下离合器踏板，试一试踏板有没有自由行程，如图4-10所示，离合器踏板的自由行程一般在30～45mm之间。如果没有自由行程或自由行程小，会引起离合器打滑。如果自由行程过大，会引起分离不彻底。可能是离合器摩擦片或分离轴承磨损严重，需要检修离合器及其操纵机构。

图4-10　检查离合器踏板自由行程

5）检查驻车制动操纵杆

放松驻车制动，再拉紧驻车制动，检查驻车制动操纵杆是否灵活、有没有失效，如图4-11所示。检查锁止机构是否正常。

图4-11　检查驻车制动操纵杆

大多数驻车制动拉杆拉起时应在发出 3～5 个"咔嗒"声后使后轮制动。多次"咔嗒"声后不能拉起制动杆可能是因为太紧的缘故。脚踏板操纵的驻车制动器释放机构踏下时后轮制动也应发出 3～5 个"咔嗒"声。如果用踏板操纵的驻车制动器系统施加制动时,需要发出更多或更少"咔嗒"声,说明驻车制动器需要检修和调整。

6)检查变速器操纵杆

用手握住变速器操纵杆球头,根据挡位位置,逐一将变速器换至各个挡位,检查变速器换挡操纵机构是否灵活。观察变速器操纵机构防护罩是否破损,若有破损,必须更换。

7)检查座椅

检查座椅罩是否撕破或裂开,是否有油迹等情况;检查座椅前后移动是否灵活,能否固定;检查座椅高低能否调节;检查座椅后倾调节角度。

8)检查地毯和地板

抬起车内的地板垫或地毯,检查是否有霉味,是否有水危害或修饰污染的痕迹。地板或板胶是否有残损,若有生锈则说明该车可能漏水。

如果发现地板上有被水浸泡的迹象,则汽车的价格要大打折扣。

9)检查杂物箱和托架

一般汽车设有杂物箱和托架,用以放置汽车维修手册、汽车维护记录等物件。手册里面有许多关于汽车上各项操作、油液容量和一般规范的信息,如果找到了手册,查阅工厂推荐的维护时间表。如果工厂推荐了主要维护项目,并要求多少里程时检查和调整,将它与汽车里程表读数相比较,如果汽车接近它们中的一项维护里程,而没有维护记录,则要维护该车将需要一定的费用。

4. 检查行李舱

1)检查行李舱锁

行李舱锁只能用钥匙才能打开,观察行李舱锁有无损坏。

2)检查行李舱开关拉索或电动开关

有些汽车在乘客舱内部有行李舱开启拉索或电动开关,确保其能够工作,并能不费劲地打开行李舱或舱盖。

3)检查行李舱地板

拉起行李舱中的橡胶地板垫或地毯,观察地板是否有铁锈、修理和焊接痕迹,或行李舱密封条不严引起的发霉的迹象。

4)查备胎

如果是一辆行驶里程较短的汽车,其备胎应该是新标记,与原车上的标记相同,而不是花纹几乎磨光的轮胎。

5)检查随车工具

检查千斤顶、灭火器、警示牌及随车工具是否齐全。

5. 检查车身底部

将汽车用举升机举起后,就可对底下各部件进行检查(见图 4-12)。车主在卖车之前,一般不会对车底下各部件进行保养，所以，车底下各部件的技术状况更能真实地反映汽车整体的技术状况。

图 4-12　车身底部检查

1）检查泄漏

在汽车底下很容易检查出泄漏源，包括冷却液泄漏、机油泄漏、制动液泄漏、变速器油泄漏、转向助力油泄漏、主减速器油泄漏、电控悬架油泄漏、减振器油泄漏、排气泄漏等。

2）检查冷却液泄漏

冷却液泄漏通常从上部最容易看见，但是如果暖风器芯或软管泄漏，液滴可能只出现在汽车下方，所以应在离合器壳或发动机舱壁周围区域寻找那些冷却液污迹。注意不要把水滴和冷却液泄漏混淆。来自空调的水是蒸汽凝结成的，无色无味，不像冷却液呈绿色（防冻剂的颜色）并有一点甜味。

3）检查机油泄漏

检查油底壳和油底壳放油塞区域是否有泄漏的迹象。行程超过 80000km 的汽车有少量污迹是常见的。当泄漏持续很长时间时，行车气流抽吸型通风装置和发动机风扇将把油滴抛到发动机、变速器或发动机舱壁下部区域各处，所以严重的泄漏不难发现，除非汽车的下侧最近用蒸汽清洁过。

4）检查动力转向油泄漏

动力转向液可能看起来像变速器油液泄漏，因为两种油液相似，但是动力转向泵泄漏通常造成的污迹集中在动力转向泵或转向器（或齿条齿轮）本体附近。

5）检查变速器油泄漏

对于自动变速器，一般有自动变速器冷却装置，其管道较长，容易出现泄漏。其检查方法如下：在冷却管路连接到散热器底部的地方察看是否有变速器液泄漏，沿着冷却管路本身、变速器油盘和变速器后油封周围的区域查看。返回变速器的金属冷却管应该成对布置，有几个金属夹子沿着管路将它们固定。管路不应该悬下来。还应该检查是否有人在某些地方不切断金属管而用螺丝夹安装橡胶软管进行修理。只有几种具有足够强度和足够耐油耐热的橡胶软管才可以用在变速器上。像燃油软管那样的常规软管，在这种应用中，短期使用后可能失效,会引起变速器故障。

6) 检查制动液泄漏

诊断前、后制动器是否有制动油液的痕迹。查找制动钳、鼓式制动器后板和轮胎上是否有污迹。从汽车的前部到后部,循着制动钢管,寻找管路中是否有扭结或凹陷,或是否有泄漏的痕迹。

7) 检查排气泄漏

排气泄漏通常呈现为白色、浅灰或者黑色条纹,它们可能来自排气管、催化转化器或消声器上的针孔、裂缝。特别注意查看消声器和转化器接缝,以及两个管或排气零件的接合处。有排气垫的地方,就有排气泄漏的可能性。

当检查排气系统时,寻找明显的排气泄漏痕迹,例如焊接不当的排气管连接处周围的黑色污迹。在浅色排放管上,由于泄漏通常容易造成棕色或黑色污迹。这些小孔周围的污迹是排气管需要更换的迹象。如果装有橡胶环形圈,检查橡胶环形圈排气管吊架的情况。检查排气管支座是否损坏,支座损坏容易引起排气系统泄漏或产生噪声。

8) 检查底盘线束及其连接情况

未发生事故的车辆正常情况下,其连接部件应配合良好,车身没有多余焊缝,线束、管路、部件等应安装整齐。因此在检查车辆底盘时,应认真观察车底锈蚀程度与车体上部的情况是否相符,是否有焊接痕迹;车辆转向节臂、转向横直拉杆及球销有无裂纹和损伤,球销是否松旷,连接是否牢固可靠;车辆车架是否有弯、扭、裂、断、锈蚀等损伤;螺栓、铆钉是否齐全,是否有变形、裂纹;固定在车身上的线束是否整齐。这些都可以判断车辆是否发生过事故。

6. 检查前、后悬架

1) 检查减振弹簧

汽车减振弹簧主要有钢板弹簧和螺旋弹簧两种。对于钢板弹簧,应检查车辆钢板弹簧是否有裂纹、断片和碎片现象,两侧钢板弹簧的厚度、长度、片数、弧度、新旧程度是否相同,钢板弹簧 U 形螺栓和中心螺栓是否松动,钢板弹簧销与衬套的配合是否松旷。

对于螺旋弹簧,应检查有无裂纹、折断和疲劳失效等现象,螺旋弹簧上、下支座有无变形损坏。

2) 检查减振器

观察 4 个减振器是否有漏油现象,如果有漏油,说明减振器已失效,需要更换。而更换减振器需要全部更换,而不是只更换一个,所以成本较高。观察前、后减振器的生产厂家是否一致。检查减振器上下连接处有无松动、磨损等现象。

3) 检查稳定杆

稳定杆主要用于前轮,有时也用于后轮,两端固定于悬架控制臂上。其功用是保持汽车转弯时车身平衡,防止汽车侧倾。检查稳定杆有无裂纹,与车身连接处的橡胶衬有无损坏,与左、右悬架控制臂的连接处有无松旷现象。

4) 检查转向机构

汽车转向机构性能的好坏对汽车行驶稳定性和安全性影响很大,因此,应仔细检查转向系统,尤其是转向传动机构。

7. 检查车轮

1）检查车轮轮毂轴承是否松旷

用举升机举起车轮，或用千斤顶支起车轮，用手晃动车轮，感觉有旷动，说明轮毂轴承松旷，车轴轴承磨损严重，需要更换车轮轴承，而更换车轮轴承费用较高。

2）检查轮胎磨损情况

检查时，应从汽车的外侧检查轮胎，而后检查轮胎的内侧。检查是否对胎侧进行过修理，是否有割痕或磨损，是否有严重的风雨侵蚀。后轮胎内侧胎面过度磨损是很难从外侧发现的，除非将汽车顶起来。通常，后轮胎上内侧胎面磨损暗示着已将汽车前轮胎更换到后轮胎位置，或通过在后面不易看到来掩饰它们的过度磨损。

3）检查轮胎花纹磨损深度

轿车轮胎胎冠上的花纹深度不得小于 1.6mm，其他车辆转向轮的胎冠花纹深度不得小于 3.2mm，其余轮胎胎冠花纹深度不得小于 1.6mm（见图 4-13）。

图 4-13　轮胎磨损严重情况

4）检查车轮横向和径向摆动量

将汽车前桥顶起，用百分表触点触及轮胎前端胎冠外侧，然后用手前后扳动轮胎，测量其横向摆动量。再将百分表移至轮胎的上方，使表的触点触及胎冠中部，然后用撬杠往上撬动轮胎，测量轮胎的径向摆动量。车轮横向和径向摆动量如超过规定值，在汽车行驶时，会引起转向盘抖动，行驶不稳定。

《机动车运行安全技术条件》规定，车轮横向和径向摆动量，小型汽车不大于 5mm，其他车不大于 8mm。

4.2　动态检查

机动车的动态检查是指车辆路试检查。动态检查的具体内容包括路试前的准备工作、发动机性能检查、整车路试检查、自动变速器的路试检查以及路试后的检查五大项，各大项的具体内容见表 4-1。

表 4-1   汽车动态检查的具体内容

序号	项　　目	具 体 内 容
1	路试前的准备工作	检查机油、冷却液、制动液、离合器液压油、转向器液压油等的液位,检查燃油箱油量,检查风扇带松紧度、轮胎气压等
2	发动机性能检查	检查发动机启动、怠速、动力等性能,检查发动机异响、密封、排放
3	整车路试检查	检查起步、换挡、加速、滑行等性能,检查操控稳定性、舒适性、制动性能和噪声大小
4	自动变速器的路试检查	升挡车速、发动机速度检查,换挡质量检查,锁止、发动机制动及强制降挡功能检查
5	路试后的检查	检查各部件的温度,检查泄漏现象

4.2.1　路试前的准备工作

在进行汽车技术状况的动态检查之前,先检查机油液位、冷却液液位、制动液液位、离合器液压油液位、转向器液压油液位、燃油箱油量、风扇带松紧度、制动踏板自由行程、制动灯、轮胎气压、各警告灯项目等,各项目均正常后,方可启动发动机,进行路试。路试前的准备工作主要包括以下 9 项。

(1) 检查机油液位。将汽车停放在水平地面上,将启动开关旋转到关闭位置,驻车制动器操纵杆拉到制动位置,变速杆置于空挡位置。然后拔出机油尺擦净,再次插入机体,检查机油液位。液位以在上、下两条刻度线之间为合适。若超过上刻度线,则应放出部分机油;若低于下刻度线,则需添加机油。添加机油 10min 后,再次检查机油液位。

(2) 检查冷却液液位。打开散热器盖检查水位,水位应不低于排气孔 10mm。当使用防冻液时,水位应低于排气孔 70mm(以防其高温膨胀时溢出)。

(3) 检查制动液液位。制动液液位应在储液罐的标定刻度线之间。检查后如果需要补充,应注意使用厂方规定的制动液,且用装在密封瓶中的新制动液(以防制动液吸水后沸点降低,产生气阻)。

(4) 检查离合器液压油液位。离合器液压油液位的检查与制动液液位检查相同。

(5) 检查转向器液压油液位。检查转向器液压油液位是否在规定的刻度线范围内,判断方法与机油液位判断方法相同。

(6) 检查燃油箱油量。打开点火开关,观察燃油表,了解大致储油量;也可打开燃油箱盖,观察或用清洁尺测量,要注意避免灰尘、脏物落入燃油箱。

(7) 检查风扇带松紧度。用拇指按压风扇带的中间部位,挠度应为 10～15cm。否则,需要通过张紧轮进行调整。

(8) 检查制动踏板自由行程与制动灯。路试前,一定要检查制动系统并确保制动灯工作良好。检查时,踩下制动踏板 25～50mm 后,不应有松软感。若踩下制动踏板时有松软感,则表明制动管内有空气,应排净空气并检查漏气部位。若制动灯不亮或只有一个制动灯亮,则应立即检查。另外,还要检查驻车制动是否工作,是否能将汽车稳固地保持住。

(9) 检查轮胎气压。拧开轮胎气嘴的防尘帽,用轮胎气压表测量轮胎气压,所测结果应在规定范围内。轮胎气压不得过高或过低,否则既不能正确判断汽车的性能状态,也可能出现意想不到的事故。若气压过低,则应进行充气;若气压过高,则应放出部分气体。

4.2.2　发动机性能检查

发动机性能检查主要包括发动机的启动性、怠速、异响、急加速性、曲轴箱窜气量、排气颜色、排气气流等项目。

1．检查发动机的启动性

1) 检查方法

在正常情况下,启动发动机时,应在 3 次内启动成功,每次时间不超过 5s,再次启动时要间隔 15s 以上。否则,说明发动机的启动性不好。影响发动机启动性的原因有很多,主要有油路故障、电路故障、气路故障和机械故障 4 个方面。

2) 要点与故障分析

(1) 油路故障:电动汽油泵压力不足、供油不畅。

(2) 电路故障:点火系统漏电,蓄电池接线柱接触不良或锈蚀。

(3) 气路故障:空滤堵塞、气门关闭不严、缸垫漏气、火花塞漏气、气缸磨损等导致压力过低。

(4) 机械故障:启动系统故障等。

当发动机启动困难时,应综合分析各种原因。虽然有很多因素可能引起发动机启动困难,但不同因素对车辆评估价格影响相差很大。

2．检查发动机怠速

1) 检查方法

启动发动机后使其怠速运转,打开发动机舱盖,观察发动机怠速运转情况。怠速应平稳,发动机的振动幅度很小。观察仪表盘上的发动机转速表,此时,发动机的转速应在 (800 ± 50) r/min,不同发动机的怠速转速可能有一定的差别。若开空调,则发动机的转速会上升,其转速应在 1000/min 左右。

2) 要点与故障分析

当发动机怠速运转时,若出现转速过高、过低或发动机抖动严重等现象,均表明发动机怠速不良。点火正时、气门间隙、进气系统、急速阀、曲轴箱通风系统、废气再循环系统、活性炭罐系统、点火系统、供油系统、线束故障等均可能引起怠速不良,这也是困扰汽车维修检测人员的一大难题,有时为了找到怠速不良的原因,可能要花很多工时,甚至有的汽车怠速不良是顽症,可能一直都无法解决。

3．检查发动机异响

1) 检查方法

(1) 让发动机怠速运转,听发动机有无异响以及响声大小。然后,用手拨动节气门,适当增加发动机的转速,听发动机的异响是否加大,或是否有新的异响出现。

(2) 若发动机发出敲击声、"咔嗒"声、爆燃声、"咯咯"声、尖叫声等,均为不正常现象。

2) 要点与故障分析

(1) 正常情况下,发动机在各部件配合间隙适当、润滑良好、工作温度正常、燃油供给充分、点火正时准确等条件下运转时,无论转速和负荷怎样变化,其声响都是一种平稳而有节奏、协调而又圆滑的轰鸣声。

(2) 如果有来自发动机底部的低频隆隆声或爆燃声,排除在额定转速内,除正时齿轮、机油泵齿轮、喷油泵齿轮、喷油泵传动齿轮及气门有轻微均匀的响声以外,说明发动机严重损坏,需要对发动机进行大修。发动机发出异响的原因是很难排除的,尤其是发生在发动机内部时,鉴定评估人员应高度重视。

4. 检查发动机急加速性

待发动机运转正常后,发动机温度达到80℃以上,用手拨动节气门,从怠速到急加速,观察发动机的急加速性,然后迅速松开节气门,注意观察发动机怠速是否熄火或工作不稳。通常急加速时,发动机发出强劲且有节奏感的轰鸣声。

5. 检查发动机曲轴箱窜气量

1) 检查方法

打开发动机曲轴箱通风出口,用手拨动节气门,逐渐加大发动机的转速,观察曲轴箱的窜气量。正常发动机曲轴箱的窜气量较少,无明显的油气味。四缸发动机曲轴箱的窜气量一般为 $10\sim20L/min$。

2) 要点与故障分析

(1) 若曲轴箱的窜气量大于 $20L/min$,且油气味重,则表明气缸与活塞磨损严重,汽车行驶里程长,发动机将要大修,费用高。

(2) 若曲轴箱的窜气量大于 $60L/min$,则曲轴箱通风系统不能保证曲轴箱的气体完全被排出,通风系统可能结胶堵塞,曲轴箱气体压力将增大,曲轴箱前后油封可能漏油,表明此发动机需要大修。

6. 检查排气颜色

正常的汽油发动机排出的气体是无色的,在严寒的冬季可见白色的水蒸气。当柴油发动机带负荷运转时,发动机排出的气体一般是灰色的;当负荷加重时,排气颜色会深一些。汽车排气常有以下3种不正常的烟雾。

(1) 冒黑烟。冒黑烟意味着燃油系统输出的燃油太多,换句话说,空气与燃油的混合气太浓(空气中燃油的密度太大),发动机不能将它们完全燃烧。当发动机运行在浓混合气中时,排气中的燃油使催化转化器变成催化反应炉。混合气过浓究竟是由某个火花塞不点火引起的,还是由某个喷油器漏油引起的,很难区分。无论哪种情况,燃油已被直接泵进催化转化器中,这样就把转化器的工作温度升高到一个危险的程度。经过一段时间后,更高的工作温度可能导致催化转化器破裂或熔化。

(2) 冒蓝烟。冒蓝烟意味着发动机烧机油时,机油窜入燃烧室。若机油油面不高,则可能是气缸与活塞密封出现问题,即活塞、活塞环因磨损而与气缸的间隙过大,这表明此发动机需要大修。

（3）冒白烟。冒白烟意味着发动机烧自身冷却系统中的冷却液（防冻液和水），这可能是气缸垫被烧坏，冷却液从冷却液通道渗漏到燃烧室中，也可能是缸体产生裂纹，冷却液进入气缸内，这种发动机的价值就要大大打折。冒白烟也可能是由非常冷和潮湿的外界空气（低露点）引起的，这种现象类似于在非常寒冷的天气中呼吸，呼出的气体温度比外界空气温度高得多，呼出的气体与外界冷空气混杂在一起时热气凝结，产生水蒸气。同理，热排气与又冷又湿的大气混杂在一起时也会产生白色烟雾（水蒸气），但是当汽车热起来后，因为热排气湿度下降，蒸汽应当消失。当然，如果在非常寒冷的气候条件下检查一辆汽车，即使在发动机热起来后，它的排气可能继续冷凝，此时就要依靠鉴定评估人员的判断力。如果在暖和的天气里看到冒白烟，则表明发动机可能有某种机械问题。

如果是自动挡汽车，则汽车行驶时排出大量白烟可能是自动变速器有问题，而不是由冷却液引起的。许多自动变速器有一根通向发动机的真空管，如果这根变速器真空管末端的密封垫或薄膜泄漏，则自动变速器的油液可能被吸入发动机中，造成排气冒白烟。

7. 检查排气气流

将手放在距排气管排气口 10cm 左右处，感觉发动机怠速运转时排气气流的冲击。正常排气气流有很小的脉冲感。若排气气流有周期性的打嗝或不平稳的喷溅，则表明气门、点火或燃油系统有问题，引起间断性失火。

4.2.3　整车路试检查

汽车路试是指通过一定里程的路试检查汽车的工况，一般行驶 20km 左右。

1. 检查离合器的工作状况

1）检查方法

按正常汽车起步方法操纵汽车，挂挡并平稳起步，检查离合器的工作状况。在正常情况下，离合器应该接合平稳，分离彻底，工作时无异响、抖动和不正常打滑等现象。离合器踏板自由行程应符合汽车技术条件的有关规定，一般为 30～45mm。

2）要点与故障分析

（1）若离合器踏板自由行程过大，则说明离合器摩擦片磨损严重。离合器踏板力应与该型号汽车的踏板力相适应，各种汽车的离合器踏板力不应大于 300N。

（2）如果离合器发抖或有异响，则说明离合器内部有零件损坏，应立即结束路试。

2. 检查变速器的工作状况

1）检查方法

从起步加速到高速挡，再由高速挡减至低速挡，检查变速器换挡是否轻便灵活、是否有异响、互锁和自锁装置是否有效、是否有乱挡现象、加速时是否有掉挡现象。注意换挡时变速杆不得与其他部件相互干涉。

2）要点与故障分析

（1）在换挡时，若变速器齿轮发出响声，则表明变速器换挡困难。这是变速器常见的故障现象,一般是由于换挡联动机构失调,或换挡叉轨变形、锈蚀,或同步器损坏引起的。对于换挡传动机构失调或锈蚀,尤其是远程换挡机构,只需重新调整即可;对于同步器损坏,则需要更换同步器,费用较高。

(2)在汽车行驶过程中,急速踩下加速踏板或汽车受到冲击时,变速杆自行回到空挡,即掉挡。当变速器出现掉挡现象时,说明变速器内部磨损严重,需要更换磨损的零件才能使变速器恢复正常性能。

在路试中,若换挡后出现变速杆发抖现象,则表明汽车变速器使用时间过长,变速器操纵机构的各个铰链处磨损松旷,变速杆处的间隙过大。

3. 检查汽车的动力性能

(1)加速时间与最高车速。汽车动力性能最常见的指标是从静态加速至100km/h时所需的时间和汽车所能达到的最高车速,其中,前者是最具有意义的动力性能指标和国际流行的小客车动力性能指标。

(2)检查急加速性能。汽车起步后,猛踩加速踏板,使汽车加速行驶,检查汽车的加速性能。通常,汽车急加速时,发动机发出强劲的轰鸣声,车速迅速提升。以此来检查急加速性能与正常水平之间的差距。

(3)检查爬坡性能。检查汽车在坡道上使用相应挡位时的动力性能,是否与经验值相近,感觉是否正常。

如果汽车提速慢,最高车速与原车设计值之间的差距较大,上坡无力,则说明汽车的动力性能差,是一辆"老爷车"。

4. 检查汽车的制动性能

(1)汽车启动后,先点一下制动,检查是否可以制动。

(2)将车加速至20km/h时进行紧急制动,检查制动是否可靠,有无跑偏、甩尾现象。

(3)将车加速至50km/h,先用点刹的方法检查汽车是否立即减速、有无跑偏,再用紧急制动的方法检查制动距离和跑偏量。机动车在规定初速度下的制动距离和制动稳定性应符合表4-2中的要求。

表4-2　机动车在规定初速度下的制动距离和制动稳定性要求

机动车类型	制动初速度/(km/h)	制动距离/m		试车道宽度/m
		满载	空载	
三轮汽车	20	≤5.0		2.5
乘用车	50	≤20.0	≤19.0	2.5
低速汽车	30	≤9.0	≤8.0	2.5
一般汽车	50	≤22.0	≤21.0	2.5
其他汽车、汽车列车	30	≤10.0	≤9.0	3.0
轮式拖拉机运输机组	20	≤6.5	≤6.0	3.0
手扶变型运输机	20	≤6.5		2.3

当踩下制动踏板时,若制动踏板或制动鼓发出冲击或尖叫声,则表明制动摩擦片可能磨损,路试结束后,应检查制动摩擦片的厚度。

若踩下制动踏板时有踩海绵感,则说明制动管路进入空气或制动系统某处有泄漏,应立即停止路试。

5. 检查汽车的行驶稳定性

(1)直线行驶性能。使汽车以 50km/h 左右的速度(中速)直线行驶,双手松开转向盘,观察汽车行驶状况。此时,汽车应该仍然保持直线行驶,并且不明显转到另一边。若汽车发生转向,无论汽车转向哪一边,都说明汽车的转向轮定位不准,或车身、悬架变形。

(2)高速振摆。使汽车以 90km/h 以上的速度(高速)行驶,观察转向盘有无摆动现象,即所谓的汽车摆头。若汽车有高速摆头现象,通常意味着存在严重的车轮不平衡或不对中问题。当汽车摆头时,前轮左右摇摆沿波形前进,严重破坏了汽车的平顺性,直接影响汽车的行驶安全,加速了轮胎的磨损,使汽车只能以较低的速度行驶。

(3)转向轻便灵活性。选择宽敞的路面,左右转动转向盘,检查转向是否轻便灵活。若转向沉重,则说明汽车转向机构各球头缺油或轮胎气压过低。对于带助力转向的汽车,转向沉重可能是由于动力转向泵和齿轮齿条磨损严重,应进行修理或更换齿轮齿条。动力转向问题有时还需要靠转向盘转动时的"嘎吱"声来识别,发出这种声音也可能仅仅是由于转向油液面过低。

转向盘的最大自由转动量不允许大于 20°。若转向盘的自由转动量过大,则意味着转向机构磨损严重,转向盘的游动间隙过大,进而使转向不灵。

6. 检查汽车的行驶平顺性

(1)将汽车开到粗糙、有凸起的路面上行驶,或在有伸缩接缝的公路上行驶,或驾驶汽车通过铁轨,感觉汽车的行驶平顺性和乘坐舒适性。通常汽车排量越大,行驶平顺性越好,但燃油消耗量也越大。

(2)当汽车转弯或通过不平的路面时,倾听汽车前端是否发出忽大忽小的"嘎吱"声或低沉噪声。若有,则可能是滑柱或减振器紧固装置松了,或轴衬磨损严重。当汽车转弯时,若车身侧倾过大,则可能是由于横向稳定杆衬套或减振器磨损严重。

(3)对于前轮驱动的汽车,若的前端发出"咯哒"声、沉闷金属声、"嘀嗒"声,则可能是等速万向节已磨损,需要维修。这里需要说明的是,等速万向节的维修费用昂贵,与变速器大修费用差不多。

7. 检查汽车的滑行能力

在平坦的路面上做汽车滑行试验。将汽车加速至 30km/h 左右,踩下离合器踏板,将变速器挂入空挡滑行,汽车滑行距离应符合表 4-3 中的要求。若达不到此要求,则表明汽车传动系统的传动阻力大,传动效率低,油耗大,动力不足。汽车越重,其滑行距离越远;初始车速越高,其滑行距离亦越远。

表 4-3   车辆滑行距离要求

汽车整备质量 M/kg	双轴驱动车辆滑行距离/m	单轴驱动车辆滑行距离/m
M<1000	≥104	≥130
1000≤M≤4000	≥120	≥160
1000<M≤4000	≥144	≥180
1000<M≤4000	≥184	≥230
1000<M≤4000	≥200	≥250
M<1000	≥214	≥270

将汽车车速加速至 40～60km/h,迅速抬起加速踏板,检查有无明显的金属撞击声。如果有,则说明传动系统间隙过大。

8. 检查风噪声

逐渐提高车速,使汽车高速行驶,倾听车外风噪声。若风噪声过大,则说明车门或车窗密封条变质损坏,或车门变形密封不严。

通常,车速越高,风噪声越大。对于空气动力学较好的汽车,其密封和隔音性能好,风噪声较小;对于空气动力学较差的汽车或整形后的事故车,风噪声一般较大。

9. 检查驻车制动

选一条坡路,将汽车停在坡上,拉上驻车制动,观察汽车是否停稳、有无滑溜现象。通常,驻车制动力不应小于整车质量的 20%。

4.2.4   自动变速器的路试检查

1. 自动变速器路试前的准备工作

在道路试验之前,应先让汽车以中低速行驶 5～10min,让发动机和自动变速器都达到正常工作温度。

2. 检查自动变速器升挡情况

将操纵手柄拨至前进挡(D)位置,踩下加速踏板,使节气门保持在 1/2 开度左右,让汽车起步加速,检查自动变速器升挡情况。在自动变速器升挡时,发动机转速会有瞬时的下降,同时车身有轻微的闯动感。在正常情况下,随着车速的升高,试车者应能感觉到自动变速器可以顺利地由 1 挡升入 2 挡,随后由 2 挡升入 3 挡,最后升入超速挡。若自动变速器不能升入高挡(3 挡或超速挡),则说明控制系统或换挡执行元件有故障。

3. 检查自动变速器升挡车速

将操纵手柄拨至前进挡位置,踩下加速踏板,并使节气门保持在某一固定开度,让汽车加速。当察觉到自动变速器升挡时,记下升挡车速。一般 4 挡自动变速器在节气门开度保持在 1/2 时,由 1 挡升至 2 挡的升挡车速为 25～35km/h,由 2 挡升至 3 挡的升挡车速为

55～70km/h,由 3 挡升至 4 挡(超速挡)的升挡车速为 90～120km/h。由于升挡车速和节气门开度有很大的关系,即当节气门开度不同时,升挡车速也不同,而且不同车型的自动变速器各挡位传动比的大小都不同,其升挡车速也不完全一样。因此,只要升挡车速基本保持在上述范围内,并且汽车行驶中加速良好,无明显的换挡冲击,都可认为其升挡车速基本正常。若汽车行驶中加速无力,升挡车速明显低于上述范围,则说明升挡车速过低(过早升挡);若汽车行驶中有明显的换挡冲击,升挡车速明显高于上述范围,则说明升挡车速过高(过迟升挡)。

升挡车速太低一般是控制系统的故障所致;升挡车速太高则既可能是控制系统的故障所致,也可能是换挡执行元件的故障所致。

由于降挡时在行驶中不易察觉,因此,在路试中,一般无法检查自动变速器的降挡车速,只能通过检查升挡车速来判断自动变速器有无故障。如有必要,还可检查其他模式下或操纵手柄位于前进低挡位置时的换挡车速,并与标准值进行比较,作为判断故障的参考依据。

4. 检查自动变速器升挡时的发动机转速

有发动机转速表的汽车在做自动变速器路试时,应注意观察在汽车行驶过程中发动机转速变化的情况。它是判断自动变速器工作是否正常的重要依据之一。在正常情况下,若自动变速器处于经济模式或普通模式,节气门保持在低于 1/2 开度范围内,则在汽车由起步加速直至升入高速挡的整个行驶过程中,发动机转速都低于 3000r/min。通常在加速至即将升挡时,发动机转速可达到 2500～3000r/min。在刚刚升挡后的短时间内,发动机转速下降至 2000/mn 左右。如果在整个行驶过程中发动机转速始终过低,加速至升挡时仍低于 2000/min,则说明升挡时间过早或发动机动力不足;如果在行驶过程中发动机转速始终偏高,升挡前后的转速为 2500～3500r/min,而且换挡冲击明显,则说明升挡时间过迟;如果在行驶过程中发动机转速过高,经常高于 3000r/min,在加速时达到 4000～500r/min,甚至更高,则说明自动变速器的换挡执行元件(离合器或制动器)打滑,此时需要对自动变速器进行拆修。

5. 检查自动变速器的换挡质量

换挡质量的检查内容主要是检查有无换挡冲击。正常的自动变速器只能有不太明显的换挡冲击,特别是电子控制自动变速器的换挡冲击十分微弱。若换挡冲击太大,则说明自动变速器的控制系统或换挡执行元件有故障,其原因可能是油路油压过高或换挡执行元件打滑,需要进行维修。

6. 检查自动变速器的锁止离合器的工作状况

自动变速器变矩器中的锁止离合器工作是否正常,可以采用路试的方法进行检查。路试中,让汽车加速至超速挡,以高于 80km/h 的车速行驶,并让节气门开度保持在低于 1/2 的位置,使变矩器进入锁止状态。此时,快速将加速踏板踩下至 2/3 开度,同时检查发动机转速的变化情况。若发动机转速没有太大变化,则说明锁止离合器处于接合状态。反之,若发动机转速升高很多,则说明锁止离合器没有接合,原因通常是锁止控制系统有故障。

7. 检查发动机的制动性能

检查自动变速器有无发动机制动作用时,应将操纵手柄拨至前进低挡位置,当汽车以2挡或1挡行驶时,突然松开加速踏板,检查是否有发动机制动作用。若松开加速踏板后车速立即随之下降,则说明有发动机制动作用;否则,说明控制系统或强制离合器有故障。

8. 检查自动变速器的强制降挡功能

在检查自动变速器的强制降挡功能时,应将操纵手柄拨至前进挡位置,保持节气门开度为1/3左右,在以2挡、3挡或超速挡行驶时,突然将加速踏板完全踩到底,检查自动变速器是否被强制降低一个挡位。在强制降挡时,发动机转速会突然上升至4000r/min左右,并随着加速升挡,转速逐渐下降。若踩下加速踏板后没有出现强制降挡,则说明强制降挡功能失效。若在强制降挡时发动机转速上升过高,达5000~6000r/min,并在升挡时出现换挡冲击,则说明换挡执行元件打滑,需要对自动变速器进行拆修。

4.2.5 路试后的检查

1. 检查各部件温度

(1) 检查油、水温度。检查冷却液、机油、齿轮油温度(连续工作后正常冷却液温度在90~92℃,机油温度不应高于90℃,齿轮油温度不应高于85℃)。

(2) 检查运动机件过热情况。查看制动鼓、轮毂、变速器壳、传动轴、中间轴轴承动桥壳(特别是减速器壳)等,不应有过热现象。

2. 检查"四漏"现象

(1) 在发动机运转及停车时,散热器、水泵、气缸、缸盖、暖风装置及所有连接部位应均无明显渗漏水现象。

(2) 机动车连续行驶距离不小于10km,停车5min后观察,不得有明显渗漏油现象。检查机油、主减速器油、转向器液压油、制动液、离合器油、液压悬架油等相关处有无泄漏。

(3) 检查汽车的进气系统、排气系统有无漏气现象。

(4) 检查发动机的点火系统有无漏电现象。

4.3 仪器检查

用仪器设备对汽车进行检测,可为分析、判断汽车的技术状况提供定量的分析依据,其检测结果准确度高。但需要有专用的检测设备、专用的场地,操作人员要经过专门的培训,投资大,成本高,费时费力。为此,在二手车评估中,目前一般不对被评估的汽车进行上线检测,仅由评估人员进行前述的静态和动态检查。然后,再按一定的评估方法和程序,评估二手车的现时价值。

但是,对于一些价格很高的二手车,买方要求对其技术状况进行准确全面的检测鉴定时,应进行仪器设备的全面检测,以便对被评估汽车作出准确的判断和切合实际的评估。有时候,二手车经营公司或汽车销售公司也需要对收购或置换的高档二手车的技术状况进行全面深入的了解,以便有针对性地进行维修保养后再出售。但其检测、维修保养的费用,会列入成本,包含在再出售的二手车价中。

一般来说,二手车通过仪器设备检测的主要项目有发动机功率、气缸密封性、排放污染物、制动性能、四轮定位、前照灯等。

由于这样的检测是用专门的仪器设备,在专设的场地、专业的检测线上,由专业人员进行操作,通常不要求评估师同时具备此种检测的专业技能,但要求评估师能够对检测提供的报告、检测结果进行分析判断。因此,对上述有关性能检测的设备结构原理、技术要求以及检测操作方法、步骤和程序等问题,在此不再赘述,而只介绍如何对检测结果进行简要的分析判断。

4.3.1 发动机功率检测

在进行发动机技术状况检测时,首先要检测发动机功率、油耗和磨损情况,因为发动机功率和油耗直接表征其动力性和经济性,发动机运动件的磨损除了影响功率和油耗外,还对机油消耗、废气排放等有影响。

发动机的有效功率是指发动机飞轮输出的功率,是发动机的一个综合性评价指标。通过测量发动机的输出转矩和转速,就可计算发动机功率。

检测发动机的有效功率的方法通常分为无负荷测功和有负荷测功两类。

1. 无负荷测功

无负荷测功是指发动机在节气门开度和转速均为变动的状况下,测定其功率的一种方法,故又称动态测功。由于测功时无需对发动机施加外部负荷,因而又称为无外载测功。其具体方法是:当发动机在低速运转时,突然全开节气门或置油门齿杆位置为最大(柴油机),使发动机克服惯性和内部各种阻力加速运转,用其加速性能直接反映最大功率。

这种方法不加负荷,不需大型测功设备,既可在实验台上进行,也可就车进行,因而提高了检测方便性和检测速度,特别适合在用汽车发动机的功率检测。

可根据国家有关标准,如《机动车运行安全技术条件》《汽车发动机大修竣工技术条件》等有关规定,对无负荷测功结果进行分析判断。

在用汽车发动机功率不得低于额定功率的75%,大修后发动机功率不得低于额定功率的90%。此外,还应根据检测结果对发动机技术状况作出进一步的判断。

若发动机功率偏低,系燃料供给系或点火系统的技术状况调整不佳所致,则应对油、电路系统进行检查调整。如果调整后仍然较低,则应检查气缸压力和进气管真空度,判断是否是机械部分的故障。如对个别气缸的技术状况有怀疑,可对其断火后再测功,从功率下降的大小诊断该缸的工作情况。

也可利用在单缸断火情况下测得的发动机转速下降值来评价各缸的工作情况。工作正常的发动机,在某一转速下稳定空转时,发动机的指示功率与摩擦功率是平衡的。此时,若取消任一气缸的工作，发动机转速就会有相同的下降值。当发动机在 750r/min 的怠速转速下稳定工作时，使某一缸断火，致使发动机转速正常平均下降值见表 4-4。要求最高和最低转速下降之差不大于平均值的 30%。如果下降值低于表中所列值，说明断火的气缸工作不良。转速下降值越小，则单缸功率越小。当下降值为零时，单缸功率也等于零，即该缸不工作了。

表 4-4　转速正常平均下降值

发动机气缸数	转速正常平均下降值/(r/min)
4 缸	150
6 缸	100
8 缸	50

发动机单缸功率偏低，一般是由于该缸高压分火线或火花塞技术状况不佳，燃料供给系统工作不良，气缸磨损或密封性不良所致。

发动机功率与海拔高度有密切关系。而无负荷测功仪所测结果是实际大气压力下的发动机功率，若要校正到标准大气压力下的功率，应乘以校正系数。

2. 有负荷测功

有负荷测功要对发动机施加外部负荷，也叫有外载测功，这是一种稳态测功方法，即在试验台上通过测功器测试功率的方法。它是在发动机节气门开度一定、转速一定和其他参数保持不变的稳定状态下进行测功的。常用的测功器有水力测功器、电力测功器和电涡流测功器等。

稳态测功的结果比较准确可靠，比无负荷测功（即动态测功）的精度要高。

二手车在进行有负荷测功，即稳态测功时，通常不会把发动机从汽车上拆卸下来，再安装到发动机台架上去进行测功。这样费时费力且非常不方便。一般均采用底盘测功机来检测汽车的功率。底盘测功的目的，有时是为了获得驱动轮上的输出功率或驱动力，以便评价汽车的动力性；有时则是用获得的驱动轮上的输出功率与发动机飞轮输出功率进行比较，并求出传动系的效率，以便判断汽车传动系的技术状况。底盘测功是在滚筒式试验台上进行的。滚筒式试验台是以滚筒表面来代替路面，试验时通过加载装置给滚筒施加负荷，以模拟行驶时的阻力，使汽车在行驶时尽可能接近实际的行驶工况。所以，汽车的动力性、经济性、滑行距离、制动性和车速表指示误差等均可在滚筒式试验台上测定。

现仅就传动系效率及其检测结果进行分析。

根据底盘测功机上测得的驱动轮输出功率与发动机飞轮输出功率，就可计算出传动系的效率。汽车传动系的机械传动效率正常值见表 4-5，将检测结果与之相比较，就可以评估传动系的技术状况。

表 4-5　汽车传动系机械传动效率

汽车类型		传动效率	汽车类型	传动效率
轿车		0.90~0.92	4×4 越野汽车	0.85
载货汽车	单级主传动器	0.90	6×4 载货汽车	0.80
公共汽车	双级主传动器	0.84		

当被测汽车传动系效率低于表 4-5 中的值时,则说明消耗于传动系中的离合器、变速器、万向传动装置、主减速器、差速器及轮毂轴承中的功率较多。若要提高传动系效率,必须正确调整和合理润滑传动系各运动件。随着汽车使用时间的增长以及行驶里程的增加,磨损也逐渐加大,摩擦损失也会逐渐提高,从而使传动效率逐渐降低,故传动效率能为评价汽车底盘技术状况提供重要依据。

4.3.2　发动机气缸密封性检测

气缸密封性是表征气缸组件技术状况的重要参数。其技术状况的好坏,将严重影响发动机的动力性和经济性。在汽车的使用过程中,气缸、活塞、活塞环和进气门、排气门等有磨损、烧蚀、结胶、积炭、气缸垫损坏等现象,都将引起气缸密封性下降。

检测气缸密封性的仪器设备主要有气缸压力表和气缸压力电子测试仪等。

气缸密封性的诊断参数主要有气缸压缩压力、曲轴箱漏气量、气缸漏气量、进气管真空度等。

气缸压力检测结果应符合原设计规定,各缸压力差,汽油机应不超过各缸平均压力的 8%,柴油机应不超过 10%。

在用汽车发动机的气缸压力不得低于原设计的 25%,此数据可作为诊断标准用。有关汽车原设计的规定值,查阅有关车型资料即可获得。

检测结果如超过原规定值,不一定就是气缸密封性好,要结合使用情况进行分析。这种情况有可能是气缸垫过薄,或缸体与缸盖接合平面经多次修理加工过度使燃烧室容积变小导致压缩比有所升高所致。此外,也有可能是燃烧室积炭过多所致。

若测得结果低于原设计规定值,可向气缸火花塞或喷油器孔内(柴油机)注入适量机油,再用气缸压力表重测其压力。若第二次测的压力比第一次高,且接近标准压力,则表明气缸套、活塞、活塞环磨损过甚,或者是活塞环卡死、断裂,缸壁拉伤,也可能是活塞环切口失去弹性造成气缸不能密封。若第二次测的压力与第一次接近,但仍比标准压力低,则可能是进、排气门或缸垫不密封造成的。若两次检测结果均表明某相邻两缸压力都相当低,则说明相邻处的气缸垫烧损窜气。

用气缸压力表检测气缸压力,尽管应用极为广泛,但仍存在测量误差大的缺点。特别是在低转速范围内,即使发动机转速差较小,也能引起气缸压力测量值发生较大变化。即使是同一型号的发动机,由于蓄电池电压、起动机和发动机技术状况不一,其起动转速也不可能完全一致,这就产生了测量转速是否符合规定的问题。这些都是用气缸压力表检测气缸压力误差大的主要原因。所以,在检测气缸压力时,如能监控曲轴转速,将是发现问题,减小测量误差,获得正确分析结果的重要保证。

用气缸压力表检测气缸压力还需要把火花塞或喷油器卸下,一缸一缸地进行,费时费力,极不方便。

除用气缸压力表检测气缸压力外,还可使用压力传感器和起动电流、电压测量仪器来检测。

若用上述两种压力检测仪,有的可以显示各缸压力的具体数值,并能与规定的标准值对照;有的只能定性地显示"合格"与"不合格";也有的只能显示波形。对于只能显示压力波形的,如果显示的波形振幅一致,峰值又在规定范围内,说明各缸压力符合要求。若各缸压力波形振幅不一致,某缸峰值低于规定范围,则表明该缸压力不足,应借助其他手段测出具体的压力值,以便分析判断。

4.3.3 曲轴箱窜气量检测

在汽车的使用过程中,随着气缸套与活塞配合副的磨损,间隙会逐渐增大,因而窜入曲轴箱的可燃混合气与燃烧废气的量也会增加。有资料介绍,新的发动机曲轴窜气量为 $15\sim20L/min$,而磨损后的发动机则有时高达 $80\sim130L/min$ 。所以,发动机工作时,单位时间内窜入曲轴箱的气体量可作为衡量气缸套与活塞、活塞环配合副密封性的诊断尺度。

曲轴箱窜气量的检测通常采用专用的气体流量计进行。

曲轴箱窜气量除了与气缸套活塞摩擦副的技术状况有关外,还与发动机转速和负荷有关。检测时,发动机应加载,节气门应处于全开状态,柴油机则将供油拉杆推到底,使发动机处于最大转矩转速下。其他工况下也可以测试,但所测值不如全负荷最大转矩转速下测得的值大。

对于检测结果的分析,国外有些国家以单缸平均窜气量(检测值除以缸数)作为诊断参数。根据国内外的情况,表4-6列出了单缸平均窜气量值,以供比较分析。

表 4-6　曲轴箱单缸平均窜气量值 L/min

发动机技术状况	单缸平均窜气量	
	汽油机	柴油机
新发动机	2～4	3～8
需大修发动机	16～22	18～28

4.3.4 制动性能检测

汽车制动性能的好坏,直接影响汽车的行驶安全。评价制动性能的指标主要有制动距离、制动时间、制动减速度和制动力等。制动距离与行车安全有直接关系,因此,交通管理部门通常按制动距离制定安全法规。

制动性能的检测方法有路试检验和台试检验两种。台试检验方法具有迅速、准确、经济、安全、不受外界气候条件影响、重复性好、能定量检测出各轮制动力和制动距离等优点。

1. 路试检验制动性能

汽车行车制动性能和应急制动性能检验,应在平坦、硬实、清洁、干燥且轮胎与地面间的附着系数大于等于 0.7 的混凝土或沥青路面上进行。

检验时发动机应与传动系统脱开,但对于采用自动变速器的机动车,其变速器换挡装置应位于驱动挡(D挡)。

汽车在规定的初速度下的制动距离和制动稳定性要求应符合表4-7的规定。对空载检验的制动距离有质疑时,可用表4-7规定的满载检验制动距离要求进行。

表 4-7　制动距离和制动稳定性要求

机动车类型	制动初速度/(km/h)	空载检验制动距离要求/m	满载检验制动距离要求/m	试验通道宽度/m
三轮汽车	20	≤5.0		2.5
乘用车	50	≤19.0	≤20.0	2.5
总质量小于等于 3500kg 的低速货车	30	≤8.0	≤9.0	2.5
其他总质量小于等于 3500kg 的汽车	50	≤21.0	≤22.0	2.5
铰接客车、铰接式无轨电车、汽车列车（乘用车列车除外）	30	≤9.5	≤10.5	3.0*
其他汽车、乘用车列车	30	≤9.5	≤10.0	3.0*
两轮普通摩托车	30	≤7.0		—
边三轮摩托车	30	≤8.0		2.5
正三轮摩托车	30	≤7.5		2.3
轻便摩托车	20	≤4.0		—
轮式拖拉机运输机组	20	≤6.0	≤6.5	3.0
手扶变型运输机	20	≤6.5		2.3

*表示对车宽大于 2.55m 的汽车和汽车列车，其试验通道宽度（单位：m）为"车宽(m)+0.5"。

数据来源于国家标准《机动车安全运行技术条件》(GB 7258—2017)。

2. 台试检验制动性能

台试检验中对汽车制动力百分比和制动力平衡作出具体要求。汽车、汽车列车在制动检验台上测出的制动力应符合表 4-8 的要求。对空载检验制动力有质疑时，可用表 4-8 规定的满载检验制动力要求进行检验。使用转鼓试验台检测时，可通过测得制动减速度值计算得到最大制动力。摩托车的前、后轴制动力应符合表 4-8 的要求，测试时只准许乘坐一名驾驶人。

表 4-8　台试检验制动力要求

机动车类型	制动力总和与整车重量的百分比		轴制动力与轴荷[①]的百分比	
	空载	满载	前轴[②]	后轴[②]
三轮汽车	—		—	≥60[③]
乘用车、其他总质量小于等于 3500kg 的汽车	≥60	≥50	≥60[③]	≥20[③]
铰接客车、铰接式无轨电车、汽车列车	≥55	≥45	—	—
其他汽车	≥60[④]	≥50	≥60[③]	≥50[⑤]
挂车				≥55[⑥]
普通摩托车	—		≥60	≥55
轻便摩托车	—		≥60	≥50

注：① 用平板制动检验台检验乘用车、其他总质量小于等于 3500kg 的汽车时应按左右轮制动力最大时刻所分别对应的左右轮动态轮荷之和计算。

② 机动车（单车）纵向中心线中心位置以前的轴为前轴，其他轴为后轴；挂车的所有车轴均按后轴计算；用平板制动试验台测试并装轴制动力时，并装轴可视为一轴。

③ 空载和满载状态下测试均应满足此要求。

④ 对总质量小于等于整备质量的 1.2 倍的专项作业车应大于等于 50%。

⑤ 满载测试时后轴制动力百分比不作要求；空载用平板制动检验台检验时应大于等于 35%；总质量大于 3500kg 的客车，空载用反力滚筒式制动试验台测试时应大于等于 40%，用平板制动检验台检验时应大于等于 30%。

⑥ 满载状态下测试时应大于等于 45%。

在制动力增长全过程中同时测得的左右轮制动力差的最大值,与全过程中测得的该轴左右轮最大制动力中大者(当后轴制动力小于该轴轴荷的 60%时为与该轴轴荷)之比,对新注册车和在用车应分别符合表 4-9 的要求。

表 4-9　台试检验制动力平衡要求

	前轴	后　　轴	
		制动力大于等于该轴轴荷 60%时	制动力小于该轴轴荷 60%时
新注册车	≤20%	≤24%	≤8%
在用车	≤24%	≤30%	≤10%

4.3.5　侧滑量检测

汽车转向轮(前轮)定位参数包括主销后倾角、主销内倾角、前轮外倾角和前轮前束 4 个参数,后轮主要有外倾角和前束两个参数。前轮定位的作用是使汽车能稳定地直线行驶,车轮偏转后有自动回正的能力,此外还可使汽车转向轻便,减轻驾驶员的劳动强度。因此,应对前轮定位参数进行检测,以保证汽车正常行驶。转向轮定位参数不正确,会引起车轮承受侧向力而侧滑,尤以前轮外倾和前轮前束两参数对车轮侧滑量的影响最大。

目前,检测车轮定位参数多采用四轮定位仪进行。检测结果应与各车型出厂技术参数相吻合。侧滑检验台是使汽车在滑动板上驶过时,用测量滑动板左右移动量的方法来测量前轮侧滑量的大小和方向,并判断是否合格的一种检测设备。目前,国内侧滑检验台有单板侧滑检验台和双板联动式侧滑检验台,这里以双板联动式侧滑检验台为例介绍其测量原理及侧滑量检测标准。

1. 侧滑板仅受到车轮外倾角的作用

这里以右前轮为例,先讨论只存在车轮外倾角(前束角为零)的情况。具有外倾角的车轮,其中心线的延长线必定与地面在一定距离处有一个交点 O,此时的车轮相当于一圆锥体的一部分,如图 4-14 所示,在车轮向前或向后运动时,其运动形式均类似于滚锥。

图 4-14　具有外倾角的车轮在滑板上滚动的情况(右轮)

从图 4-14 可以看出,具有外倾角的车轮在滑动板上滚动时,车轮有向外侧滚动的趋势,由于受到车桥的约束,车轮不可能向外移动,从而通过车轮与滑动板间的附着作用带动滑动板向内运动,运动方向如图 4-14 所示。此时滑动板向内移动的位移量记为 S_a(即由外倾角所引起的侧滑分量)。按照约定,具有外倾角的车轮,由于其类似于滚锥的运动情况,因而无论其前进还是后退时所引起的侧滑分量均为负。反之,内倾车轮引起的侧滑分量均为正。

2. 滑动板仅受到车轮前束的作用

这里仅讨论车轮只存在前束角,而外倾角为零时的情况。前束是为了消除具有外倾角的车轮类似于滚锥运动所带来的不良后果而设计的。

具有前束的车轮在前进时,由于车轮有向内滚动的趋势,但因受到车桥的约束作用,在实际前进驶过侧滑台时,车轮不可能向内侧滚动,从而会通过车轮与滑动板间的附着作用带动滑动板向外侧运动。此时,车轮在滑动板上作纯滚动,滑动板相对于地面有侧向移动,其运动方向如图 4-15 所示,此时测得的滑动板的横向位移量记为 S_t(即由前束所引起的侧滑分量)。遵照约定,前进时,由车轮前束引起的侧滑分量 S_t 大于或等于零。反之,仅具有前张角的车轮在前进时,由车轮前张(负前束)引起的侧滑分量 S_t 小于或等于零。

图 4-15　具有前束的车轮在滑板上滚动的情况(右轮)

当具有前束的车轮后退时,若在无任何约束的情况下,车轮必定向外侧滚动,但因受到车桥的约束作用,虽然其存在着向外滚动的趋势,但不可能向外侧滚动,从而会通过其与滑动板间的附着作用带动滑动板向内侧移动,其运动方向如图 4-15 所示。此时测得滑动板向内的位移记为 S_t,遵照约定,仅具有前束角的车轮在后退时,通过侧滑台所引起的侧滑分量 S_t 小于或等于零。反之,仅具有前张角的车轮在后退时,通过侧滑台所引起的侧滑分量 S_t 大于或等于零。

综上可知,仅具有前束的车轮,在前进时驶过侧滑台时所引起的侧滑量为正值,在后退时驶过侧滑台所引起侧滑量分量为负值。反之,仅具有前张的车轮,在前进时驶过侧滑台时所引起的侧滑分量为负值,在后退时驶过侧滑台所引起的侧滑分量为正值。

3. 滑动板受到车轮外倾角和前束角的同时作用

汽车转向轮同时具有外倾角和前束角,在前进时由外倾所引起的侧滑分量 S_a 与由前束所引起的侧滑分量 S_t 的方向相反,因而两者相互抵消。在后退时两者方向相同,两分量相互叠加。

4. 侧滑量检测标准

国家标准《机动车运行安全技术条件》(GB 7258—2017)规定:汽车(三轮汽车除外)的车轮定位应与该车型的技术要求一致。对前轴采用非独立悬架的汽车(前轴采用双转向轴时除外),其转向轮的横向侧滑量,用侧滑台检验时侧滑量值应小于等于 5m/km。

4.3.6   汽车排放物检测

我国对机动车的排放污染物控制起步较晚,从 1981 年才开始制定汽车排放限制标准,1988 年开始实施四冲程汽油车怠速排放污染物、柴油机全负荷烟度和柴油车自由加速烟度的排放标准。随着我国汽车保有量的不断增长,对环境的污染日趋严重。为进一步贯彻《中华人民共和国环境保护法》和《中华人民共和国大气污染防治法》,严格控制机动车排放物,改善空气质量,国家环保总局 2005 年第 30 号公告宣布,将在全面实施轻型车国家第二阶段排放标准。从 2005 年 7 月 1 日起,终止实施国家标准《轻型汽车污染物排放限值标准及测量方法》(简称国 I 标准)(GB 18352.1—2001)。与此同时,开始实施国Ⅲ、Ⅳ即实施《轻型汽车污染物排放限值及测量方法》(GB 18352.2—2005),并于 2007 年和 2010 年分别实施国家第三、四阶段机动车排放标准。之后,国家标准《轻型汽车污染物排放限值及测量方法》(中国第五阶段)(GB 18352.5—2013)于 2018 年 1 月 1 日起实施。

中国汽车排放物主要有 HC(碳氢化合物)、NO_x(氮氧合物)、CO(一氧化碳)、PM(微粒)等,它们主要都是在汽车汽油燃烧的时候通过汽车的尾气排放出来的。由于生活水平的提高,基本每家每户都已经拥有自己的小汽车了,由于汽车排放的污染物对空气的危害变得更加严重,所以现在的世界各国都对汽车排放做出了限制,而中国制定的国 I、国Ⅱ、国Ⅲ、国Ⅳ,包括最新出台的国Ⅴ基本是按照欧洲排放标准来限制中国小汽车的排放。

为贯彻落实《中华人民共和国环境保护法》和《中华人民共和国大气污染防治法》,规范汽油车污染物排放,保证排放检测工作的质量,改善环境空气质量,制定标准《点燃式发动机汽车排气污染物排放限值及测量方法(双怠速法及简易工况法)》(GB 18285—2005)。同时,规范在用柴油车环境监督管理,依据环境保护部《国家环境保护标准制修订工作管理办法》(国环规科技〔2017〕1 号),制定行业标准《在用柴油车排气污染物测量方法及技术要求(遥感检测法)》(HJ 845—2017),并予发布。

其中汽油车简易瞬态工况法排气污染物测量的主要设备有底盘测功机、五气分析仪、流量计和污染物排放检测计算机控制软件。国家标准《点燃式发动机汽车排气污染物排放限值及测量方法(双怠速法及简易工况法)》(GB 18285—2005)规定了检测站日常检验、检测站现场安装检验和型式核准检验的项目要求和测试方法。在型式核准检验项目方面,规定了必须核准检验的项目,也规定了根据具体情况可选择的核准检验项目。

遥感监测是一种不影响道路正常通行的排放测试方法,适用于在用车排放监督抽测。《在用柴油车排气污染物测量方法及技术要求(遥感检测法)》(HJ 845—2017)规定了利用遥感监测法检测在实际道路上行驶的柴油车排放污染物的测量方法、仪器安装要求、结果判定原则和排放限值。

4.3.7   用故障诊断仪读取故障代码

对于汽车的电子控制系统,都有故障自行诊断功能,可采用故障诊断仪来读取故障代码。

现代汽车电子控制系统的控制电路上都设置有一个专用的故障检测插座,通过线路与

ECU 连接。只要将汽车制造厂提供的该车型的专用微机故障检测仪或通用型故障检测仪的检测插头与汽车上的故障检测插座连接,然后打开点火开关(ON),就可以很方便地从微机故障检测仪的显示屏上读出所有存储在 ECU 中的故障代码。查阅该车型的维修手册,就可以知道这些故障代码所表示的故障内容和可能的故障原因。在二手车检测中,对于电子控制系统技术状况的好坏,利用解码器能快速准确地给予判定。

本 章 小 结

本章主要内容包括二手车静态检查、动态检查及仪器检查 3 种鉴定方法。可以利用以下线索对所学内容进行一次简要的回顾,以便归纳、总结和关联相应的知识点。

(1) 静态检查。介绍了外观检查及识伪检查的概念,讲述了车辆合法性鉴定的方法,还介绍了车身的静态检查方法以及发动机的静态检查方法。

(2) 动态检查。介绍了机动车的动态检查的定义及内容,分别包括发动机无负荷工况检查、汽车路试检查方法、路试后的检查方法。

(3) 仪器检查。介绍了二手车仪器设备检测的主要项目,分别包括发动机功率检测、发动机气缸密封性检测、曲轴箱窜气量检测、制动性能检测、侧滑量检测、汽车排放物检测、用故障诊断仪读取故障代码。

自 测 题

一、单项选择题

1. 走私车是指(　　)。

　　A. 没有通过国家正常进口渠道进口的车辆

　　B. 未完税的车辆

　　C. 没有通过国家正常进口渠道进口并未完税的车辆

　　D. 无产品合格证的车辆

2. 路试后,正常的机油温度为(　　)。

　　A. 85℃　　　　　　B. 125℃　　　　　　C. 65℃　　　　　　D. 95℃

3. 汽油车排气污染物可采用(　　)进行检测。

　　A. 不分光红外线分析仪　　　　　　　B. 滤纸式烟度计

　　C. 灯光测试仪　　　　　　　　　　　D. 气缸压力表

4. 车辆在(　　)内能够顺利起动,说明起动性良好。

　　A. 1 次　　　　　　B. 2 次　　　　　　C. 3 次　　　　　　D. 4 次

二、判断题(在括号内正确的打√、错误的打×)

1. 路试检测的主要检测项目是汽车的制动性能、转向性能和行驶轨迹等。　　　　(　　)

2. 路试后,正常的机油温度为 95℃,正常的水温为 60~80℃。　　　　　　　　(　　)

3. 静态检查包括对汽车的识伪检查和外观检查。　　　　　　　　　　　　　　(　　)

4. 检查车身锈蚀的情况,主要检查水槽、水箱、窗框、玻璃等。　　　　　　　　　(　　)

三、简答题

1. 对二手车进行评估时,如何对汽车进行识伪检查?

2. 在进行二手车静态检查时,外观检查的方法和步骤是什么?

3. 在进行二手车静态检查时,如何检查轿车车身?

4. 在进行二手车动态检查时,路试检查的内容有几大项?各有何要点?

5. 动态试验后的检查有哪几项?

第 5 章

二手车价格评估方法

5.1 二手车价格评估方法概述

5.1.1 二手车鉴定评估的基本假设

假设是任何一门学科形成的前提,相应的理论、观点和方法是建立在一定假设基础之上的。二手车的评估适用于资产评估的理论和方法,也是建立在一定的假设条件之上的。二手车评估的假设前提有继续使用假设、公开市场假设、清偿假设。

1. 继续使用假设

继续使用假设是指二手车将按现行用途继续使用,或转换用途继续使用。对这些车辆的评估,就要从继续使用的假设出发,而不能按车辆拆零出售零部件所得收入之和进行估价。比如一辆汽车用作营运,其估价可能是 7 万元;而将其拆成发动机、底盘等零部件分别出售时也可能仅值 5 万元。可见同一车辆按不同的假设用作不同的目的,其价格是不一样的。

在确定机动车能否继续使用时,必须充分考虑的条件是:车辆具有显著的剩余使用寿命,而且能提供服务或用途,满足所有者经营上或工作上期望的收益;车辆所有权明确,并保持完好;车辆从经济上和法律上允许转作他用;充分地考虑了车辆的使用功能。

2. 公开市场假设

公开市场是指充分发达与完善的市场条件。公开市场假设,是假定在市场上交易的二手车,交易双方彼此地位平等,彼此双方都有获取足够市场信息的机会和时间,以便对车辆的功能、用途及其交易价格等做出理智的判断。

公开市场假设是基于市场客观存在的现实,即二手车在市场上可以公开买卖。不同类型的二手车,其性能、用途不同,市场程度也不一样,用途广泛的车辆一般比用途狭窄的车辆市场活跃,而不论车辆的买者或卖者都希望得到车辆的最大最佳效用。所谓最大最佳效用是指车辆在可能的范围内,用于最有利又可行和法律上允许的用途。在二手车评估时,按照公开市场假设处理或作适当地调整,才有可能使车辆获得的收益最大。最大最佳效用,由车辆所在地区、具体特定条件以及市场供求规律所决定。

3. 清偿假设

清偿假设是指机动车所有者在某种压力下被强制进行拆零，经协商或以拍卖方式在公开市场上出售。这种情况下的二手车评估具有一定的特殊性，在适应强制出售过程中，市场均衡状况被打破，二手车的估价值大大低于继续使用或公开市场条件下的评估值。

在不同假设条件下，评估结果各不相同。在继续使用假设前提下要求评估二手车的继续使用价值，在公开市场假设前提下要求评估二手车的市场价格，在清算假设前提下要求评估二手车的清算价格。因此，二手车鉴定评估人员在业务活动中要充分分析了解情况，判断认定被评估车辆最可能的效用，以便得出二手车的公平价格。

5.1.2　二手车价格评估的基本方法

二手车的价格评估方法是确定二手车评估值的具体手段与途径。从评估对象的角度来看，二手车属于固定资产中机器设备一类的产品，如同其他资产评估一样，也应遵循资产评估的一般理论。总体而言，二手车价格评估的基本方法分为重置成本法、收益现值法、清算价格法和现行市价法 4 种。

1. 重置成本法

重置成本是指在现时条件下，按功能重置车辆成本，并使其处于在用状态所耗费的成本。重置成本的构成与历史成本不一样，也是反映车辆的购建、运输、注册登记等建设过程中全部费用的价格，只不过它是按现有技术条件和价格水平计算的。重置成本标准适用的前提是车辆处于在用状态，一方面反映车辆已经投入使用，另一方面反映车辆能够继续使用，对所有者具有使用价值。决定重置成本的两个因素是重置完全成本及其损耗（或称贬值）。其基本计算公式可表述为：

被评估车辆的评估值＝重置成本－实体性贬值－功能性贬值－经济性贬值

或者

被评估车辆的评估值＝重置成本×成新率

1) 车辆的实体性贬值

机动车辆的实体性贬值是指由于车辆有形损耗引起的车辆贬值。车辆的有形损耗即便是能够通过修理予以消除，但因此而导致的车辆实体性贬值则是不会消失的，如果是更换零件那么为此而支出的费用，即相当于车辆的不得不更换零件的有形损耗的部分贬值额。车辆的有形损耗无法避免，因此车辆的实体性贬值会随着车辆使用时间的延长而不断积累。

由于车辆的有形损耗不易量化，只能相当主观地估算或根据行业的约定俗成来确定，估算车辆的实体性贬值额的方法也类似，常用的是观察法。观察法的基本思想是由具有专业知识和丰富经验的工程技术人员对评估车辆的各主要总成、部件进行技术鉴定，并综合分析车辆的设计、制造、使用、磨损、维护、修理、大修理、改装情况和剩余经济使用寿命等因素，将评估车辆与其全新状态相比较，考察由于有形的使用损耗和自然损耗对车辆的实物状态、性能、技术状况带来的影响，判断被评估对象的有形损耗率，从而估算车辆的实体性贬值。

2) 车辆的功能性贬值

机动车辆的功能性贬值是指由于科学技术的发展和生产力水平的提高使车辆发生无形损耗而导致的车辆贬值。导致车辆无形损耗的外部原因较多,而车辆的功能性贬值是特指由于科学技术和汽车制造技术的进步而引起的车辆贬值。由于车辆制造技术的进步和劳动生产力的提高,现在制造与被评估车辆相同或基本相同的全新车辆的社会必要劳动时间一般来说都会有明显缩短,制造成本也相应地降低,而且随着同一车型产量和销售量的增加,车辆因制造成本的进一步降低而产生相应的降价空间。这也是市场上同一车型的价格能够不断降低的主要原因,另一个重要原因则是市场的供需情况发生了变化。市场供需变化也可以看作是生产力水平提高的结果。在这种情况下,被评估车辆的原始购车价格中有一个超额投资成本将不被市场所承认,无形中形成了贬值。同型号全新车辆的价格越低,旧车的功能性贬值越大。车辆的功能性贬值是由车辆的外部因素,而不是由内部因素引起的车辆现时市场价值的降低。

3) 车辆的经济性贬值

机动车辆的经济性贬值是指由于外部环境的变化引起的车辆贬值。所谓的外部经济环境,包括国家宏观经济政策、市场需求、通货膨胀和不断增强的环境保护要求等。例如,商业银行收紧车贷政策,提高车贷门槛,将车贷首付从 20% 提高到 30%,将贷款年限从最长 8 年缩短为现在的 3 年,这些都会对汽车的销售产生负面的影响,因为车贷门槛提高,使得相当一部分依靠贷款买车的客户不得不延迟购车。得不到贷款的消费者买车难,经销商卖车也难,这样降价就成为促销的一个选择了。

另外,排放标准的提高也会导致二手车价格的显著下跌。为了治理大气污染,全国多个城市提高了二手车的排放标准,对车辆的迁入提出了限制性要求。截至 2018 年 6 月,北京市提出二手车应符合国Ⅴ排放标准,不符合标准的,不得转籍。天津市提出,二手车应符合国Ⅳ排放标准,不符合标准的,需买方写保证。在此种限制迁入的条件下,国Ⅳ及以下的二手车在北京无法登记上路,造成该类二手车在北京市很难有市场需求。与此类似的,国Ⅲ及以下的二手车在天津市很难有本地买家,造成该类二手车价格急剧下降。车辆的各种外部因素对汽车市场价值的影响有时相当大,二手车属于汽车流通的中间环节,要受到有关上、下游产业的影响。如果某品牌配件价格高出竞争对手 20% 以上,那么这款二手车的价格就会比对手车至少要低 10%；如果某一车型维修网点少,维修不方便,费用高,那么二手车的需求量就会减少,供大于求就会造成交易价格下降。

重置成本法的理论依据是:任何一个精明的投资者在购买某项资产时,它所愿意支付的价钱,绝对不会超过具有同等效用的全新资产的最低成本。如果该项资产的价格比重新建造或购置全新状态的同等效用的资产的最低成本高,投资者肯定不会购买这项资产,而会去新建或购置全新的资产。这也就是说,待评估资产的重置成本是其价格的最大可能值。

重置成本是购买一项全新的与被评估车辆相同的车辆所支付的最低金额。按重新购置车辆所用的材料、技术的不同,可把重置成本区分为复原重置成本(简称复原成本)和更新重置成本(简称更新成本)。复原成本指用与被评估车辆相同的材料、制造标准、设计结构和技术条件等,以现时价格复原购置相同的全新车辆所需的全部成本。更新成本指利用新型材料、新技术标准、新设计等,以现时价格购置相同或相似功能的全新车辆所支付的全部成本。一般情况下,在进行重置成本计算时,如果同时可以取得复原成本和更新成本,应选用更新成本；如果不存在更新成本，则再考虑用复原成本。重置成本的计算过程如图 5-1 所示，其中成新率的具体介绍见 5.2 节。

图 5-1　重置成本计算流程图

2. 收益现值法

收益现值是指根据机动车辆未来预期获利能力的大小，按照"将本求利"的逆向思维"以利索本"，以适当的折现率或资本化率将未来收益折成现值。可见，收益现值是指为获得二手车辆以取得预期收益的权利支付的货币总额。收益现值标准适用的前提条件是车辆投入使用，同时，投资者投资的直接目的是为了获得预期的收益。

收益现值法的评估值计算，实际上就是对被评估车辆未来预期收益进行折现的过程。被评估车辆的评估值等于剩余寿命期内各期的收益现值之和，其基本计算公式为

$$P = \sum_{t=1}^{n} \frac{A_t}{(1+i)^t} = \frac{A_1}{(1+i)^1} + \frac{A_2}{(1+i)^2} + \cdots + \frac{A_n}{(1+i)^n}$$

式中，P——评估值；

　　A_t——未来第 t 个收益期的预期收益额，收益期有限时（机动车的收益期是有限的），

　　　　A_t 中还包括期末车辆的残值，一般估算时残值忽略不计；

　　n——收益年期（剩余经济寿命的年限）；

　　i——折现率；

　　t——收益期，一般以年计。

采用收益法必须具备三个条件：被评估的二手车必须是营运车辆，且具有继续营运的能力，并不断获得收益；被评估的二手车在继续经营中的收益能够而且必须用货币金额来表示；影响被评估未来经营风险的各种因素能够转化为数据加以计算。

采用收益法能与投资相结合，并且能真实和准确地反映车辆货币的价格，容易被交易双方接受。但预期收益金额预测难度大，受较强的主观判断和未来不可预见因素的影响，具有

一定的局限性。

3. 清算价格法

清算价格是指在非正常市场上限制拍卖的价格。清算价格标准适用的前提条件,与现行市价标准的区别在于市场条件。现行市价是公平市场价格,而清算价格则是一种拍售价格,受到买主的数量、买主的出价情况限制,同时也受到拍售期限的限制,其价格一般低于现行市面价格。在二手车交易的实践中,二手车的拍卖,均是这种性质的价格出售。

清算价格法适用于企业破产、抵押、停业清理时要售出的车辆,由于企业急于将车辆拍卖、出售,清算价格往往大大低于现行市场价格。清算价格的主要方法有以下几种。

(1) 现行市价折扣法:指对清理车辆,首先在二手车市场上寻找一个相适应的参照物,然后根据快速变现原则估定一个折扣率并据以确定其清算价格。

(2) 模拟拍卖法:是根据向被评估车辆的潜在购买者询价的办法取得市场信息,最后经评估人员分析确定其清算价格的一种方法。用这种方法确定的清算价格受供需关系影响很大,要充分考虑其影响的程度。

(3) 竞价法:是由法院按照法定程序或由卖方根据评估结果提出一个拍卖的底价,在公开市场上由买方竞争出价,谁出的价格高就卖给谁。

4. 现行市价法

现行市价是车辆在公平市场上的售卖价格。现行市价标准源产生于公平市场,市场上买者和卖者地位平等,交易双方都有获取足够市场信息的机会和时间,买卖双方的交易行为都是自愿的、理智的,买卖双方都能对资产的功能、用途及其交易价格等做出理智的判断。

现行市价法又称市场法、市场价格比较法和销售对比法,是指根据替代原则,通过比较被评估车辆与最近售出类似车辆的异同,并针对这些异同经过必要的价格调整,从而确定被评估车辆价值的一种评估方法。这种方法的基本思路是通过市场调查,选择与评估车辆相同或类似的车辆作为参照物,分析参照物的结构、配置、性能、新旧程度、交易条件及成交价格,并与待评估车辆比较、对照,按照两者的差别及现实市场行情对评估价格进行适当调整,计算出二手车辆的评估价格。因为任何一个正常的购买者在购置二手车时,他所愿意支付的价格不会高于市场上具有相同用途的替代品的现行市价。运用现行市价法要求充分利用类似二手车成交价格信息,并以此为基础判断和估测被评估资产的价值。运用已被市场检验了的结论来评估被评估对象,容易被资产业务各当事人接受。

运用现行市价法对二手车进行价格评估必须具备以下两个前提条件:

(1) 要有一个充分发育、活跃的二手车交易市场,即二手车交易公开市场。公开市场是指在这个市场上有众多的卖者和买者,他们之间进行平等交易,参照物可取,这样可以排除交易的偶然性。市场成交的二手车价格可以准确反映市场行情,评估结果更加公平公正,易于为双方接受。

(2) 市场上要有可比的二手车及其交易活动。这里所说的可比性是指选择作为参照物的二手车及其交易活动在近期已经发生过,且与被评估二手车业务相同或相似。评估中参照的二手车与被评估车辆有可比较指标并且这些可比较指标、技术参数的资料是可收集到的,并且价值明确,可以量化。

在运用现行市价法对二手车进行价格评估时选择参照物十分关键,参照物的交易时间与车辆评估基准日必须相近,此外参照车辆与被评估车辆还应具有可比性,包括车辆的规格、型号、功能、性能、配置、新旧程度、市场条件、交易条件都要有可比性。按照通常做法,参照物一般要在 3 个以上。因为运用现行市价法进行二手车价格评估,二手车的价位高低在很大程度上取决于参照物成交价格水平。而参照物的成交价不仅仅是自身市场价值的体现,还受买卖双方交易地位、交易动机、交易时限等一系列外界干扰因素的影响。因此,在评估中除了要求参照物与被评估对象在功能、交易条件和成交时间方面有可比性,还要选择足够数量的参照物以排除偶然因素的影响。

运用现行市价法进行二手车价格评估,能够比较客观地反映二手车目前的市场情况,其评估的参数、指标直接从市场获得,评估值能反映市场现实价格,评估结果易于被各方接受。其不足是必须要有成熟、公开和活跃的市场作为基础。另外由于二手车的可比因素多而且复杂,即使是同一个生产厂家生产的同一型号的产品,同一天登记,也可能由于使用强度、使用条件、维护水平的不同而带来车辆技术状况的不同和评估价值的差异。现行市价法计算流程如图 5-2 所示。

图 5-2　现行市价法计算流程图

最近几年,国内的二手车电商平台迅猛发展,涌现出了瓜子、人人车、优信等二手车互联网企业。与传统的渠道相比,二手车电商平台的信息更透明、覆盖面更广、车辆性价比更高、服务更加完善,这些因素在一定程度上解决了消费者的后顾之忧。2017 年,二手车电商平台已经成为中国网民购买二手车最主要的渠道,占比高达 43.5%。目前,主流的二手车电商平台都运营有二手车估价系统,通过输入二手车的品牌、车型、车龄、配置等信息,可检索出二手车的市场估价,这些估价数据可为现行市价法估算提供重要参考。人人车电商平台的二手车重大事故排查与估价情况如图 5-3、图 5-4 所示。

5. 各评估方法的比较

重置成本法具有收集资料信息便捷、操作简单易行、评估理论贴近二手车的实际等特点,而被经常采用。重置成本法比较充分地考虑了车辆的损耗,评估结果更趋于公平合理,

● 合格　重大事故排查 车体骨架结构无变形、无扭曲、无更换、无烧焊、无褶皱、无火烧痕迹、无水泡痕迹。

图 5-3　人人车二手车重大事故排查情况

图 5-4　人人车二手车估价情况

在不易计算车辆未来收益或难以取得市场(二手车交易市场)参照物条件下可广泛应用。但是,运用重置成本法工作量较大,且经济性贬值也不易准确计算,对市场行情的反映较难。

收益现值法与投资决策相结合,容易被交易双方接受,能真实和较准确地反映车辆价格,但是投资者对预期收益额预测难度较大,且受较强的主观判断和未来不可预见因素的影响。

清算价格法受其适用条件的局限,主要适用于破产、抵押、停业清理的车辆。

现行市价法能够客观反映二手车目前的市场情况,其评估的参数、指标可直接从市场获得,评估值能反映市场现实价格,评估结果易于被各方接受。上述 4 种二手车价格评估方法的优点、缺点、适用范围见表 5-1。

表 5-1　各评估方法的比较

比较项目	重置成本法	收益现值法	清算价格法	现行市价法
优点	实用性强、应用广泛,考虑因素比较全面	与投资收益相结合,反映市场价值	简单、工作量小	结果较准确,反映资产的现实价值,计算简单
缺点	工作量大,成新率不是很准确,市场状况考虑较少	收益率、贴现率和资本化率较难确定,受主观判断和未来不可预见因素影响	准确性难以把握	参照物难寻找
适用范围	贴近二手车的实际,最常用的二手车评估方法	有收益或潜在收益的评估	主要适用于破产、抵押、停业清理的车辆	各类车辆信息丰富、齐全

5.2　二手车成新率的确定方法

成新率是反映二手车新旧程度的指标。二手车成新率是表示二手车的功能或使用价值占全新机动车的功能或使用价值的比率,也可以理解为二手车的现时状态与机动车全新状态的比率。成新率与贬值率之间的关系为

成新率 ＝ 1 － 贬值率

成新率作为重置成本法的一项重要指标,如何科学、准确地确定该项指标,是二手车评估中的重点和难点。成新率的计算方法主要有使用年限法、部件鉴定法、整车观测分析法、综合分析法以及其他方法。

5.2.1　使用年限法

使用年限法是建立在以下两个假设之上的:一是二手车在整个使用寿命期间,实体性损耗是随时间的递增呈线性递增的;二是二手车价值的降低与其损耗的大小成正比。在评估实务操作中,一般以已使用年限法和行驶里程法计算的成新率中较小者,作为评估车辆的成新率。用使用年限法计算的成新率公式可以表示为

成新率 ＝（1 － 已使用年限 / 规定使用年限）× 100%

上式中已使用年限是指从被评估车辆开始使用的登记日到评估基准日所经历的年限(进口车辆的登记日为其出厂日)。规定使用年限是指国家有关部门根据我国国民经济发展的实际情况,结合有关能源和环境政策等因素而制定的各种车辆的强制报废时间。按照车型和用途的差异,具体规定使用年限(即报废标准)和延长使用规定也存在不同,2012 年国家发布的《机动车强制报废标准规定》见表 5-2。

表 5-2　机动车使用年限及行驶里程参考值

车辆类型和用途				使用年限 /a	行驶里程参考值 /(×10⁴km)
载客车	营运	出租客运	小、微型	8	60
			中型	10	50
			大型	12	60
		租赁		15	60
		教练	小型	10	50
			中型	12	50
			大型	15	60
		公交客运		13	40
		其他	小、微型	10	60
			中型	15	50
			大型	15	80
		专用校车		15	40
	非营运	小、微型客车,大型轿车		无	60
		中型客车		20	50
		大型客车		20	60
载货车	微型载货汽车			12	50
	多缸低速货车			12	30
	中、轻型汽车			—	60
	危险品运输载货汽车			10	40
	其他(含半挂牵引车和全挂牵引车)			15	70
专项作业车	有载货功能的专项作业车			15	50
	无载货功能的专项作业车			30	50
挂车	全挂车			10	—
	危险品运输半挂车			10	—
	集装箱半挂车			20	—
	其他半挂车			15	—

注：由于部分车型在使用年限与最大行驶里程上有交叉,因此用"—"表示。

由于车辆的折旧不仅与车辆投入使用后所经历的日历天数有关,而且还与车辆使用期间的使用强度有关。同时应该注意,计算已使用年限时,应考虑到车辆的实际使用情况,而不是简单的日历天数,应该考虑到车辆的具体使用频率。例如,对于实行双班的运输车辆,对其计算的已使用日期,应该是一般车辆的两倍。综合考虑上述两方面的因素,在实际应用中通常用折算年限来代替已使用年限。折算年限的计算公式如下：

折算年限＝车辆的累计行驶里程(km)/车辆的年平均行驶里程(km/a)

式中,车辆的累计行驶里程——该车辆自投入使用至评估当日行驶里程的总和;

车辆的年平均行驶里程——按车辆的用途特点由统计得到的平均行驶里程。

运用使用年限法确定二手车成新率,方法简单、容易操作,对于相同类型车辆计算结果离散性小,一般用于二手车的价格粗估或价值不高的二手车价格的评估。但是,该方法按车辆的用途特点定义不同的年平均行驶里程,对于具有同样使用特征,而用途不同的车辆,计算出的折旧率将会产生较大的差异。所以,使用时要注意使用年限是代表工作累计强度的一种计量,这种计量是以车辆的正常使用为前提的。在实际评估过程中,应充分注意车辆的实际已使用的时间,而不是简单的日历天数,同时也要适当考虑实际使用强度。

此外,对于二手车成新率的计算方法还有行驶里程法。车辆规定行驶里程是按照《机动车报废标准》规定的行驶里程。该方法与使用年限法近似,在按照行驶里程法计算成新率时,要结合旧机动车本身的车况,判断里程表的记录与实际旧机动车的物理耗损是否相符,防止由于人为变更里程表所造成的误差。但是由于里程表容易被人为变更,因此,在实际应用中,该方法较少被采用。

5.2.2 部件鉴定法

部件鉴定法,又称技术鉴定法,该法是在确定二手车各组成部分技术状况的基础上,按其组成部分对整车的重要性和价值大小来加权评分,最后确定成新率的一种方法。某二手车总成、部件价值加权评分见表5-3。

表 5-3 二手车总成、部件价值加权评分   %

总成部件	车辆类别的权重		
	轿车	客车	货车
发动机及离合器总成	25	28	25
变速器及传动轴总成	12	10	15
前桥及转向器前悬总成	9	10	15
后桥及后悬架总成	9	10	15
制动系统	6	5	5
车架总成	0	5	6
车身总成	28	22	9
电器仪表系统	7	6	5
轮胎	4	4	3

部件鉴定法主要分为4步,其基本步骤为:

(1) 将车辆按总成分成发动机及离合器总成、变速及传动轴总成、前桥及转向器前悬总成、后桥及后悬架总成和制动系统等若干个主要部分,根据各部分的制造费用占车辆制造成本的比重,按一定百分比确定权重。

(2) 以全新车辆各部分的功能为标准,若某部分功能与全新车辆对应部分的功能相同,则该部分的成新率为100%;若某部分的功能完全丧失,则该部分的成新率为0。

(3) 根据若干部分的技术状况给出各部分的成新率,分别与各部分的权重相乘,即得某部分的加权成新率。

(4) 对各部分的加权成新率求和即得出二手车的成新率。

这种方法既考虑了二手车实体性损耗,也考虑了维修或换件可能会增大车辆的价值,更接近实际,可信度高。但其操作过程费时费力,各组成部分权重关系复杂,加之各组成部分的权重难以掌握,一定程度上限制了它的使用,该方法多用于价值较高的机动车辆的评估。需要注意的是,除了有总成部件进行了大修或换件等追加投入,在采用部件鉴定法进行实际评估时,应根据车辆各部分价值量占整车价值的比重,调整各部分的权重。

5.2.3　整车观测分析法

整车观测分析法是指评估人员采用人工观察的方法,辅之以简单的仪器检测,对被评估车辆的技术状况进行鉴定、分级,以确定成新率的一种方法。二手车的技术状况分级及其对应的成新率见表 5-4。

表 5-4　二手车成新率评估参考

车况等级	新旧情况	有形损率/%	技术状况描述	成新率/%
1	使用不久	0～10	用不久,行驶里程一般在 3 万～5 万公里,在用状态良好,能按设计要求正常使用	100～90
2	较新车	11～35	1 年以上,行驶 15 万公里左右,一般没有经过大修,在用状态良好,故障率低,可随时出车使用	89～70
3	旧机动车	36～60	使用 4～5 年,发动机或整车经过一次大修,大修较好地恢复了原设计性能,在用状态良好,外观遭受破损,恢复情况良好	69～40
4	老旧机动车	61～85	使用 5～8 年,发动机或整车经过两次大修,动力性能、经济性能、功能可靠性都有所下降,外观油漆脱落受损,金属件锈蚀程度明显。故障率上升,维修费用、使用费用明显上升。但车辆符合《机动车安全技术条件》,在用状态一般或较差	39～15
5	待报废处理车	86～100	基本到达或到达使用年限,通过《机动车安全技术条件》检查,能使用但不能正常使用,动力性、经济性、可靠性下降,燃料费、维修费、大修费用增长速度快,车辆收益与支出基本持平,排放污染和噪声污染到达极限	15 以下

运用整车观测分析法应观察、检测或搜集的技术指标主要包括车辆的现时技术状态、车辆的使用时间及行驶里程、车辆的主要故障经历及大修情况、车辆的外观和完整性等。

运用整车观察法估测确定的二手车成新率简单易行。由于采用人工观测法,要求评估人员必须具有一定的专业水平和相当的评估经验,这是运用整车观测法准确判断车辆成新率的基本前提。但整车观测法的判断结果没有部件鉴定法准确,一般用于中、低档价值的二手车的初步估算,或作为综合分析法鉴定估价考虑的主要因素之一。在实际操作中,评估人员的经验和技术水平对评估结果影响较大。

5.2.4　综合分析法

使用年限法、部件鉴定法、整车观测分析法对成新率的计算分为使用年限成新率和现场人工观测的成新率。这两种方法对成新率的计算只考虑了二手车的一个因素,不能完整地反映二手车的新旧程度或状态。综合分析法则融合了使用年限法和技术鉴定法的长处,并就存在的问题进行了改进。具体来讲,综合分析法以使用年限法为基础算出被评估车辆的基本折旧率,从而得到基本成新率,再综合考虑对二手车价值影响的多种因素,以系数调整

来确定成新率。其计算公式为

$$成新率＝（1－已使用年限/规定使用年限）×综合调整系数×100\%$$

对于公式中的综合调整系数可采用下述两种方式确定。

第一种方式，车辆无需进行修理或换件的，可采用表 5-5 推荐的各项调整系数，加权计算得出综合调整系数。

表 5-5　综合调整系数的确定

影响因素	因素分级	调整系数	权重/%
1. 技术状况	好	1.2	30
	较好	1.1	
	一般	1.0	
	较差	0.9	
	差	0.8	
2. 使用维护	好	1.1	25
	一般	1.0	
	较差	0.9	
3. 制造质量	进口车辆	1.1	20
	国产名牌车辆	1.0	
	国产非名牌车辆	0.9	
4. 工作性质	私用	1.2	15
	公务	1.0	
	交通营运	0.7	
5. 工作条件	好	1.0	10
	中等	0.9	
	差	0.8	
综合调整系数（取值）＝5 个影响因素的加权和			

此外，对综合调整系数影响因素说明如下：

（1）车辆技术状况系数。车辆技术状况系数是在对车辆技术状况鉴定的基础上对车辆进行的分级，然后取调整系数来修正车辆的成新率。技术状况系数取值范围为 0.8～1.2。

（2）车辆使用和维护状态系数。它是反映使用者对汽车使用、维护的水平。不同的使用者，对汽车的使用、维护的情况有一定的差别，因而影响到车辆的使用寿命和成新率。使用和维护状态系数取值范围为 0.9～1.1。

（3）车辆制造质量系数。确定该系数时，应了解车辆是否为进口车以及进口的国别，是国产的应了解是名牌产品还是一般产品。一般来说，国家正规手续进口的车辆质量优于国产车辆，国产车辆中名牌产品优于一般产品。但也有许多例外，故在确定此系数时应较慎重。对依法没收所领取牌证的走私汽车，其制造质量系数建议采用 1.0。制造质量系数取值范围为 0.9～1.1。

（4）车辆工作性质系数。汽车工作性质不同，其繁忙程度不同，使用强度亦不同。把汽车工作性质分为私人工作和生活用车，机关企事业单位公务用车，从事旅客运送、货运、城市出租用车。以普通小轿车为例，一般来说，私人工作和生活用车每年最多行驶约 2.5 万公里，公务用车每年不超过 4 万公里，而营运的出租车每年行驶有些高达 12 万公里。可见工作性质不同,其使用强度差异很大。车辆工作性质系数取值范围为 0.7~1.2。

（5）车辆工作条件系数。我国地域辽阔,各地自然条件差别很大,汽车的工作条件对其成新率影响也很大。工作条件又分为道路条件和特殊使用条件。道路条件的好坏可分为好路、中等路和差路三类。好路指国家道路等级中的高速公路,一、二、三级道路,合格路面率在 50% 以上;中等路指符合国家道路等级四级的道路,合格路面率在 30%~59%;差路指国家等级以外的路,合格路面在 30% 以下。特殊使用条件主要指使用的地理条件,包括寒冷地区、沿海地区、多风沙地区、山区等。根据上述工作条件调整系数可适当取值。汽车长期在道路条件为好路和中等路行驶时,工作条件系数分别取 1 和 0.9;汽车长期在差路或特殊使用条件下工作,其系数取 0.8。

从上述影响因素中可以看出,各影响因素关联性较大。一般来说,其中某一影响因素加强时,其他影响因素也随之加强;反之则随之减弱。需要注意的是,影响因素作用加强时,对其综合调整系数不要无限加大,一般综合调整系数取值不超过 1。

第二种方式,车辆需要进行修理或换件的,或需进行大修的,可采用"一揽子"估计的方法,即将需要换件或大修的部分权重相应扣减,然后再确定综合调整系数。

运用修正系数对基本成新率进行修正,对于提高评估结果与实际有形贬值的接近程度具有积极作用。综合分析法较为详细地考虑了影响二手车价值的各种因素,并用一个综合调整系数指标来调整车辆成新率,评估值准确度较高,因而适用于具有中等价值的二手车的评估。这是旧机动车鉴定评估最常用的方法之一。但由于该方法来源于使用年限法,因此也存在一些使用年限法的不足,独立性较差。

5.2.5　其他方法

除了使用年限法、部件鉴定法、整车观测分析法、综合分析法之外,还有一些其他的二手车成新率确定方法,本节介绍一种基于熵值法的二手车成新率分析法。

1. 熵值法的基本原理

在信息论中,熵是对不确定性的一种估量。信息量越大,不确定性就越小,熵也就越小;信息量越小,不确定性越大,熵也就越大。根据熵的特性,我们可以通过计算熵值来判断一个事件的随机性及无序程度,也可以用熵值来判断某个指标的离散程度,指标的离散程度越大,该指标对综合评价的影响越大。

假设在旧机动车评估中有 n 个指标,m 个评估年份。这样形成一个评估的原始数据矩阵 $\boldsymbol{x} = (x_{ij})_{\max}$,对于某项指标 x_j,若指标值 x_{ij} 之间的差距越大,说明该指标在可持续利用的综合评价中所起的作用也就越大;如果某项指标的值全部相等,则该指标在综合评价中不起作用。在信息论中用函数 $H(\boldsymbol{x}) = -\sum\limits_{j=1}^{n} g(x_j)\ln(x_j)$ 来度量系统无序程度 $H(\boldsymbol{x})$,$H(\boldsymbol{x})$ 称为信息熵。

信息熵 $H(\boldsymbol{x})$ 与信息两者绝对值相等,符号相反。若某项指标值的指标值离散程度越大,该指标所提供的信息量也就越大,故其权重也就越大;反之,指标间离散程度越小,信息熵越大,其容纳的信息量也就相应越小,权重理应越小。所以,根据指标间的离散程度,用信息熵来确定指标权重,为旧机动车成新率评价提供科学依据。

2. 运用熵值法计算的主要步骤

(1) 由于不同的指标具有不同的量纲和单位,为了消除量纲和量纲单位的不同带来的不可公度性,所以首先应将指标无量纲化处理,即指标的同度量化。其标准化公式如下:

$$x'_{ij} = \frac{x_{ij} - \bar{x}_j}{s_j}$$

其中

$$\bar{x}_j = \frac{1}{n}\sum_{i=1}^{n} x_i, \quad s_i = \frac{1}{n-1}\sum_{i=1}^{n}(x_{ij} - \bar{x}_j)^2$$

式中,x'_{ij}——同度量化后的指标值;

$\bar{x}_j$——第 j 项指标的平均值;

s_j——第 j 项指标的标准差。

(2) 为了消除负值,可以将坐标平移。指标 x'_{ij} 值经过平移之后变为 x''_{ij},其中 $x''_{ij} = A + x'_{ij}$,A 为坐标的平移变换幅度。

(3) 计算指标 x''_{ij} 的比重 R_{ij},其中 $R_{ij} = x''_{ij} \Big/ \sum_{i=1}^{m} x''_{ij}$。

(4) 计算第 j 项指标的熵值 e_j,其中 $e_j = -\left(\dfrac{1}{\ln m}\right)\sum_{i=1}^{m} R_{ij} \cdot \ln R_{ij}$,$e_j \in [0,1]$。

(5) 计算第 j 项指标的差异性系数 g_j,其中计算公式为 $g_j = 1 - e_j$。g_j 值越大,则指标 x_j 在综合评价中的重要性就越强。

(6) 计算指标 x_j 的权重 w_j 的计算公式为 $w_j = \dfrac{g_i}{\sum\limits_{j=1}^{n} g_j} = \dfrac{1 - e_j}{\sum\limits_{j=n}^{n}(1 - e_j)}$,其中 $j = 1, 2, \cdots, n$。

最后,利用公式 $v_j = \sum\limits_{j=1}^{n} w_j R_{ij}$ 计算第 i 年份的旧机动车成新率值 v_j,以此方法评价旧机动车成新率情况。

3. 二手车成新率指标体系的构建

根据机动车使用过程及损耗的实际情况,结合对二手车交易市场的调研及对评估专家咨询,构建一个二手车成新率评价体系。在成新率评价这个总目标下,设置 4 个评价子系统,分别是旧机动车的基本情况、技术性能、使用成本和综合因素。为使指标体系具有可操作性,需要进一步考虑被评估车辆的自身性能条件和社会经济发展状况,在这 4 个评价子系统下又选择了 9 个指标构成评价指标体系。二手车成新率评价指标体系如图 5-5 所示。

图 5-5 中具体指标的含义与计算方法如下。

1) 基本情况(B_1)

使用年限比(C_1),是车辆已使用年限与总使用年限的比值。

行驶里程比(C_2),是车辆已行驶里程与规定行驶里程之比,即从车辆注册登记之日算

图 5-5　旧机动车成新率评价指标体系框图

起至评估基准日汽车所行驶的里程数与规定行驶里程之比。

2）技术性能（B_2）

发动机功率利用率（C_3）。发动机的有效功率是曲轴对外输出的净功率。通过该项指标，可以定性地确定发动机的技术状况，并定量地确定发动机的动力性能。发动机的有效功率可以通过无负荷测功仪检测。发动机功率利用率为发动机实际输出功率与额定功率之比。根据国家标准《机动车运行安全技术条件》（GB 7258—2012）的规定：发动机功率不得低于原标定功率的 75%。当发动机功率比标定功率下降 20%～25% 时，必须修理以恢复发动机的动力性能，否则不宜继续使用。

底盘传动效率比（C_4）。汽车驱动车轮输出功率或驱动力的检测，即通常所说的底盘测功。为了获得驱动车轮的输出功率或驱动力，与发动机飞轮输出功率进行对比，并求出传动效率，以便评价汽车的动力性以及底盘传动系的技术情况。

转向侧滑量之比（C_5）。转向轻便性决定汽车的操纵稳定性，转向沉重或转向太轻都会影响行车安全。因此，转向轻便性是衡量汽车技术性能的重要指标。转向制动时间偏差可通过转向盘转向力与整车质量之比来计算。

制动力总和之比（C_6）。汽车的制动性能包括行车制动性能和驻车制动性能。二者均反映了汽车的稳定性，直接影响汽车行驶的安全性。国家标准《机动车运行安全技术条件》（GB 7258—2012）规定了汽车空载时在制动试验台上测得制动总效果合格条件为：制动力总和/整车质量≥60%。

60% 为在用车制动总效果下限值，二手车评估时，常以新车性能为参照。依据国内外使用年限未超一年的轿车报告单，从 7000 余份检测报告单中随机抽取 102 份，统计制动力总和与整车质量百分比，得出其制动力总和与整车质量的百分比，最大为 75.1%，最小为 60.3%，平均值为 65.2%。其次，统计使用年限未超过一年的货车制动力总和与整车质量百分比,最大为 74.9%,最小为 61.8%,平均值为 65.4%。据统计数据考虑新旧车性能差异,建议新车总制动率为 68%。则总制动率 Q 与新车总制动率之比为 $C_6 = Q/68$。实际检测时可以利用五轮仪或制动仪进行。

3) 使用成本(B_3)

百公里油耗(C_7)。除了与燃油系的技术状况有直接关系外,还与曲柄连杆机构、配气机构、润滑系、冷却系、行驶系、转向系和制动系等有关,可以综合的评价成新率。百公里油耗,可用油耗计检测。用百公里油耗设计值 e 比实测值 e_1 作为燃油经济性评价参数。即 $C_7 = e/e_1$。

4) 综合因素(B_4)

外观新旧度(C_8)。外观参数主要指车身、发动机和电气系统的现时技术状况、外观机械状况、连接状况等。各参数指标值需用评估经验并结合动静态检查,辅之以简单量具对车辆外观作定性检查,例如将旧机动车是否有事故、车身是否钣金过、焊点是否正常、是否为原厂漆等因素综合考虑在内。该项评分标准可用好、较好、一般、较差、差 5 个等级来表示。

品牌认可度(C_9)。不同品牌的汽车,顾客接受度不同,制造质量、维修服务也不同。综合考虑品牌影响给予打分,将进口名牌车列于第一,国产名牌车次之,最后是国产非品牌车。

市场需求度(C_{10})。市场供求(保值率)也影响二手车鉴定评估价格,按畅销、较好、一般、较差、滞销将保值率分 5 种类型打分。评分标准见表 5-6。

表 5-6 综合因素各指标的评分标准

影 响 因 素	因 素 等 级	分　值
外观新旧	好	0.8~1
	较好	0.6~0.8
	一般	0.4~0.6
	较差	0.2~0.4
	差	0~0.2
品牌认可	进口名牌	0.8~1
	国产名牌	0.5~0.8
	国产非品牌	0.2~0.5
市场需求	畅销	0.8~1
	较好	0.6~0.8
	一般	0.4~0.6
	较差	0.2~0.4
	滞销	0~0.2

4. 计算案例

桑塔纳是国内保有量最大的一款品牌轿车,在二手车市场上,也因为它的实用性而普遍受到关注。表 5-7 为某汽车公司一辆桑塔纳 2000 出租车,于 2005 年 2 月 6 日在旧机动交易中心的车辆鉴定估价表。

表 5-7　桑塔纳 2000 鉴定估价登记表

车辆情况	厂牌型号	桑塔纳 2000			用途	出租
	座位、排量	5 座 1.8L			燃料种类	汽油
	初次登记日期	2003 年 6 月 17 日			车身颜色	黑色
	已使用年限	20 个月				
	大修次数	发动机/次	无		整车/次	无
	维修保养情况	较差				
	事故情况	轻微事故：左前侧撞击，车身受损，已修复				
价值反映	购置日期	2003 年 6 月 1 日	原始价格/元	130000		
	车主报价/元	90000				
油耗/(L/100km)	5.70			整备质量/kg: 1140.00		

（1）指标无量纲化处理。由于不同的指标具有不同的量纲和单位，为了消除量纲和量纲单位的不同带来的不可公度性，根据机动车登记表的内容及该车的相关测试资料，将各数据进行指标无量纲化处理，得到标准化后的数据，见表 5-8。

表 5-8　标准化处理数据

年份	B_1		B_2				B_3	B_4		
	C_1	C_2	C_3	C_4	C_5	C_6	C_7	C_8	C_9	C_{10}
2005	−9.8061	−15.2113	−1.8573	31.5280	26.3251	34.6140	−17.096	−16.1652	−16.1652	−16.1652
2006	−18.2341	−17.5623	6.1185	23.7531	12.9564	23.0121	−10.6108	−8.9969	1.0800	−11.5161
2007	−15.8761	−14.7017	8.0636	17.5491	5.2821	13.8824	−7.2234	−6.8423	5.353	−5.4872
2008	−11.5770	−10.1689	5.9110	11.3618	3.1856	10.1995	−6.2043	−4.3093	5.2296	−3.6279
2009	−10.8820	−9.3404	6.0425	10.0642	3.2417	4.2978	−4.9621	−2.5035	6.5452	−2.5035

（2）指标非负化处理。为了消除负值，可以将坐标平移。指标值 x'_{ij} 经过平移之后变为 x''_{ij}，其中 $x''_{ij} = 19 + x'_{ij}$。19 为坐标的平移变换幅度，计算后的数据见表 5-9。

表 5-9　指标非负化处理结果

年份	B_1		B_2				B_3	B_4		
	C_1	C_2	C_3	C_4	C_5	C_6	C_7	C_8	C_9	C_{10}
2005	9.1939	3.7887	17.1427	50.5280	45.3251	53.6140	1.9033	2.8348	2.8348	2.8348
2006	0.7659	1.4377	25.1185	42.75309	31.9564	42.0121	8.3892	10.0031	20.0800	7.4839
2007	3.1239	4.2983	27.0636	36.5491	24.282	32.8824	11.7766	12.1577	24.3534	13.5128
2008	7.4230	8.8311	24.9110	30.3612	22.1856	29.1995	12.7957	14.6907	24.2296	15.3721
2009	8.1180	9.6596	25.0425	29.0642	22.2417	23.2978	14.0379	16.49648	25.5452	16.4965

(3) 指标归一化处理。计算指标 x''_{ij} 的比重 R_{ij}，其中，$R_{ij} = x''_{ij} / \sum_{i=1}^{m} x''_{ij}$，结果见表5-10。

表 5-10　指标归一化处理数据

年份	B_1		B_2				B_3	B_4		
	C_1	C_2	C_3	C_4	C_5	C_6	C_7	C_8	C_9	C_{10}
2005	0.32112	0.1352	0.1437	0.2670	0.3105	0.2962	0.0389	0.0504	0.0292	0.0509
2006	0.0268	0.0513	0.2106	0.2259	0.2189	0.2321	0.1715	0.1780	0.2069	0.1344
2007	0.1091	0.1534	0.2269	0.1931	0.1663	0.1817	0.2408	0.2163	0.2510	0.2426
2008	0.2593	0.3152	0.2088	0.1604	0.1520	0.1613	0.2617	0.2615	0.2497	0.2760
2009	0.2836	0.3448	0.2100	0.1536	0.1524	0.1287	0.2871	0.2936	0.2632	0.2961

(4) 计算指标权重。计算第 j 项指标的熵值 e_j 以及差异性系数 g_j，得到评价指标体系中各指标的权重值 w_j，见表5-11和表5-12。

表 5-11　成新率评价指标权重值

	C_1	C_2	C_3	C_4	C_5	C_6	C_7	C_8	C_9	C_{10}
e_j	0.8766	0.8957	0.9930	0.9864	0.9736	0.9739	0.9200	0.9318	0.9158	0.9199
g_j	0.1234	0.1043	0.0070	0.0136	0.0264	0.0261	0.0800	0.0681	0.0842	0.0801
w_j	0.2012	0.1700	0.0114	0.0222	0.0430	0.0426	0.1305	0.1112	0.1373	0.1306

表 5-12　成新率评价指标赋权表

指标体系子系统	权重赋值	指标	权重赋值
基本情况子系统	0.3713	使用年限比	0.2013
		行驶里程比	0.1700
技术性能子系统	0.1192	发动机功率利用率	0.0114
		底盘传动效率比	0.0222
		转向侧滑之比	0.0430
		制动力总和之比	0.0426
使用成本子系统	0.1305	百公里油耗比	0.1305
综合因素子系统	0.3791	外观新旧	0.1112
		品牌认可	0.1373
		市场需求	0.1306

(5) 成新率计算结果。在具体指标权重的基础上，运用简单加权求和的方法，分别计算出2005年、2006年、2007年二手车成新率评价指数，计算结果如下：2005年为0.8337，2006年为0.7729，2007年为0.7056，所得结果处于用整车观测法所求得的成新率范围0.65～0.89，这表明该方法可用于成新率的计算。

5.2.6　成新率确定方法的比较

在实际评估操作中，评估人员应根据被评估对象的不同来选择不同的成新率确定方法。一般说来，对于成本价值不高或价值定位较低的汽车，可采用使用年限法；对于成本价值中等的汽车,可采用综合分析法,但由于该方法来源于使用年限法,因此也存在一些使用年限法的不足,独立性较差,实际应用时还存在重复计算等不足。而对于价值较高的汽车,可采用部件鉴定法;整车观测法则主要用于中、低档价值的旧机动车的初步估算,或作为综合分析法鉴定估价要考虑的主要因素之一。基于熵值法的二手车成新率分析法计算较为复杂,使用范围不大。

　　综合以上可以看出,二手车成新率的确定方法都有其自身的局限性。理论上而言,在二手车交易的过程中,买卖双方应该至少应用以上 3 种分析方法之一,推断该二手车的成新率,从而最终获得科学的二手车成交价格。然而,在实际的二手车业务操作过程中,二手车的价格往往由市场决定,由买卖双方在交易过程中,通过协商最终双方认可,这就避开了复杂的技术推算和价格评估。买方或者卖方并没有哪一方真正去关心该车的所谓成新率,双方关心的唯有该二手车的成交价格。

　　也就是说,在实际操作过程中,二手车成新率的获得具有事后性。只有在二手车交易完成,即车辆成交后,根据该车的新旧价格,分析、获得该交易中对应类型二手车的真正成新率。未来二手车的成交价格和成新率的预测则主要依赖于对历史数据的积累和研究。而对于新上市的新车型,由于没有历史的二手车成交数据,则只能根据上述方法来推测该车型的二手车价格,但由于方法上的局限性,成新率的确定会存在一定的出入。

5.3　二手车价格评估案例

5.3.1　重置成本法的应用

　　用重置成本法评估二手车价格的计算步骤如下:
　　(1)确定重置成本
　　重置成本是指被评估车辆在评估基准日时的全新车辆价格,一般通过市场询价获得。询价方式包括向汽车生产企业询价、向汽车经销商询价和向专业媒体询价。如果已经知道新车价格,则需要考虑车辆的购置附加费,此时,重置成本计算公式为

$$重置成本 = 新车价格 + \frac{新车价格}{1 + 16\%} \times 10\%$$

　　(2)确定成新率
　　可使用本章介绍的使用年限法、部件鉴定法、整车观测分析法、综合分析法等确定二手车成新率。在实际的二手车评估实践中,综合分析法因其操作简单而且相对比较全面,使用较为广泛。

　　(3)计算评估值
　　二手车的评估值计算公式为

$$评估值 = 重置成本 \times 成新率 \times 综合调整系数$$

　　例 5-1　某单位于 2014 年 6 月购得奥迪 A6 轿车作为公务车使用,2018 年 6 月该车用于交易,此时,北京市场上该车型的新车价格为 38 万元。该车行驶里程为 15 万公里,技术

等级被评定为二级车,无重大事故痕迹,车身有少许划痕但无需进行修复处理,车辆保养好,路试车况好。

解:(1)计算重置成本

$$重置成本 = 38 + \frac{38}{1+16\%} \times 10\% = 41.28(万元)$$

(2)计算成新率

假设该车的规定使用年限 $G=10a$,已使用年限 $Y=4a$,采用使用年限法计算成新率。

$$成新率 = \frac{10-4}{10} \times 100\% = 60\%$$

(3)确定综合调整系数

该车为二级车,车况好,车辆技术状况调整系数 $K_1=1.0$;该车保养好,使用与维护状态调整系数 $K_2=1.0$;该车为进口车,车辆原始制造质量系数 $K_3=1.0$;该车为公务车,工作性质调整系数 $K_4=0.9$;该车主要在北京市区行驶,工作条件好,工作性质调整系数 $K_5=1.0$。则该车的综合调整系数为

$$\begin{aligned}
K &= K_1 \times 30\% + K_2 \times 25\% + K_3 \times 20\% + K_4 \times 15\% + K_5 \times 10\% \\
&= 1.0 \times 30\% + 1.0 \times 25\% + 1.0 \times 20\% + 0.9 \times 15\% + 1.0 \times 10\% \\
&= 0.985
\end{aligned}$$

(4)计算车辆的评估值

$$评估值 = 41.28 \times 60\% \times 0.985 = 24.40(万元)$$

例 5-2 某单位准备出售一辆高档轿车,目前,全新的该款车辆售价为 35 万元。至评估基准日为止,该车已使用了 2 年 6 个月,累计行驶里程为 6.5 万公里。经查勘,该车车身处有 2 处擦伤痕迹,后悬架局部存在故障,前排座椅电动装置工作不良,一侧电动车窗不能正常工作,发电机工作不正常,其他车况均与车辆的新旧程度相符。试评估该车的价格。

解:(1)计算重置成本

$$重置成本 = 35 + \frac{35}{1+16\%} \times 10\% = 38.02(万元)$$

(2)计算成新率

根据调查、比较,该车的重置成本为 38.02 万元,功能性损耗、经济性损耗均很小,可忽略不计。由于被评估车辆的价值较高,因此采用部件鉴定法确定其成新率。

根据被评估车辆上各主要部分的价值及重要性占整车价值及重要性的比重,按百分比确定各部分的权重,见表 5-13。

表 5-13　车辆各部分的权重　　　　　　　　　　　　　　　　　　　%

总成部件	发动机及其控制系统	变速驱动桥及其控制系统	悬架与车桥	制动及转向系统	车身及其附属装置	电器及仪表装置	轮胎
权重	30	15	12	12	25	4	2

对车辆进行技术鉴定,确定车辆各部分的成新率及整车的成新率,见表 5-14。

表 5-14　车辆成新率估算　　　　　　　%

总 成 部 件	权重	成新率	加权成新率
发动机及其控制系统	30	80	24
变速驱动桥及其控制系统	15	80	12
悬架与车桥	12	65	7.8
制动及转向系统	12	80	9.6
车身及其附属装置	25	70	17.5
电器及仪表装置	4	70	2.8
轮胎	2	80	1.6
合计	100		75.3

(3) 计算车辆的评估值

$$车辆的评估值 = 38.02 \times 75.3\% = 28.63(万元)$$

5.3.2　收益现值法的应用

用收益现值法评估二手车价格的计算步骤如下:

(1) 调查营运车辆的运营行情和经济收支情况,了解被评估车辆的技术状况。

(2) 确定运营车辆的预期收益情况,即确定折现率。

(3) 将预期收益折现处理,确定旧机动车评估值。

例 5-3　某人拟购置一台某型货车用于物流经营使用,经调查得到以下情况:车辆登记日为 2016 年 4 月,目前汽车在用状况良好。假定该车全年可出勤 300 天,每天平均毛收入 1000 元,每天耗油量 200 元,年维修费为 3 万元,人员劳务费每年 6 万元,每年的保险及各项杂费支出 4 万元。评估基准日是 2018 年 4 月,假设车辆的使用年限为 10 年。

解:(1) 营运车辆的运营行情和经济收支情况

从车辆登记之日起至评估基准日止,车辆投入运行已 2 年,车辆剩余经济寿命为 8 年。预期收益额的计算方法为:将一年的毛收入减去车辆使用的各种税和费用,然后计算其税后纯利润。

(2) 确定折现率

根据银行储蓄年利率、道路货运行业的收入水平,确定资金预期收益率为 6%,风险报酬率 2%,将折现率取值为 8%。

(3) 确定旧机动车评估值

预计年收入:1000×300	30 万元
预计年支出:每天耗油量 200 元,年耗油量为 200×300	6 万元
日常维修费	3 万元
保险、养路费及各种规费、杂费	4 万元
人员劳务费	6 万元

故年毛收入为

$$30 - 6 - 3 - 4 - 6 = 11(万元)$$

假设个人所得应缴纳税率为 6%,则年纯收入为

$$11 \times (1 - 6\%) = 10.34(万元)$$

该车剩余使用寿命为 8 年,折现率为 8%,假设每年的纯收入相同,根据收益现值法计算收益现值,即该营运车辆的评估值为

$$P = A(P/A, i, n) = 10.34 \times (P/A, 8\%, 8) = 10.34 \times 5.747 = 59.42(万元)$$

5.3.3 现行市价法的应用

用现行市价法评估二手车价格的计算步骤如下:

(1) 考察鉴定被评估车辆,按可比性原则选择参照物,参照物的选择数量一般在两个以上。

(2) 对被评估车辆和参照物之间的差异进行比较、量化、调整。

(3) 汇总各因素差异量化值,求出车辆的评估值。

例 5-4   2017 年 8 月,重庆市李先生有一辆长安汽车生产的"逸动"家用轿车欲转让,委托重庆市某二手车鉴定评估机构对该车进行评估。评估机构首先对该车的基本情况进行了解:该车 2013 年产,行驶里程 8 万公里,正常保养,无重大事故记录,经检测无故障,车况良好。该车为重庆市本地生产,在重庆市场保有量较高,在二手车市场的交易量也比较大,适合运用现行市价法进行评估。

解:评估机构接受委托后立即对重庆的二手车市场进行了调查,选取了三宗交易作为评估参照。

参照车一:

"逸动"轿车,2013 年产,行驶里程 9 万公里,无重大事故记录,车况良好,成交时间是在 2017 年 7 月,成交价格 6.2 万元。

参照车二:

"逸动"轿车,2013 年产,行驶里程 7 万公里,无重大事故记录,车况良好,成交时间是在 2017 年 6 月,成交价格 6.8 万元。

参照车三:

"逸动"轿车,2013 年产,行驶里程 12 万公里,无重大事故记录,车况一般,成交时间是在 2017 年 8 月,成交价格 5.8 万元。

因为找到的参照车都是近期成交的,与被评估车的评估基准日非常接近,同时参照车的性能指标和技术参数与被评估车很相近,所以参照车的成交价格具备较高的参照性,可以应用直接售价类比法,然后计算出被评估汽车的评估值。

轿车总共可累计行驶 60 万公里,则将各参照车的成交价折算到行驶里程为 8 万公里,得修正值分别为:

"参照车一"修正值为

$$6.2 \times \frac{60 - 8}{60 - 9} = 6.32(万元)$$

"参照车二"修正值为

$$6.8 \times \frac{60 - 8}{60 - 7} = 6.67(万元)$$

"参照车三"修正值为

$$5.8 \times \frac{60-8}{60-12} = 6.28(万元)$$

由此,可得到车辆的评估价格为

$$\frac{6.32+6.67+6.28}{3} = 6.42(万元)$$

5.3.4 清算价格法的应用

用清算价格法评估二手车价格的计算步骤如下:

(1) 确定车辆的重置成本。

(2) 确定汽车的成新率。

(3) 确定其在公平市场条件下的评估值。

(4) 确定折扣率,计算车辆的清算价格。

例 5-5 一辆公司用 POLO 1.6 轿车,因为清偿债务将被拍卖。该车至评估基准日已使用了 2 年,行驶了 6 万公里,无事故记录,经过检测该车技术性能良好。试评估该车的清算价格。

解:(1) 确定车辆的重置成本

本次评估的目的是债务清偿,适用清算价格法。

根据市场调查,此车型当前的全新售价为 11.18 万元,按规定,此汽车购置税率 10% 计算,此时,重置成本确定为

$$11.18 + 11.18 \div 1.16 \times 10\% = 12.14(万元)$$

(2) 确定汽车的成新率

因为无事故,成新率与其新旧程度相符,可采用行驶里程折旧。按新的汽车报废标准,被评估车总行驶里程为 60 万公里,目前已行驶 6 万公里,因此,成新率为

$$\left(1 - \frac{6}{60}\right) \times 100\% = 90\%$$

(3) 确定其在公平市场条件下的评估值

该车技术性能良好,功能性损耗及经济性损耗很小,可忽略不计。所以,在公平市场条件下,车辆评估值为

$$12.14 \times 90\% = 10.93(万元)$$

(4) 确定折扣率和清算价格

根据市场调查,当折扣率取 60% 时,可在规定的清算日前将车卖出,故折扣率取值为 60%,则清算价格为

$$10.93 \times 0.60 = 6.56(万元)$$

本 章 小 结

本章主要内容包括二手车价格评估的基本方法、二手车成新率的确定方法以及二手车价格评估案例等。

（1）二手车价格评估的基本方法。介绍了二手车评估的 3 个假设前提，即继续使用假设、公开市场假设、清偿假设。另外，介绍了重置成本法、收益现值法、现行市价法和清算价格法这 4 种二手车价格评估的基本方法。

（2）二手车成新率的确定方法。成新率作为重置成本法的一项重要指标，是二手车评估中的重点和难点。介绍了使用年限法、部件鉴定法、整车观测分析法、综合分析法等二手车成新率的确定方法。

（3）二手车价格评估案例。通过案例分析，说明了重置成本法、收益现值法、现行市价法和清算价格法在二手车价格评估中的应用情况。

自 测 题

一、单项选择题

1. 二手车评估的 3 个假设前提分别是继续使用假设、（　　　）假设、清偿假设。

　　A. 价格可比　　　　B. 公开市场　　　　C. 充分竞争　　　　D. 质量优先

2. 被评估车辆的评估值等于重置成本减去实体性贬值、功能性贬值和（　　　）贬值。

　　A. 折旧　　　　　　B. 使用　　　　　　C. 维护性　　　　　D. 经济性

3. 小、微型客车和大型轿车的报废年限是（　　　）。

　　A. 10 年　　　　　B. 15 年　　　　　C. 20 年　　　　　D. 无年限要求

4. 用综合分析法确定二手车的成新率，需要考虑 5 个方面的影响因素，也就是技术状况、使用维护、制造质量、工作性质和（　　　）。

　　A. 宏观政策　　　B. 市场成熟情况　　C. 保值情况　　　D. 工作条件

二、简答题

1. 二手车的价格评估方法有哪些？其特点分别是什么？

2. 影响二手车保值率的影响因素有哪些？

3. 二手车成新率的确定方法有哪些，其使用范围是什么？

三、计算题

某人有一辆奥迪轿车欲出售。根据调查，目前全新的此款车的售价为 40 万元。至评估基准日止，该车已使用了 7 年 6 个月，累计行驶里程 210000km。经现场技术勘查，该车发动机状况尚可，无明显动力不足；车身保养较好，无明显补漆痕迹；但转向时内侧单边转向不足；制动时稍向右跑偏。其他车况均与车辆的新旧程度相符。试评估该车的价格。

第 6 章

二手车交易实务

6.1 二手车交易概述

6.1.1 二手车交易的特点

二手车交易是指以合法的、可交易的在用车为交易对象,在国家规定的二手车交易市场或其他合法的交易市场中进行的二手车的商品交换和产权交易。

二手车收购的来源主要有运营车辆、单位非运营车辆、私人用车、拍卖的车辆等。

(1)运营车辆。运营车辆具有品种单一、量大、更新周期短的特点,是二手车收购的重要来源。

(2)单位非运营车辆。单位非运营车辆包括公务车和商务车两大类,具有车型结构品种多、档次较高,量较大的特点,非运营车辆使用年限一般较长,也是二手车收购的重要来源。

(3)私人用车。私人生活用车一般是指家庭个人使用的车辆,属于非运营车辆。以家庭轿车为主,车型涵盖高、中、低档各类层次结构。随着我国人民生活水平的提高,私人用车市场的潜力很大,是目前二手车收购的主要来源。

(4)拍卖的车辆。海关罚没车辆、涉案车辆都要经过拍卖程序处理,也是二手车的收购来源。

二手车交易是汽车交易的一种,具有汽车交易的共同特点,但同时又有别于新车交易,主要有4个特点。

(1)技术性和专业性。不同的二手车之间技术状况差异很大,从事二手车交易的人员对各种品牌型号的汽车的各种检查检测方法、故障现象、故障原因以及维修工艺和费用都要有较深的了解,还要熟悉二手车交易的相关法律法规和交易程序。

(2)涉及价值评估技能。当前二手车交易量较大,但市场不够成熟,信息不对称,交易人员定价随意,投机心态强,交易价格往往会偏离合理的价值范围,评估交易人员必须掌握价值规律的相关知识,具备价值评估技能。

(3)交易技巧要求高。二手车产品的结构和技术复杂性决定二手车交易在难度上比一般的旧货交易大得多。在交易的收购阶段,还要进行技术状况鉴定、价格评估、确定销售价格、签订交易合同、办理过户手续、车辆交接、售后服务等,使整个交易过程延长。

(4)交易管理难度大。由于二手车经营者在技术上相对买主而言具有绝对的优势,一方面由于监控管理困难,易受利益驱使,出现了调里程表、隐瞒事故现实等违规行为,致使行业普遍缺乏信任;另一方面经营者自身管理难度较大,由于每一辆二手车车况差异较大,价格的高低、成交与否很大程度上取决于收购评估师或销售人员,经营者无法掌握每一辆二手车的交易过程,高额利润驱使许多人参与暗箱操作。

6.1.2 二手车交易的类型

依据交易双方的行为和参与程度的差异,可以将二手车交易分为收购、置换、销售、拍卖、寄售、代购、代售、租赁、经销、经纪、鉴定评估、直接交易(转让)、让与等。其中收购、置换、销售、拍卖为最主要的交易形式。

(1) 寄售。卖车方为了获得更高的售价,在不急于资金回收的情况下,与二手车车行签订协议,将所售车辆委托车行保管及寻找买主,车行从中收取一定的场地费、服务费及保管费。

(2) 代购。在无须客户进场直接购置的前提下,二手车经营主体(二手车车行)按照客户的要求,代客户购置二手车的行为,车行可帮助办理其他手续。

(3) 代销(售)。在无须客户进场直接销售的前提下,二手车车行按照客户的要求代为销售二手车的行为。代销与收购的不同之处是,收购原车主可立即收到售车款,代售要等到旧车卖出去后才能收到售车款,代售有可能卖出一个较高的价钱。

(4) 租赁。二手车车行将二手车租给用户使用,按日或按周收取租金的行为。这项业务一般在专门的汽车租赁公司进行。规模较大二手车经营者也会兼营租赁业务,利用某些闲置的车辆或者销售周期较长的车辆开展租赁业务,但这些车辆必须是已过户至经营者自己。

(5) 经纪。二手车经营主体(经纪公司),以收取佣金为目的,为促成他人交易二手车而从中提供信息服务的行为。

(6) 直接交易(转让)。二手车所有人不通过经销企业、拍卖企业和经纪机构等二手车经营主体,将车辆直接出售给买方的行为。直接交易的双方必须到办证大厅开专用的二手车交易发票并交纳过户费和其他费用后才能办理过户手续,未经过户的交易行为法律不予承认。

(7) 让与。将二手车让与别人而不要求任何实体性回报的二手车处理方式。直系亲属之间的让与不需到二手车办证大厅办理过户手续,只需到车管所申请办理变更手续即可。

6.1.3 二手车交易的风险

目前,二手车市场中交易的主体包括二手车交易中的买方(个人或机构)、二手车交易中的卖方(个人或机构)以及二手车交易中的中间商(评价机构、经纪公司、鉴定中心等)。二手车交易风险是指由于二手车交易主体的特定行为而使整个二手车交易市场陷入不公平竞争,甚至停滞发展。

二手车交易风险分为客观事件风险和主观事件风险,客观事件风险主要是指某一个二手车交易的外部环境的不完善、体制的不健全等所引发的风险,主观事件风险是指某一个二手车交易由于经验不足、道德水平低、不公平竞争、寻租等行为所引发的风险。二手车交易行为风险与客观事件风险相比,具有其特殊性,它是交易行为中的基本风险,存在于二手车交易主体行为之中,与二手车交易主体的决策行为密切相关,具有更大的不确定性和可管理性,其风险的结果直接影响整个二手车交易过程。

二手车交易主体贯穿于整个二手车交易的始终,主体中的任何一方均会对二手车交易产生重大的影响。同时,加上二手车交易主体是一个利益群,必定会受到利益驱动,都从自身角度出发谋取最大利益,从而产生逆向选择和道德风险。因此,对于二手车交易中风险管理的核心应当在于对二手车交易主体行为的管理,在于对各主体之间信息不对称的管理,从而减少逆向选择和道德风险,降低风险。

在购买二手车时最好有专业人员陪同选购,委托有资质的专业评估机构对车辆进行鉴定评估,注意看证照,要到登记注册合法的二手车市场或电商平台购买,交易时要看车辆手续是否齐全。另外,车辆大修后应有保修单和车辆安全技术检验合格标志,注意看这些文件中的车辆车架号(VIN 码)和发动机号是否与本车相符。

6.2　二手车收购价格的确定

1. 二手车收购估价的基本方法

根据第 5 章的分析,重置成本法、现行市价法、收益现值法和清算价格法适用于鉴定估价。若采用现行市价法评估,由于目前我国二手车交易市场发育不完全,较难寻找到与被评估车辆相同使用日期、使用强度、使用条件的车辆(除个别大品牌、产量大的车型);采用收益现值法时,由于宏观经济不确定因素多,投资者对预期收益额预测难度大,易受较强的主观判断和未来不可预见因素的影响。故上述两种评估方法在二手车鉴定估价中很少被采用。

1) 以清算价格法估算收购价格

清算价格法的特点是企业(或个人)由于破产或其他原因(如急于转向投资、急还贷款等),要求在一定的期限内将车辆快速转卖变现。顾客要求快速转卖变现,因此其收购估价大大低于旧机动车市场成交的同类型车辆的公平市价,一般来说也低于车辆现时状态客观存在的价格。

2) 以重置成本、现行市价折扣的方法估算收购价格

该方法是先以重置成本法的现行市价对旧机动车进行鉴定,估算出现时的客观价格,再根据快速变现原则,估定一个折扣率并以此估算收购价格。重置成本法具有收集资料信息便捷、操作简单易行、评估理论强等优点,并结合对车辆的技术鉴定,使得评估结果有依有据、可信度高,因而成为鉴定评估中应用最广的一种评估方法。

该方法的具体计算步骤是:

(1) 确定车辆成新率,计算车辆评估值。评估值＝重置成本×(1－折旧率)。

(2) 确定车辆价值的折扣率。折扣率应为变现成本率和变现风险率之和,如折扣率为30%,则车辆价值的变现率为 70%,车辆的收购价格为车辆评估值的 70%。

2. 二手车收购注意事项

在二手车的收购过程中，需要注意如下事项：

（1）旧机动车收购时要防止购进偷盗车、伪劣拼装车，要防止购进那些伪造手续凭证和档案的车辆。

（2）旧机动车收购要充分考虑车辆的完全价值，即车辆实体的产品价值和车辆牌证、税费等各项手续的价值。如果收购车辆的证件和规费凭证不全，会在转籍过户的过程中有后续麻烦。

（3）旧机动车收购不仅要密切注意市场的微观环境，也要关注市场的宏观环境，即注意国家宏观政策、国家和地方相关法规变化所导致的车辆经济性贬值。如车辆新排放标准、牌照发放、交通拥堵收费等政策的出台，都会给旧机动车市场的价格带来巨大的影响。

（4）旧机动车收购除了支付车辆产品的货币以外，从收购到售出的这段时间内，还要支付公路养路费、保险费、日常保养费、停车费、收购支出的货币利息和其他管理费等，这些费用都应计入销售成本。

6.3 二手车销售价格的确定

1. 成本分析

企业在对二手车进行销售定价时，成本是必须首先考虑的基本因素。二手车销售定价时应考虑所收购车辆的成本费用，主要包括固定成本费用和变动成本费用两大类。

1) 固定成本费用

固定成本费用是指在既定的经营过程中，不随收购车辆数量、金额的变化而变动的成本费用，如固定资产的折旧、管理人员的工资、营业场地的租金等各项支出。固定成本费用应根据预期的销量均摊到每辆旧机动车的销售成本中，使其成为价格的一部分。

2) 变动成本费用

变动成本费用是指收购车辆时，随收购的价格和数量而相应变动的费用。主要包括车辆实体的价格、运输费、公路养路费、保险费、日常保养费、停车费、维修费和资金占用的利息等。

2. 定价原理

在商品经济中，商品的价格是由商品的需求和供给两方面决定的，总的特征为：需求大于供给，价格就会上升；需求小于供给，价格就会下降。同样，汽车作为一种商品，其定价基本上是由汽车供需两方面决定的。

对旧机动车经营企业而言，行业的平均利润率应是一个稳定值。因为过高的利润会吸引众多的经营者加入，从而使行业内竞争加剧，商品在短时间内就会出现供过于求的现象，激烈的竞争会使商品价格下跌，最终使大多数经营者亏损而退出市场；大量经营者的退出，使得市场中可供商品的数量减少，从而价格再一次上升。如此周而复始，最终行业的利润率会保持在一个稳定值。

在价格受供求影响而有规律性变动的过程中,不同商品的变动幅度是不一样的。因此,在制定销售价格时还要考虑需求价格弹性。所谓需求价格弹性,是指因价格变动而引起相应的需求变动率,它反映需求对价格变动的敏感程度。

由于不同产品的需求价格弹性不同,当价格变化时,价格与数量的乘积会向着不同的方向变化,因此针对不同的产品,应制定不同的价格策略。

同时,即使是同一种商品,不同价位所带来的总收益也是不同的,产品的定价应使价格和销售数量的乘积最大,过高或过低的定价都会使总收益下降。

3. 定价方法

1)成本加成定价法

成本加成定价法是成本导向定价法大类中的一种方法,它是按照单位成本加上一定百分比的加成来制定产品的销售价格,其公式为

$$旧机动车销售价格＝单位完全成本×（1＋成本加成率）$$

单位完全成本是指一辆旧机动车的总成本费用,它包括这辆车应摊销的固定成本费用和变动成本费用。

成本加成率是指企业的目标利润率,目标利润率是参照本地区的行业平均标准而定的,并结合企业自身的规模、市场认知度、竞争地位和资金实力等因素加以调整。

该方法计算简单、便于管理,目前为大多数旧机动车经营企业所采用。

2)需求导向定价法

这种定价方法又称顾客导向定价法或市场导向定价法。它不是根据产品成本状况来定价,而是根据市场需求状况和消费者对产品的感觉差异来制定价格。其特点是产品的销售价格随需求的变化而变化。

采用这种方法,应对顾客的购买心理、市场的供求状况以及各品牌车辆目标客户群的购买动机有清晰、敏锐的把握。

3)竞争导向定价法

这种定价方法是企业根据自身的竞争力,参考竞争对手的商品价格、生产条件和服务状况等因素,以竞争对手的价格为基础,确定自己产品的价格,从而谋求企业的生存和发展的一种方法。该方法适用于那些市场竞争能力较弱、经营特色不明显的企业。

4. 二手车电商估价系统

目前,主流二手车电商平台正在运用大数据、人工智能等方法,打造公平、精准的第三方估价平台。基于人工智能和大数据的二手车估价流程如图 6-1 所示,该流程主要包括运用大数据进行二手车的市场平均零售价、收购价的回归分析,开展二手车的修复、残值、价值对比,然后根据该二手车车型的成交情况进行最优匹配与分析,最后综合考虑历史因素、地区因素以及销售因素,校准二手车的价格,从而对该二手车进行定价。

在实际的二手车交易服务中,人人车平台利用智能算法、大数据技术打造出了 Pegasus估值系统,该系统开展了车况的分级,实现对"一车一况"的精准评价。该平台的大数据包括以十万量级车型数据、千万量级交易数据以及上亿互联网参考挂牌数据,创建一个车型评估

图 6-1　基于人工智能和大数据的二手车估价流程

和价格定位数据矩阵,并以智能算法系统分析具体车况。车况评估分级的因素则包括车辆品牌、使用年限、行驶里程、车辆颜色、保养历史、出厂价、当前市价、供需关系等,为二手车提供更加合理的定价。

6.4　二手车交易流程

　　二手车交易程序的主要环节有业务洽谈、委托评估、查验车辆、签订交易合同、办理相关证(税)变更,其流程如图 6-2 所示。

图 6-2　二手车直接交易流程

6.4.1　业务洽谈与委托评估

　　业务洽谈方式有面谈和电话洽谈两种,与客户洽谈的主要内容有车主基本情况、车辆情况、委托评估的意向、时间要求等。通过洽谈摸清楚上述基本情况以后,就应该作出是否接受委托的决定。如果接受委托,就要签订二手车鉴定评估委托协议。
　　二手车鉴定评估委托协议是受托方与委托方对各自权利、责任和义务的协定,是一项经济合同性质的契约。二手车鉴定评估委托书应写明的内容有：

(1) 委托方、住所。

(2) 鉴定评估目的、车辆类型和数量。

(3) 鉴定评估基准日。

(4) 委托方须做好的基础工作和配合工作。

(5) 鉴定评估工作的起止时间。

(6) 鉴定评估收费金额及付款方式。

(7) 反映协议双方各自的责任、权利、义务以及违约责任的其他内容。

二手车鉴定评估委托书必须符合国家法律、法规和资产评估业的管理规定。二手车鉴定评估委托书的格式见表 6-1。

表 6-1　二手车鉴定评估委托书

委托书编号：〔2011〕××号

××二手车市场：

因■交易　□转籍　□拍卖　□置换　□抵押　□担保　□咨询　□司法裁决　需要，特委托你所对车辆：牌照号：浙 A×××××，车架号：LFV3A28K9A300××××，发动机号：CDZ04××××，进行鉴定并出具鉴定评估报告书。

附：委托评估车辆基本信息

车　主		王五	车主电话	138××××××××
车主证件号		33088119880909××××	经办人	林××
地　址		浙江××市	联系电话	132××××××××
车辆情况	厂牌型号	奥迪 A4L 2.0 AMT	所有权性质	私人所有
	载重量/座位/排量	0.9t/4/2.0	燃料种类	95#汽油
	初次登记日期	2010-02	车辆颜色	银白
	已使用年限	21 个月	累计行驶里程	1.8 万公里
	发动机大修次数	0	整车大修次数	0
	维修情况：	无		
	事故情况：	无		
价值反映	购车日期	2010-01	原始价格	40 万元
	车主报价	36 万元		
备注：				

说明：

(1) 若被评估车辆使用用途曾为营运车辆，需在备注栏内予以说明。

(2) 委托方必须对车辆信息的真实性负责，不得隐瞒任何情节；凡由此引起的法律责任及赔偿责任，均由委托方负责。

(3) 鉴定评估结论仅对本次委托有效，不作他用。

(4) 本委托书一式三份。

委托方：(签字　盖章)　　　　　　　　受委托方：(签字　盖章)

根据二手车鉴定评估委托书的要求,需要对二手车进行鉴定评估,其主要内容包括评估目的、评估对象和范围、评估基准日、评估人员及协助评估工作的其他人员安排、现场工作计划、评估程序、评估具体工作和时间安排、拟采用的评估方法及其具体步骤等。确定鉴定评估方案后,进行二手车的鉴定评估工作。二手车鉴定评估作业表见表6-2。

表6-2 二手车鉴定评估作业表

车主			所有权性质	□公 □私	联系电话	
住址					经办人	
厂牌型号			号牌号码		车辆类型	
车辆识别代码(VIN)					车身颜色	
发动机号				车架号		
载重量/座位/排量				燃料种类		
初次登记日期		年 月		车辆出厂日期		年 月
已使用年限	年 月	累计行驶里程		万公里	使用用途	
检查核对交易证件	证件		□原始发票 □机动车登记证书 □机动车行驶证 □法人代码证或身份证 □其他			
	税费		□购置附加税 □车船使用税 □其他			
结构特点						
现时技术状况						
维护保养情况			现时状况			
价值反映	账面原值(元)			车主报价(元)		
	重置成本(元)		成新率(%)		评估价格(元)	
鉴定评估目的:						
鉴定评估说明:						

注册二手车鉴定估价师(签名): 复核人(签名):
　　　　　　　　 年 月 日　　　　　　　　 年 月 日

填表说明:

(1) 现时技术状况:必须如实填写对车辆进行技术鉴定的结果,客观真实地反映二手车主要部分(含车身、底盘、发动机、电气、内饰等)以及整车的现时技术状况。

(2) 鉴定评估说明:应详细说明重置成本的计算方法、成新率的计算方法以及评估价格的计算方法。

6.4.2 车辆查验

车辆的查验既包括对车辆的技术状况,尤其是车辆的行驶性进行查验,也包括对车辆相关证件的核查。

1. 车辆技术状况鉴定

对车辆进行技术状况的鉴定,是为了公正、科学地确定车辆的成新率。现场查勘主要以车辆的静态技术鉴定为主,在条件许可的情况下,可进行车辆的动态技术鉴定,尤其是查验车辆的行驶安全性。

1) 静态技术鉴定

(1) 汽车主要总成及部件的核查与确认

观察车身外表面是否平滑、流畅,有无加工痕迹,是否重新喷过油漆;观察车辆内部装饰材料是否平整,有无再装配时所留下的压痕或手印;观察电气线路及各种油、真空、气压等管路布置是否有条理,车辆各部分总成、部件等有无不匹配的现象等。通过上述检查,进一步确认车辆是否存在非法拼装、组装情况。

(2) 发动机技术状况的静态直观检查

观察发动机的外观是否整洁;观察发动机前部的传动带的磨损情况,有无裂纹、油迹,松紧度是否合适;发动机上的各连接件、紧固件及油门拉线、喷油泵供油拉杆等是否有松动、脱落或卡滞等现象。发动机燃油系统、润滑系统的油路及各连接部位均不得有漏油现象。

(3) 汽车底盘技术状况的静态直观检查

对汽车的传动系、转向系、行驶系、制动系进行检查,主要包括:离合器踏板的自由行程;转向盘与转向轴的连接部位是否松旷;车辆的车架是否有弯、扭、裂、断、锈蚀等损伤;轮胎的磨损情况,轿车轮胎胎冠上的花纹深度不得小于 1.6mm,其他车辆转向轮轮胎的胎冠花纹深度不得小于 3.2mm,其余轮胎胎冠花纹深度不得小于 1.6mm;制动踏板的自由行程是否符合规定;液压制动系统的总泵、分泵、管路或管路接头处是否漏油。

(4) 车身及电气系统的静态直观检查

检查车身是否发生碰撞损伤,站在车辆前部观察各接缝,如出现不直、缝隙大小不一、线条弯曲、装饰条有脱落或新旧不一,说明车身曾经修理过。检查车厢内部装饰物的新旧程度。检查照明、信号、仪表装置是否齐全,型号、规格是否符合要求;依次接通上述各装置的控制开关,检查上述装置能否正常工作。

2) 动态技术鉴定

(1) 发动机的动力性能

汽车行驶时动力不足、加速不灵、转速不能提高到应有的范围,爬坡时功率不足,不管上述哪种故障现象出现,均说明汽车功率不足;发动机技术状况良好、气缸内可燃混合气燃烧正常时,排气管排出的废气一般呈淡灰色;技术状况良好的发动机,运转过程中仅能听到均匀的排气声和轻微的噪声。

(2) 发动机的起动性能

用起动机起动发动机时,应 3 次内起动成功。每次时间不超过 5s,再次起动时要间隔 15s 以上,若发动机不能正常起动,说明发动机的起动性能不好。

(3) 点火、燃油供给、润滑、冷却和排气等系统的性能

发动机在各种不同的工况下,需要根据发动机工作的点火次序适时地供给强的电火花,以点燃混合气而产生动力。如果点火系发生故障,不仅会使发动机的动力性、经济性变坏,

甚至会使发动机熄火或不能发动。

燃油供给系的故障主要是堵、漏、坏3种情况。

发动机润滑系出现漏油、堵塞或润滑油压力不足等故障,会导致发动机运动零部件磨损加剧,严重的可能导致发动机损坏。

发动机冷却系统技术状况变坏时,发动机易出现过热、过冷等故障。

排气系统的技术状况将影响发动机的输出功率。排气消声器,可减小排气噪声并消除废气中的火焰及火星。

(4) 底盘的技术状况

检查离合器分离是否彻底,离合器接合是否平稳,离合器是否打滑,离合器分离或接合时有无异响。

检查变速器运转过程中有无异响,变速器有无跳挡和乱挡现象。

检查前轮轮胎磨损情况是否正常,转向是否灵敏、轻便,汽车行驶中是否自动跑偏,前轮有无摆振;制动系统是否正常,是否存在制动拖滞现象,制动是否跑偏,驻车制动效能是否正常。

某二手车电商平台对奇瑞-艾瑞泽 5 2016 款 1.5L 自动领锐版的二手车进行了车辆的技术查验,查验的情况见表 6-3。

表 6-3　艾瑞泽 5 技术检测情况

项　目	检测结果	附　图
车辆外观	车况优秀,性能部件正常使用。经检测,外观及车身结构无重大撞击	
车辆内饰	车内部件功能正常使用,内饰、座椅磨损程度正常,座椅底部、安全带根部等无水泡痕迹	
发动机底盘	油液位及品质正常,油封不泄漏,线路管无剥落	

续表

项　目	检 测 结 果	附　　图
重大事故排查	车体骨架结构无变形、无扭曲、无更换、无烧焊、无褶皱；无火烧痕迹，无水泡痕迹	头部无混大撞击事故　　左侧车身：无重大撞击事故　　右侧车身：无撞大撞击事故 左后翼子板内衬板 左C柱 左B柱 左A柱 左前翼子板内衬板、边梁
发动机舱	正常	✓ 发动机整体性　　✓ 发动机舱管线 ✓ 转向柱　　✓ 水箱框架-可拆卸式 ✓ 发动机　　✓ 助力泵 ✓ 制动液　　✓ 仪器检测电瓶发电量 ✓ 蓄电池　　✓ 涡轮增压系统 ✓ 水箱　　✓ 水泵 ✓ 气门室盖　　✓ 皮带张紧轮 ✓ 皮带　　✓ 空调压缩机 ✓ 节气门　　✓ 机油 ✓ 缸盖/缸体/缸垫　　✓ 防冻液 ✓ 发动机舱装饰件　　✓ 发动机舱盖液压撑杆 ✓ 发动机舱盖锁　　✓ 发电机 ✓ 电子扇　　✓ 玻璃水壶 ✓ ABS泵
底盘	正常	✓ 制动总泵　　✓ 制动卡钳 ✓ 制动分泵　　✓ 水管 ✓ 三元催化　　✓ 排气管 ✓ 离合器总泵　　✓ 冷却系统 ✓ 冷凝器　　✓ 空调高低压管 ✓ 进油管　　✓ 机油滤芯外观 ✓ 回油管　　✓ 分动器 ✓ 发动机油底壳　　✓ 发动机下护板 ✓ 发动机下部　　✓ 发动机机爪 ✓ 发动机变速箱结合处　　✓ 传动轴/十字轴 ✓ 车轮轴承　　✓ 刹车油管 ✓ 变速箱　　✓ 半轴
悬挂系统	正常	✓ 右前减振器座　　✓ 左前减振器座 ✓ 前后平衡杆　　✓ 前后控制臂 ✓ 右前减振器　　✓ 左后减振器 ✓ 右后减振器　　✓ 减振器/减振器簧 ✓ 左前减振器

续表

项 目	检测结果	附 图
磨损程度评估	经检测局部有更换面板部件	
常用功能检测	经检测,电子控制系统、功能开关灯光系统等无异常,可正常使用	
启动检测	发动机启动正常,怠速平稳无抖动。变速器换挡平顺,功能正常	

2. 证件与税费核查

1) 证件核查

《二手车流通管理办法》规定,二手车交易必须提供机动车来历凭证、机动车行驶证、机动车登记证书、机动车号牌、道路运输证、机动车安全技术检验合格标志等法定证件。

（1）机动车来历凭证

机动车来历凭证主要包括以下几个方面：

① 在国内购买的机动车，其来历凭证是全国统一的机动车销售发票（见图6-3）或者二手车交易发票（见图6-4）；在国外购买的机动车，其来历凭证是该车销售单位开具的销售发票及其翻译文本。

图6-3 新车销售发票票样

图6-4 二手车销售发票票样

② 人民法院调解、裁定或者判决转移的机动车，其来历凭证是人民法院出具的已经生效的《调解书》《裁定书》或者《判决书》以及相应的《协助执行通知书》。

③ 仲裁机构仲裁裁决转移的机动车，其来历凭证是《仲裁裁决书》和人民法院出具的《协助执行通知书》。

④ 继承、赠与、中奖和协议抵偿债务的机动车，其来历凭证是继承、赠与、中奖和协议抵

偿债务的相关文书和公证机关出具的《公证书》。

⑤ 资产重组或者资产整体买卖中包含的机动车，其来历凭证是资产主管部门的批准文件。

⑥ 国家机关统一采购并调拨到下属单位未注册登记的机动车，其来历凭证是全国统一的机动车销售发票和该部门出具的调拨证明。

⑦ 国家机关已注册登记并调拨到下属单位的机动车，其来历凭证是该部门出具的调拨证明。

⑧ 经公安机关破案发还的被盗抢且已向原机动车所有人理赔完毕的机动车，其来历凭证是保险公司出具的《权益转让证明书》。

⑨ 更换发动机、车身、车架的来历凭证是销售单位开具的发票或者修理单位开具的发票。

（2）机动车行驶证

《机动车行驶证》是由公安交通车辆管理机关依法对车辆进行注册登记核发的证件，它是机动车取得合法行驶权的凭证。《中华人民共和国道路交通安全法》规定，机动车行驶证是车辆上路行驶必需的证件，《中华人民共和国机动车登记办法》规定机动车行驶证是二手车过户、转籍必不可少的证件。《机动车行驶证》样式如图6-5所示。

图6-5　《机动车行驶证》样式

由图6-5可知，驾驶员手中的《机动车行驶证》上详细记载了许多重要的信息，包括车牌号码、车主姓名、型号类别、发动机号和车架号码、载质量或者乘坐人数、初次登记日期以及年度检验记录等。《机动车行驶证》具有唯一性的特点,即对于某一辆机动车来说,只有一组发动机号和车架号码,只有一个车牌号码。《机动车行驶证》具有以下几个重要的功能:

① 车辆上牌凭证。国务院颁布的《道路交通管理条例》第 17 条规定:"车辆必须经过车辆管理机关检验合格,领取号牌、行驶证,方准行驶。"因此,持有《机动车行驶证》是车辆上路行驶的先决条件之一,驾驶员上路行车不带行驶证属于违规行为,无论是没有领取《机动车行驶证》还是忘记随身携带。

② 产权权属证明。《机动车行驶证》上"车主姓名"一栏不仅仅是姓名的问题,行驶证上登记的车主是法律承认的车辆所有人,他有合法使用和处置该宗财产的权力,如果发生交通事故、经济纠纷等,他也是法定的责任承担人。机动车是一种特殊的动产,如果你的机动车被犯罪分子盗窃,报案后,公安机关经过侦察又查获了这辆车。这时必须出示《机动车行驶证》,而且该证记录的车主姓名、发动机号和车架号码等均与实物完全一致,才能证明这辆车确实属于你的财产,才有可能领回。

③ 保险索赔凭证。对于办理了保险的机动车辆,如果发生了保险责任范围内的交通事故,投保人只有持《机动车行驶证》,而且是有效的行驶证(即按时参加了年度检验),保险公司才有可能理赔。如果不能出示有效行驶证,即使在保险有效期之内,保险公司也将拒绝赔偿。另外,车主买新车时即使同时购买机动车辆保险,部分保险项目也要在机动车入户和领取《机动车行驶证》之日起才能生效。

④ 新车保修凭证。《机动车行驶证》还有一个特殊的功能,就是能够确定新车"保修期"的起始日期。例如,某汽车企业规定该厂生产的汽车保修期限为汽车领取《机动车行驶证》之日起 3 年或者累计行驶 10 万公里以内,两个条件缺一不可。在此保修期之内,凡是因为制造、装配以及材料质量问题引起的车辆损坏,用户可以凭保修卡、《机动车行驶证》等证件,在该厂的特约服务站免费接受保修服务。

(3) 机动车登记证书

根据 2001 年 10 月 1 日起实施的《中华人民共和国机动车登记办法》,在我国境内道路上行驶的机动车,应当按规定经机动车登记机构办理登记,核发机动车号牌、《机动车行驶证》和《机动车登记证书》。

《机动车登记证书》同时也是机动车的"户口本",所有机动车的详细信息及机动车所有人的资料都记载在上面,证书上所记载的原始信息发生变化时,机动车所有人应携《机动车登记证书》到车管所作变更登记。目前,《机动车登记证书》还可以作为有效资产证明,到银行办理抵押贷款。

《机动车登记证书》是二手车鉴定评估人员必须认真查验的手续,《机动车登记证书》与《机动车行驶证》相比它的内容更详细。《机动车登记证书》的样式如图 6-6 所示。

(4) 机动车号牌

机动车号牌是由公安机关交通车辆管理部门依法对机动车进行注册登记核发的号牌,它和机动车行驶证一同核发,其号码与行驶证应该一致。它是机动车取得合法行驶权的标志。

《中华人民共和国道路交通安全法》规定,机动车号牌应当按照规定悬挂并保持清晰、完整,不得故意遮挡、污损。号牌的位置根据《中华人民共和国道路交通安全法实施条例》的规定,应当悬挂在车前、车后指定位置。重型、中型载货汽车及其挂车、拖拉机及其挂车的车身或者车厢后部应当喷涂放大的牌号,字样应当端正并保持清晰。

注册登记机动车信息栏

5.车辆类型	小型轿车	6.车辆品牌	梅赛德斯-奔驰
7.车辆型号	VDDN□□□□□	8.车身颜色	灰
9.车辆识别代号/车架号	VDDNC5D□□□□□□□□□	10.国产/进口	海关进口
11.发动机号	272946□□□□□□	12.发动机型号	272946
13.燃料种类	汽油	14.排量/功率	2996 ml / 170 kw
15.制造厂名称	戴姆勒克莱斯勒辛德尔芬根工厂	16.转向形式	方向盘
17.轮距	前 1604 后 1686 mm	18.轮胎数	4
19.轮胎规格	235/55R17	20.钢板弹簧片数	后轴 __ 片
21.轴距	3165 mm	22.轴数	2
23.外廓尺寸	长 5208 宽 1875 高 1475 mm	33.发动机关章	
24.货厢内部尺寸	长 __ 宽 __ 高 __ mm		
25.总质量	2505 kg	26.核定载质量	__ kg
27.核定载客	5 人	28.准牵引总质量	__ kg
29.驾驶室载客	__ 人	30.使用性质	非营运
31.车辆获得方式	购买	32.车辆出厂日期	2009-09-01
		34.发证日期	2011-05-23

第2页

（印章：广东省深圳市公安局交通警察支队）

图 6-6 《机动车登记证书》样式

机动车等级编号一般由包含登记机关的汉字简称以及英文字母和阿拉伯数字组成，具体编号规则可参考最新的国家标准（GA 36—2014）。机动车号牌的分类、规格、颜色及适用范围见表 6-4。

表 6-4 号牌的分类、规格、颜色及适用范围

序号	分 类	外廓尺寸/(mm×mm)	颜 色	数量	适 用 范 围
1	大型汽车号牌	前：440×140 后：440×220	黄底黑字黑框线	2	
2	挂车号牌	440×220		1	
3	小型汽车号牌	440×140	蓝底白字白框线	2	中型以下的载客、载货汽车和专项作业车
4	使馆汽车号牌		黑底白字，红"使""领"字白框线		驻华使馆的汽车
5	领馆汽车号牌				驻华领事馆的汽车
6	港澳入出境车号牌		黑底白字，白"港""澳"字白框线		港澳地区入出内地的汽车
7	教练汽车号牌		黄底黑字，黑"学"字黑框线		教练用汽车
8	警用汽车号牌		白底黑字，红"警"字黑框线		汽车类警车
9	普通摩托车号牌	前：220×95 后：220×140	黄底黑字黑框线		普通二轮摩托车和普通三轮摩托车
10	轻便摩托车号牌		蓝底白字白框线		轻便摩托车
11	使馆摩托车号牌		黑底白字，红"使""领"字白框线		驻华使馆的摩托车
12	领馆摩托车号牌				驻华领事馆的摩托车
13	教练摩托车号牌		黄底黑字，黑"学"字黑框线		教练用摩托车

续表

序号	分　类	外廓尺寸/(mm×mm)	颜　色	数量	适 用 范 围
14	警用摩托车号牌	220×140	白底黑字,红"警"字黑框线	1	摩托车类警车
15	低速车号牌	300×165	黄底黑字黑框线	2	低速载货汽车、三轮汽车和轮式自行机械车
16	临时行驶车号牌	220×140	天(酞)蓝底纹黑字黑框线	1	行政辖区内临时行驶的机动车
			棕黄底纹黑字黑框线		跨行政辖区临时移动的机动车

（5）道路运输证

道路运输证是县级以上人民政府交通主管部门设置的道路运输管理机构对从事旅客运输（包括城市出租客运）、货物运输的单位和个人核发的随车携带的证件,营运车辆转籍过户时,应到运管机构及相关部门办理营运过户有关手续。

（6）机动车安全技术检验合格标志

机动车必须进行安全技术检验,检验合格后,公安机关发放合格标志。《中华人民共和国道路交通安全法实施条例》规定,机动车检验合格标志应贴在机动车前窗右上角,若无合格标志或无效,则不能交易。

机动车安全技术检验由机动车安全技术检验机构实施。机动车安全技术检验机构应当按照国家机动车安全技术检验标准对机动车进行检验,对检验结果承担法律责任。

2）税费核查

《二手车流通管理办法》规定,二手车交易必须提供车辆购置税完税证明、养路费缴付凭证、车船使用税缴付凭证、车辆保险单等税费凭证证明。

（1）车辆购置税

车辆购置税是对在境内购置规定车辆的单位和个人征收的一种税,它由车辆购置附加费演变而来。现行车辆购置税法的基本规范,是从 2001 年 1 月 1 日起实施的《中华人民共和国车辆购置税暂行条例》。车辆购置税的纳税人为购置（包括购买、进口、自产、受赠、获奖或以其他方式取得并自用）应税车辆的单位和个人,征税范围为汽车、摩托车、电车、挂车、农用运输车,税率为 10%。

车辆购置税实行从价定率的办法计算应纳税额,计算公式为：应纳税额＝计税价格×税率。如果消费者买的是国产私车,计税价格为支付给经销商的全部价款和价外费用,不包括增值税税款（税率 16%）。因为机动车销售专用发票的购车价中均含增值税税款,所以在计征车辆购置税税额时,必须先将 16% 的增值税剔除,即车辆购置税计税价格＝发票价÷1.16,然后再按 10% 的税率计征车辆购置税。比如,消费者购买一辆 10 万元的国产车,去掉增值税部分后按 10% 纳税。计算公式是 100000÷1.16×0.1＝8621（元）。如果消费者买的是进口私车,计税价格的计算公式为：计税价格＝关税完税价格＋关税＋消费税。

车辆购置税的具体征收范围依照《中华人民共和国车辆购置税暂行条例》所附《车辆购置税征收范围表》执行（见表 6-5）。

表 6-5　车辆购置税征收范围

应税车辆	具体范围	注　释
汽车	各类汽车	
摩托车	轻便摩托车	最高设计时速不大于 50km/h,发动机气缸总排量不大于 50cm³ 的两个或者三个车轮的机动车
	二轮摩托车	最高设计车速大于 50km/h,或者发动机气缸总排量大于 50cm³ 的两个车轮的机动车
	三轮摩托车	最高设计车速大于 50km/h,或者发动机气缸总排量大于 50cm³,空车重量不大于 400kg 的三个车轮的机动车
电车	无轨电车	以电能为动力,由专用输电电缆线供电的轮式公共车辆
	有轨电车	以电能为动力,在轨道上行驶的公共车辆
挂车	全挂车	无动力设备,独立承载,由牵引车辆牵引行驶的车辆
	半挂车	无动力设备,与牵引车辆共同承载,由牵引车辆牵引行驶的车辆
农用运输车	三轮农用运输车	柴油发动机,功率不大于 7.4kW,载重量不大于 500kg,最高车速不大于 40km/h 的三个车轮的机动车
	四轮农用运输车	柴油发动机,功率不大于 28kW,载重量不大于 1500kg,最高车速不大于 50km/h 的四个车轮的机动车

车辆购置税的免税、减税按照下列规定执行:

① 外国驻华使馆、领事馆和国际组织驻华机构及其外交人员自用的车辆,免税。

② 中国人民解放军和中国人民武装警察部队列入军队武器装备订货计划的车辆,免税。

③ 设有固定装置的非运输车辆,免税。

④ 防汛和森林消防部门购置的由指定厂家生产的指定型号的用于指挥、检查、调度、防汛(警)、联络的专用车辆,免税。

⑤ 在外留学人员(含香港、澳门地区)回国服务的,购买一辆国产小汽车,免税。

⑥ 来华定居专家进口自用的一辆小汽车,免税。

⑦ 纳税人购置的农用三轮车,免税。

⑧ 有国务院规定予以免税或者减税的其他情形的,按照规定免税或者减税。

(2) 车船税

车船税是指对在我国境内应依法到公安、交通、农业、渔业、军事等管理部门办理登记的车辆、船舶,根据其种类,按照规定的计税依据和年税额标准计算征收的一种财产税。从 2007 年 7 月 1 日开始,有车族需要在投保交强险时缴纳车船税。

(3) 机动车保险费

机动车保险是各种机动车在使用过程中发生事故造成车辆本身以及第三者人身伤亡和财产损失后的一种经济补偿制度。机动车保险费是为了防止机动车发生意外事故,为转嫁风险,避免用户发生较大损失而向保险公司所交付的与保险责任相适应的费用。机动车保险实际上是一种运用社会集体的力量,共同建立规避风险基金进行补偿或给付的经济保障。

我国机动车保险险种分为基本险和附加险两大类。基本险是指可以单独投保和承保的险别;附加险是指不能单独投保和承保的险别,投保人只能在投保基本险的基础上,根据自己的需要选择加以投保。基本险和附加险又分别有不同险种。基本险（又称为主险）分为车辆损失险、第三者责任险和车辆盗抢险（其中，车辆盗抢险是从 2007 年 4 月 1 日起由附加险升级为主险的），机动车附加险又分为车上责任险、无过失责任险、车载货物掉落责任险、玻璃单独破碎险、车辆停驶损失险、自燃损失险、新增设备损失险和不计免赔特约险。基本险与附加险有这样的关系：如果附加险的条款和基本险条款发生抵触，抵触之处的解释以附加险条款为准；如果附加险条款未作规定，则以基本险条款为准。

6.4.3　车辆评估报告撰写

1. 评估报告书的概念和作用

二手车鉴定评估报告是指二手车鉴定评估机构按照评估工作制度有关规定，在完成鉴定评估工作后向委托方和有关方面提交的说明二手车鉴定评估过程和结果的书面报告。它是按照一定格式和内容来反映评估目的、程序、依据、方法、结果等基本情况的报告书。广义的报告还是一种工作制度。它规定评估机构在完成二手车鉴定评估工作之后必须按照一定的程序和要求，用书面形式向委托方报告鉴定评估过程和结果。狭义的鉴定评估报告即鉴定评估结果报告书，既是二手车鉴定评估机构完成对二手车作价意见后提交给委托方的公正性的报告，也是二手车鉴定评估机构履行评估合同情况的总结，还是二手车鉴定评估机构为其所完成的鉴定评估结论承担相应法律责任的证明文件。

按照二手车鉴定评估报告的有关规定，二手车鉴定评估报告书应该包括二手车鉴定评估报告书正文以及相关附件。二手车鉴定评估报告书对管理部门及各类交易的市场主体都是十分重要的。一份二手车鉴定评估报告书，特别是涉及国有资产的评估报告资料，不仅是一份评估工作的总结，而且是其价格的公正性文件和资产交易双方认定资产价格的依据。

2. 评估报告书的类型

二手车鉴定报告书有定型式、自由式和混合式 3 种。

1）定型式

定型式二手车鉴定评估报告书又称封闭式二手车鉴定评估报告书，采用固定格式、固定内容，评估人员必须按要求填写，不得随意增减。其优点是通用性好，写省时省力；缺点是不能根据评估对象的具体情况而深入分析某些特殊事项。如果能针对不同的评估目的和不同类型的机动车作相应的定型式二手车鉴定评估报告书，则可以在一定程度上弥补这一缺点。

2）自由式

自由式二手车鉴定评估报告书又称开放式二手车鉴定评估报告书，是由评估人员根据评估对象的情况而自由创作、无一定格式的二手车鉴定评估报告书。其优点是可深入分析某些特殊事项，缺点是易遗漏一般事项。

3）混合式

混合式二手车鉴定评估报告书是兼取前两种二手车鉴定评估报告书的格式，兼顾了定型式和自由式两种报告书的优点。

一般来说,专案案件以采用自由式二手车鉴定评估报告书为优,例行案件以采用定型式二手车鉴定评估报告书为佳。

不论二手车鉴定评估报告书的形式如何,均应客观、公正、翔实地记载评估结果和过程。如果仅以结论告知,必然会使委托评估者或二手车鉴定评估报告书的其他使用者心理上的信任度降低。二手车鉴定评估报告书的用语要力求准确、肯定,避免模棱两可或易产生误解的文字,对于难以确定的事项应在报告书中说明,并描述其可能影响二手车价格的情形。

3. 鉴定评估报告书的基本内容

二手车鉴定评估报告书不管是采用定型式还是自由式或混合式,其基本内容是相同的,主要包括以下内容。

(1) 封面。二手车鉴定评估报告书的封面须载明下列内容:二手车鉴定评估报告书名称、鉴定评估机构出具鉴定评估报告的编号、二手车鉴定评估机构全称和鉴定评估报告提交日期等。有服务商标的,评估机构可以在报告封面载明其图形标志。

(2) 首部。鉴定评估报告书正文的首部应包括标题和报告书序号。

(3) 绪言。写明该评估报告委托方全称、受委托评估事项及评估工作整体情况。

(4) 委托方与车辆所有方简介。应写明委托方、委托方联系人的名称、联系电话及住址。

(5) 评估目的。应写明本次资产评估是为了满足委托方的何种需要,及其所对应的经济行为类型。

(6) 评估对象。须简要写明纳入评估范围车辆的厂牌型号、号牌号码、发动机号、车辆识别代号、车架号、注册登记日期、年审检验合格有效日期、购置附加税(费)证号、车船使用税缴纳有效期。

(7) 鉴定评估基准日。写明车辆鉴定评估基准日的具体日期。

(8) 评估原则。写明评估工作过程中遵循的各类原则以及本次鉴定评估遵循国家及行业规定的公认原则。对于所遵循的特殊原则,应作适当阐述。

(9) 评估依据。评估依据一般可划分为行为依据、法律法规依据、产权依据和取价依据等,行为依据主要是指二手车鉴定评估委托书、法院的委托书等经济行为文件。法律、法规依据应包括车辆鉴定评估涉及的有关法律、法规等。产权依据是指被评估车辆的《机动车登记证书》或其他能够证明车辆产权的文件等。

(10) 评估方法及计算过程。简要说明评估人员在评估过程中所选择并使用的评估方法。

(11) 评估过程。评估过程应反映二手车鉴定评估机构自接受评估委托起至提交评估报告的工作过程,包括接受委托、验证、现场查勘、市场调查与询问、评定估价、提交报告等过程。

(12) 评估结论。

(13) 特别事项说明。评估报告中陈述的特别事项是指在已确定评估结果的前提下,评估人员揭示在评估过程中已发现可能影响评估结论,但非评估人员执业水平和能力所能评定估算的有关事项。提示评估报告使用者应注意特别事项对评估结论的影响,揭示鉴定评估人员认为需要说明的其他问题。

(14) 评估报告法律效力。揭示评估报告的有效日期,特别提示评估基准日的期后事项对评估结论的影响以及评估报告的使用范围等。

(15) 鉴定评估报告提出日期。写明评估报告提交委托方的具体时间,评估报告原则上应在确定的评估基准日后一周内提出。

(16) 附件。附件应包括二手车鉴定评估委托书、二手车鉴定评估作业表、车辆行驶证、购置附加税(费)、车辆登记证书复印件、二手车鉴定评估人员资格证书影印件、鉴定评估机构营业执照影印件、鉴定评估机构资质影印件、二手车照片等。

(17) 尾部。写明出具评估报告的评估机构名称并盖章,写明评估机构法定代表人姓名并签名,二手车鉴定评估人员盖章并签名,高级二手车鉴定估价师审核签章,最后写明报告日期。

4. 评估报告书业务实例

二手车鉴定评估报告书

××二手车鉴定评估机构   评报字(2011 年)第××号

一、绪言

××二手车市场(鉴定评估有限公司)接受××市人民法院的委托,根据国家有关资产评估的规定,本着客观、独立、公正、科学的原则,按照公认的资产评估方法,对奥迪 A4L(车辆)进行了鉴定评估。本机构鉴定评估人员按照必要的程序,对委托鉴定评估车辆进行了实地查勘与市场调查,并对其在 2011 年 12 月 25 日所表现的市场价值作出了公允反映。现将车辆评估情况及鉴定评估结果报告如下。

二、委托方与车辆所有方简介

(一)委托方:××市人民法院,委托方联系人:××,联系电话××××

(二)根据机动车行驶证所示,委托车辆车主:张××

三、评估目的

根据委托方的要求,本项目评估目的:

□交易　□转籍　□拍卖　□置换　□抵押　□担保　□咨询　■司法裁决

四、评估对象

评估车辆的厂牌型号(奥迪 A4L 2.0 MT);号牌号码(浙 AH××××);发动机号(CDZ××××××);车辆识别代号/车架号(LFV××××××);登记日期(2010－2);年审检验合格至 2012 年 02 月;公路规费交至 2012 年 02 月;购置附加税(费)证(已交);车船使用税(2010 年已交)。

五、鉴定评估基准日

鉴定评估基准日 2011 年 12 月 25 日。

六、评估原则

严格遵循"客观性、独立性、公正性、科学性"原则。

七、评估依据

(一)行为依据

旧机动车评估委托书第〔2011〕××号。

(二)法律、法规依据

1.《国有资产评估管理办法》(国务院令第 91 号);

2.《二手车流通管理办法》;

3.《二手车流通管理办法实施细则》;

4.《汽车报废标准(2012 年)》;

5. 其他相关的法律、法规等。

(三)产权依据

委托鉴定评估车辆的《机动车登记证书》编号:××××××。

(四)评定及取价依据

技术标准资料:《汽车标准汇编》;

技术参数资料:随车说明书;

技术鉴定资料:《汽车质检技术》和《汽车维修手册》;

其他资料:百度文库。

八、评估方法

□重置成本法　□现行市价法　□收益现值法　■其他

计算过程如下:因该车鉴定估价目的为司法裁决,故采用清算价格法(按重置成本法估算成新率),重置成本全价为现时新车价加上车辆购置附加税。本车的重置成新率为 82.5%,清算折扣率为 75%。

计算公式为

$$评估价 = 重置成本全价 \times 成新率 \times 清算折扣率$$
$$= 475860 \times 82.5\% \times 75\% = 294438(元)$$

九、评估过程

按照接受委托、验证、现场查勘、评定估算、提交报告的程序进行。

十、评估结论

车辆评估价格:294438 元,金额大写:贰拾玖万肆仟肆佰叁拾捌元整。

十一、特别事项说明

无。

十二、评估报告法律效力

(一)本项评估结论有效期为 90 天,自评估基准日至 2012 年 3 月 25 日止。

(二)当评估目的在有效期内实现时,本评估结果可以作为作价参考依据。超过 90 天,需重新评估。另外在评估有效期内若被评估车辆的市场价格或因交通事故等原因导致车辆的价值发生变化,对车辆评估结果产生明显影响时,委托方也需重新委托评估机构进行评估。

(三)鉴定评估报告书的使用权归委托方所有,其评估结论仅供委托方为本项目评估目的使用和送交旧机动车鉴定评估主管机关审查使用,不适用于其他目的;因使用本报告书不当而产生的任何后果与签署本报告书的鉴定估价师无关;未经委托方许可,本鉴定评估机构承诺不将本报告书的内容向他人提供或公开。

附件:

1. 二手车鉴定评估委托书

2. 二手车鉴定评估作业表

3．车辆行驶证复印件（略）

4．鉴定评估机构营业执照复印件（略）

5．二手车照片（要求外观清晰，车辆牌照能够辨认，加盖钢印）

二手车鉴定评估师（签字、盖章）　　　　　复核人（签字、盖章）

（鉴定评估机构盖章）

年　月　日

备注：本报告书和作业表一式三份，委托方两份，受托方一份。

本 章 小 结

本章主要内容包括二手车交易的类型和风险、二手车收购价格的确定、二手车销售价格的确定以及二手车交易流程等。

（1）二手车交易的类型和风险。二手车收购的来源多样，依据交易双方的行为和参与程度的差异，可以将二手车交易分为收购、置换、销售、拍卖等主要交易形式。同时，二手车交易涉及多个主体，存在一定的客观事件风险和主观事件风险。

（2）二手车收购和销售价格的确定。介绍了用清算价格法、重置成本法确定二手车的收购价格，根据成本加利润的原理，确定二手车的销售价格。此外，介绍了目前的二手车电商估价系统，从大数据、人工智能的角度，分析了二手车收购价格的确定方法。

（3）二手车交易流程。对二手车交易过程的主要环节（业务洽谈、委托评估、查验车辆、签订交易合同、办理相关证（税）变更）进行了系统的分析和阐述。

自 测 题

一、选择题

1．二手车交易风险分为客观事件风险和（　　）风险。

　　A．道德　　　　　B．经济欺诈　　　　C．主观事件　　　　D．违约

2．固定成本费用是指在既定的经营过程中，不随收购车辆数量、金额的变化而变动的

成本费用,如( )、( )、( )等各项支出。

  A. 固定资产的折旧   B. 管理人员的工资

  C. 营业场地的租金   D. 税收

 3. 车辆的查验既包括对车辆的技术状况,尤其是车辆的行驶性进行查验,也包括对车辆( )的核查。

  A. 相关证件   B. 保险情况   C. 工作情况   D. 使用性质

 4. 二手车评估报告书中评估结论的有效期为( )天。

  A. 90   B. 60   C. 30   D. 15

二、简答题

 1. 二手车交易有何特点?二手车在交易过程中存在哪些风险?

 2. 二手车在交易过程中需要查验哪些证件和凭证?

 3. 二手车交易中车辆评估报告的撰写内容有哪些?

第 **7** 章

汽车碰撞损失评估

7.1　车辆损失因素

　　导致车辆损失的原因是错综复杂的,既有主观原因又有客观原因,有直接原因也有间接原因,归根到底是人、车、环境三个方面的因素失去平衡造成的。造成车辆损失的事故按风险种类,分为意外事故、自然灾害和人为因素三类。据统计,95％以上的保险车辆损毁都是意外事故造成的。

7.1.1　意外事故

　　意外事故按风险成因,分为碰撞(倾覆)风险和非碰撞(倾覆)风险两大类。

1. 碰撞风险

　　碰撞是车辆损失险特定的主要危险,出险率极高,碰撞事故占车险出险事故的九成左右。碰撞危险是指保险车辆车体与外界静止的或运动中的物体意外撞击,碰撞有两种情况:
　　(1)车辆撞击火车、汽车、畜力车等运动中的物体或撞击建筑物、树木、电线杆等静止的物体。例如,车辆追尾、违章超车等造成的碰撞。
　　(2)外界运动中的物体撞击车辆。倾覆是指车辆由于自然灾害或意外事故,造成车辆倾斜翻倒,车体触地,使其失去正常状态和行驶能力,不经施救不能恢复行驶。倾覆一般由以下几种原因造成:
　　(1)高速转弯,使用制动不当或由于离心力的作用。
　　(2)窄路会车时靠右,路基松软坍塌。
　　(3)躲闪突然穿越公路或城市道路的禽畜、行人、畜力车、自行车,驶离有效路面。
　　(4)下坡熄火滑行,遇急弯冲出有效路面。
　　(5)下坡时方向失灵,刹车无效冲出路面。
　　(6)驾驶员疲劳驾驶,失控时冲出路面。

2. 非碰撞(倾覆)风险

非碰撞风险主要有以下 5 种:
　　(1)火灾风险。火灾风险指外界火源及其他事故造成的燃烧导致车辆本身的损失。这里的火灾是指在时间或空间上失去控制的燃烧所造成的灾害。车辆发生火灾,一般有以下原因：车上人员吸烟或易燃物品引发，邻处火灾波及，小孩玩火、他人纵火(包括精神病人)、静电放电起火、载运的货物起火、车上电器老化短路起火、检测过程中操作不当引发等。火灾造成的车辆损失一般都很严重，大多使车辆达到了报废程度。

(2) 爆炸风险。爆炸风险是由于爆炸而造成车辆的损失。爆炸指物体在瞬息分解或燃烧时放出大量的热和气体，并以很大的压力向四周扩散形成破坏力的现象。爆炸原因有三种：油箱质量低劣、瑕疵或长期使用超出安全使用期，装载易燃易爆品，外界爆炸波及。

(3) 外界物体倒塌风险。外界物体倒塌风险指占有一定空间的个体倒下或陷下造成保险车辆的损失。

(4) 空中运行物体坠落风险。空中运行物体坠落风险指陨石或飞行器等空中掉落物体作用于车辆使其遭受损失。如飞机失事后残骸的坠落、陨石雨等所致保险车辆受损。

(5) 自燃损失。机动车辆在使用过程中，因本车电器、线路、供油系统发生故障及运载货物自身原因起火燃烧，造成车辆的损失。

7.1.2　自然灾害

自然灾害是人力不可抗拒的，不以人的主观意志为转移的客观自然现象引起的风险，主要形式包括：

(1) 雷击风险。雷击风险指车辆因雷电所致的破坏。雷击分为两种，一种是直接雷，另一种是感应雷。直接雷，即雷电直接击中车辆所造成的损失。感应雷，即雷击产生的静电或电磁感应，使车辆金属部位产生高电位放出火花引起火灾所致的损失。雷击多发于春、夏两季。

(2) 暴风风险。暴风风险是由于风速25.2m/s以上风力造成保险车辆的直接损失，或因暴风引起建筑物倒塌、树木倾倒所致车辆的损失。

(3) 龙卷风风险。龙卷风风险指一种范围小而时间短的猛烈旋风对车辆造成的损害。龙卷风的风速一般在79～103m/s之间，破坏力极大，可将建筑物、车辆等物体卷到空中带往它处，它的风域最长可达100km以上。

(4) 暴雨风险。暴雨风险是由于暴雨造成积水不能宣泄，致使车辆遭受浸泡、淹没所发生的损失。雨量每小时达到16mm以上，或连续12小时达到30mm以上，或连续24小时达到50mm以上的为暴雨。

(5) 雹灾风险。雹灾风险是由于冰雹降落造成的灾害，指各种形体不规则的冰块从升降气流特别强烈的积云中降落，所致车辆的损失。

(6) 洪水风险。洪水风险指江河泛滥、山洪暴发、潮水上岸及倒灌，致使车辆遭受浸泡、淹没、冲击、冲毁的损失。

(7) 海啸风险。海啸风险是由于地震或风暴造成的海面巨大涨落现象，以上两种情况均可致海水上岸泡损、淹没、冲失、冲毁车辆。海啸按形成原因分为地震海啸和风暴海啸两种。地震海啸是海底地壳断裂，引起剧烈震动，海面产生高度可达10余米的巨大波浪，侵袭陆地。风暴海啸是强大低气压通过时，由于气压差使海面异常升起侵袭陆地。海啸灾害极其少见，只分布在我国沿海地区。

（8）地陷风险。地陷风险指地壳因自然变异、地层收缩而使地表发生突然下陷的现象，此外还包括地下洞穴或矿穴突然下陷所造成车辆的损失。

（9）冰陷风险。冰陷风险是指江河封冻期车辆在公安交通管理部门允许行驶车辆在冰面上行驶时，冰面突然下陷造成的车辆损失。冰陷灾害仅在我国北方的黑龙江、吉林等少数地区存在。

（10）崖崩风险。崖崩风险指石崖、土崖因自然风化、雨蚀而崩裂下塌，或山上岩石坠落或雨水使山上沙土透湿崩塌，致使车辆受损。崖崩灾害多发于山区。

（11）雪崩风险。雪崩风险指大量积雪突然崩落的现象。雪崩是山地的大量积雪由于本身重量、大风、新旧积雪摩擦力减小、积雪底部融解及气温骤升等原因引起，一般有顺坡下滑、大块塌落或巨团滚下等形式。因雪崩致使车辆被卷走、掩埋、倾覆、翻滚、压坏等的损失。

（12）泥石流风险。泥石流风险是指突然暴发的包含大量泥沙、石块的洪流，将车辆埋没或损坏。泥石流的形成是地形陡峭、松散堆积物丰富的山地，由于特大暴雨或大量冰雪融水流出等原因，带动泥沙、石块沿陡坡滚滚而下，具有极大的破坏性。泥石流灾害发生在山区。

（13）滑坡风险。滑坡风险指斜坡上不稳的岩体或土体，在自身重力的作用下，突然整体向下滑动，致使车辆受损。造成山体、岩体滑坡的原因很多，如洪水的冲击、暴雨的袭击等。滑坡灾害多发于山地和丘陵地带。

（14）载运车辆渡船遭受的自然灾害风险。这是指车辆在行驶途中需要渡江、河、湖，驾驶员将车开上渡船后，并随渡船一直到对岸，这期间渡船遭受自然灾害，致使车辆遭受的损失。

7.1.3　人为因素

1. 人为破坏

人为破坏的主要方式是车辆全车被盗窃、抢劫、抢夺或盗窃零部件、附属设备。

2. 人为操作失误

（1）车辆在淹及排气筒的水中起动或被水淹后操作不当致使发动机损坏。当发动机被水淹后，水会顺着进气管进入某个气门开启的气缸内并囤积起来，且进气总管有存水。如果此时再进行二次起动，由于起动机转速很高，产生的转矩也很大，强行带动发动机运转，而该进水气缸马上进入压缩行程，进排气门关闭，活塞将在曲轴的带动下压缩密闭缸内的水，由于水不可被压缩，此举会导致发动机的损坏，轻则该连杆弯曲、折断，重则曲轴弯曲、缸壁破损、发动机彻底报废等。

（2）人工直接供油、高温烘烤造成的损失。人工直接供油，是指在汽油发动机供油系统出了故障以后，为使发动机继续应急运行而采取人工强制供油的方法。当汽油发动机供油系统出故障以后，人为跳过供油系统，利用虹吸原理，另备一只装满汽油的容器，用胶管将汽油直接引入发动机进气口内向发动机供油，这种供油方法就是人工直接供油。这种直接供油方法极容易引燃汽油造成火灾,不能控制发动机转速,极容易造成交通事故。另外,汽车在贴膜和修补涂层时,需要进行加温烘烤。一般高温漆涂膜烘烤温度在 130℃以上,如果操作不当,可能造成车辆的损失。

3. 驾驶不当

(1)超速行驶。驾驶员在驾驶车过程中大脑活动的过程是:发现外界刺激信息→注意→大脑接收→分析→判断。在超速行驶过程中,驾驶员注意力和判断机能降低,接收外界信息能力减弱,随之而来的分析、判断、动作就容易产生失误,从而导致事故的发生。

(2)酒后驾驶。酒精会造成人的注意力下降、思维能力下降、情绪不稳定,对外界判断的准确性降低,理性和处理信息的能力也会降低,动作和思维不能协调一致。酒精对人体副作用很大,特别是对驾驶的人危害更严重。当驾驶人员血液中酒精浓度达到 8mg/10mL 时,发生交通事故概率是血液不含酒精时的 2.5 倍。

(3)疲劳驾驶。疲劳驾驶是指驾驶员在行车过程中,出现腰酸背痛、眼睛模糊、手指和身体不灵活、反应迟钝、判断不准等驾驶能力低落的现象。从生理上看,驾驶员为了更好地处理行车过程中所遇到的各种复杂情况,驾驶员的眼睛和神经在长时间内一直处于持续的紧张状态,尤其在高车速的情况下,眼睛的负担很大,连续工作时间一长,人的感觉机能弱化,听觉和视觉敏锐性降低,严重时还会引起错觉。

7.2 汽车碰撞事故的分类

汽车碰撞事故分为单车事故和多车事故,单车事故又分为翻车事故和撞障碍物事故,汽车碰撞事故的分类情况如图 7-1 所示。

图 7-1 汽车碰撞事故的分类

1. 汽车单车事故

1)翻车事故

一般是由于汽车驶离公路路面或由于高速转弯造成的。其事故严重程度主要与车速、翻车路况有关。翻车事故又可细分为高速转弯翻车、正向坠崖翻车和侧向坠崖翻车等。

2）撞障碍物事故

撞障碍物事故按撞车部位分为前撞、尾撞和侧撞。其中，前撞和侧撞约占事故的70%。追尾事故主要发生在市内交通道路，其相对碰撞速度较低，但追尾常造成乘客颈部严重损伤与致残，后果严重。按障碍物特性分为正撞刚性墙、斜撞刚性墙、正撞刚性柱、正撞护栏、斜撞护栏以及与行人碰撞等类型。

2. 汽车多车事故

多车事故是指两辆或两辆以上的汽车在同一事故中发生碰撞造成的事故。在多车事故中，两车相撞的情况较多。多车事故有两个明显特征：一是给事故车辆施加冲击力的均为其他车辆；二是一般无来自上下方向的冲击载荷，且其障碍物的刚性变化没有单车事故大。

3. 汽车碰撞损伤类型

按碰撞部位是否接触，可分为直接损伤和间接损伤。

（1）直接损伤（或一次损伤）是指汽车碰撞直接接触部分出现的损伤。如汽车发生前撞，直接接触部分包括前保险杠、前翼子板、散热器护栅、发动机室、前灯等零部件导致的变形损坏，称为直接损伤。

（2）间接损伤（或二次损伤）是指汽车碰撞非直接接触部分出现的损伤。即离碰撞点有一定距离，因碰撞力传递而导致的变形，如车架横梁、行李箱、车轮外壳、护板等。

按被碰撞零部件变形特点，可分为侧弯、凹陷、折皱、菱形损坏和扭曲5类，如图7-2所示。

（1）侧弯是指偏离原行驶方向时发生的损坏，表现为一边伸长、一边缩短。

（2）凹陷是指前机罩区域出现的比正常平面低的情况。

（3）折皱是指车架或侧梁上发生微小的弯曲。

（4）菱形损坏是指原为方形，碰撞后变为菱形。

（5）扭曲是指零件平面的两个对角碰撞后变为其中一个角高出正常平面，另一个角低于正常平面。

(a) 侧弯　　　(b) 凹陷　　　(c) 折皱

(d) 菱形损坏　　　(e) 扭曲

图 7-2　车身碰撞损坏类型

7.3 汽车碰撞损伤的诊断

7.3.1 碰撞对车身结构的影响

1. 车身结构

汽车车身结构从形式上说，主要分为承载式和非承载式两种。

承载式车身没有刚性车架，只是加强了车头、侧围、车尾、底板等部位，发动机、前后悬架、传动系统的一部分等总成部件装配在车身上设计要求的位置。承载式车身如图 7-3 所示。

图 7-3 承载式车身

承载式车身除了其固有的乘载功能外，还要直接承受各种负荷力的作用。如今承载式车身通过不同强度钢材的运用，发生碰撞时通过吸能、溃缩等方式保证车内人员安全，无论在安全性还是在稳定性方面都有很大的提高，但是产生的噪声和振动相对较大。车体的刚性和载重能力相对较弱，所以一般专业越野车和货运车辆不采用这种结构。承载式车身的优缺点见表 7-1。

表 7-1 承载式车身的优缺点

优　　点	缺　　点
1. 无车架，减轻整车质量	1. 传动系统和悬架的振动和噪声会直接传入车内，需采取防振和隔声措施
2. 结构不影响车厢内部空间，地板高度降低，上下车方便	2. 底盘强度远不如大梁结构的车身，当 4 个车轮受力不均匀时，车身会发生变形
3. 适合轿车、小车以及城市 SUV，比较轻、省油	3. 制造成本偏高
4. 重心较低，公路行驶平稳，整体式车身比较安全	

非承载式车身是指车架承载着整个车体，发动机、悬架和车身都安装在车架上，车架上有用于固定车身的螺孔以及固定弹簧的基座的一种底盘形式。非承载式车身如图 7-4 所示。

非承载式车身车架有边梁式、钢管式等形式，其中边梁式是采用最广泛的一种车架。边

图 7-4　非承载式车身

梁式车架由两根长纵梁及若干根短横梁铆接或焊接成形,纵梁主要承受弯曲载荷,一般采用具有较大抗弯强度的槽形钢梁,也有采用钢管的,但多用在轻型车架上。非承载式车身的优缺点见表 7-2。

表 7-2　非承载式车身的优缺点

优　点	缺　点
1. 车身强度高,钢架能够提供很强的车身刚性 2. 有独立的大梁,底盘强度较高,一般用在货车、客车和越野吉普车上 3. 4 个车轮受力再不均匀,也是由车架承担,而不会传递到车身上去 4. 车身和车架是采用弹性元件连接的,具有一定的缓冲减振作用	1. 遇到危险(如翻车)的时候,厚重的底盘,也会对相对薄弱的车身产生致命威胁 2. 车架重,车身和车架又是两个独立的部件,整体重量更大 3. 车辆重心比承载式更高

2. 车身构成

轿车普遍采用承载式车身结构,其车身主要由车身前部、车身底部、中间车身、车身侧部、车身后部及其他相关附件组成,如图 7-5 所示。

图 7-5　车身构成

(1) 车身前部。车身前部主要由翼子板、前段纵梁、前围板及发动机罩等构件组成。当汽车受到正向冲击时,依靠前车身来有效地吸收冲击能量。

(2) 车身底部。车身底部是将车身前部后侧、客厢和行李厢底板连接在一起的构件。车身底部是中间车身的基础,而且汽车行驶中加给车身的载荷都是通过底板传递并加以扩散的。车身底部要求具有较高的刚性,用以支撑乘员和货物并连接后悬架和后轴,车身底部由数条横梁及两侧的纵梁构成刚性较高的承载浅盘形地板。为了适当吸收车辆碰撞时的部分冲击能量,防止发动机侵入驾驶舱,前纵梁和后纵梁都设计成向上弯曲的挠曲状。

(3) 车身侧部。车身侧部用以连接车身的底部、前部、后部和顶盖,并构成客厢的侧面。用前、中、后3根立柱和上下纵梁构成车门框,用以安装车门。由于车门面积的要求,车身侧面的刚性较弱。

(4) 车身后部。轿车后车身是用于放置物品的部分,车身后部主要由后侧板、后挡泥板、衬板、行李舱盖或背门形成行李舱。与车身前部相比,车身后部只有面板,而没有骨架部分,所以其刚性比车身前部低得多。

上述四大构件焊接在一起构成了车身壳体,车身壳体内部一般都设置隔音隔热和防振材料或涂层。车身除了这四大构件以外,还包括:

(1) 车身外部装饰件,主要有装饰条、车轮装饰罩、标志等,散热器面罩、保险杠等也具有明显的装饰作用。

(2) 车身内部装饰件,主要有仪表板、顶棚、侧壁内衬、车门内衬等。

(3) 车身附件,主要有车门锁、门铰链、玻璃升降器、各种密封件、扶手、安全带、安全气囊、座椅头枕等。

3. 碰撞力对不同车身结构汽车的影响

汽车碰撞对于不同结构的汽车损坏程度是不同的,损失金额也是不一样的,汽车发生碰撞事故,首先受到损坏的是汽车的外壳——车身,再后就是汽车零部件。

1) 碰撞对承载式车身结构的影响

客车和轿车广泛采用承载式车身,承载式车身受碰撞后通常会造成车身整体结构件损伤,在修理时既要满足形状要求,更要满足发动机至驱动轮动力传递和各大总成及前轮定位要求,技术要求很高。由于承载式车身是整体结构,当受到碰撞后,尤其是碰撞力度大而又指向质心时,汽车车身由于吸收碰撞能量而产生变形,碰撞能量通过车身结构扩散,车身从撞击点依次吸收撞击能量。车身由许多薄钢板通过焊接而成,车身壳体吸收碰撞能量导致变形和损坏。为了保证车身乘员区的安全,承载式车身结构的汽车在前部和后部设置了碰撞能量吸能区,在受到碰撞时,吸能区能按设计要求形成折曲,吸收撞击能量,这样就大大减小了撞击力的传递,从而减小对乘员区的冲击力。当前部被碰撞时,由前部车身吸收能量;后部被碰撞时,由后部车身吸收能量;前侧方被碰撞时,则由前翼子板及前部纵梁吸收能量;中部被碰撞时,碰撞能量由边梁、立柱和车门吸收;后侧方被碰撞时,能量由后翼子板及后纵梁吸收;车顶盖受到碰撞,则由顶部结构吸收能量。

现代汽车车身既要经受行驶中的振动,还要在碰撞时能给乘员提供安全。现代乘用车在碰撞时,前部和后部车身形成一个吸引能量的结构,在某种程度上碰撞容易损坏,使得车身中部形成一个相对安全区。当汽车以48km/h的速度碰撞坚固障碍物时,发动机室的长度会被压缩30%～40%,但乘员室的长度仅被压缩1%～2%。承载式车辆发生正碰和追尾时的能量分布、吸收情况如图 7-6 所示。

(a) 车身受力情况　　　　　　　　　　(b) 碰撞力的吸收

图 7-6　承载式车身对碰撞能量的吸收

2）碰撞对非承载式车身结构的影响

汽车发生碰撞事故时，车架被损伤的概率是很高的，由于是基础件，它损坏变形后将直接影响各大总成的正常工作，严重时会导致汽车丧失工作能力。

对非承载式车身而言，碰撞对车身结构的影响主要表现在车架的弯曲和扭曲，如图 7-7 所示。

(a) 垂直方向的弯曲　　　　　　　　(b) 水平方向的弯曲

(c) 扭曲变形　　　　　　　　　(d) 菱形变形

图 7-7　车架弯曲和扭曲类型

7.3.2　车身的碰撞损伤诊断

碰撞事故造成车身损坏的特点主要是骨架扭曲变形、断裂和板面的刮裂、凹陷、皱褶等。

事故车修复后,车身各钣金件外形尺寸和工作性能应基本达到原厂设计要求,若质量未达到要求或使其他零部件装配困难时应返工。车身的碰撞损伤诊断与修复见表 7-3。

表 7-3　车身的碰撞损伤诊断与修复

序号	部位(部件)	碰撞损伤诊断与修复
1	保险杠	当汽车发生正面碰撞(含追尾)时保险杠支架、骨架可能发生变形,保险杠面罩(大多为塑料件)可能发生擦伤、撕裂、断裂、凹裂等损坏。保险杠支架、骨架,一般变形(含中度变形的)可采取修复校正方法处理;对于变形严重的,则考虑更换
2	发动机罩	碰撞会引起发动机罩变形。一般小轿车发动机罩由蒙皮和内加强筋两部分组成。轻微碰撞,因变形部位不受内加强筋限制,钣金修复即可。对于碰撞较严重且整形操作受影响的,则必须将蒙皮与内加强筋剥离后进行整形修复
3	前翼子板	一般翼子板的损坏程度不十分严重,基本上都可采取修复方法进行处理
4	前围	前围在车身结构中,位置处在前部。当汽车发生正面、侧面碰撞时,都会造成前围不同部位的变形。当汽车发生正面碰撞时(含追尾),首先发生变形的就是散热器框架。对于轻微的碰撞或者局部的碰撞,一般都可采取整形恢复的办法处理;但对追尾碰撞,造成该部位损伤、变形严重,因其几何形状复杂,可采取更换的办法进行处理
5	前纵梁	当汽车发生正面碰撞、侧面斜交碰撞时,往往会造成双边纵梁或单边纵梁弯曲变形,较大的碰撞还可能造成弯折或破损。在一般情况下,大多采取校正处理
6	挡泥板	当汽车发生正面碰撞,挡泥板前部变形,一般都采取整形修复处理。若碰撞严重,造成前纵梁弯折,挡泥板破损,在决定更换前纵梁的同时,连挡泥板一同更换。若从侧面碰撞,使平行包变形严重或破损,可更换挡泥板
7	车身支撑件	当汽车发生正面碰撞,一般来说对此部位的变形影响不大,如碰撞严重也只能造成立柱的变形。由于这些部位都是组合件,且焊接比较牢固,所用的材质比其他构件厚,刚度较大。因此在变形、受损后,要进行修复难度较大。轻微凹陷变形,可用顶拉的方法即可恢复;如果变形严重,就要解体分开修整,最后组合
8	车门	在汽车碰撞事故中,造成车门变形、破损的主要原因是该门被侧面碰撞或覆倾。由于车门是多体件结构,在定损时可采取哪个附件变形破裂,就修复或更换哪个附件
9	后翼子板	一般来说,轻微的擦撞,只是对翼子板面板造成损伤,修复整形后能够达到表面光滑、弧度均匀,恢复到原来的几何形状。对于侧面碰撞,较为严重者一般需解体整形。对于变形、破损严重的,为保证车体后部的标准尺寸和车的外形几何形状要求,可采取更换此件的方法解决
10	后围	后围的变形破损,在定损过程中都是以修复为主(无单体件可供更换),由于它的结构简单,恢复后基本上无后遗故障
11	车顶	车顶本身结构比较薄弱,轻微的直接碰撞都会造成车顶的凹变。车顶的轻度变形或局部凹陷,通过简单的整形就能恢复到原来的形状
12	车身底板	除非严重碰撞,车身底板一般不会造成变形。车身底板的变形,一般都采用修整的办法来恢复原来的几何形状及尺寸,破裂的进行焊补
13	行李厢盖	侧面碰撞,行李厢盖一般只是轻度变形,或者移位;正面碰撞,行李厢盖变形、拱曲,破损比较严重。当行李厢盖碰撞变形后,通过整形修复基本上都能恢复原来的形状

车身修复作业的主要内容有两大项：钣金修复和喷涂修复。车身钣金修复作业的主要内容包括鉴定、拆卸、修整与装配等。

（1）鉴定。鉴定就是用尺子、样板或模具等对车身损伤部位进行检查，以确定损伤的性质和具体的修复方法。

（2）拆卸。拆卸的原则是尽量避免零件的损伤和毁坏，连接件的拆卸方法除用扳手外，还可以根据实际情况采取钻孔、锯、錾、气割等。

（3）修整。车身变形的修整作业内容和方法很多，根据不同形式的损伤采取不同的方法，具体有锤敲、撑拉、挖补、氧-乙炔焊、气体保护焊、手工电弧焊、电阻点焊、铝合金钎焊、等离子弧切割等。

（4）装配。将经过修整的车身和局部附件、需要更换的部件和拆卸件，按原车的要求进行总装。

某面包车发生交通事故，右前门发生凹陷，需要进行钣金修复，修复的过程为：准备钣金的相关器材（如钣金修复机）；卸下车辆右前门的内饰；用砂轮机打磨右前门变形处，露出车门内部的金属表面；用钣金修复机将车身表面拉平，产生密集钣金点；对钣金处打磨平整，刮原子灰。钣金修复流程如图 7-8 所示。

钣金修复机　　　卸下车辆右前门的内饰　砂轮机打磨，露出内部的金属表面

将车身表面拉平　　　　　　密集钣金点

打磨平整　　　　　　刮原子灰(腻子)

图 7-8　钣金修复流程

车身进行钣金整形后的工序就是喷涂工序,工艺过程包括脱漆、表面预处理、涂料选择和调色、实施喷涂工艺。

(1) 脱漆。根据车身维修和车身旧漆的情况,需要部分或全部地除去车身上的旧漆,以保证涂装工艺的质量。常用的方法有火焰法、手工或机械法、化学脱漆剂等。

(2) 表面预处理。预处理的工序是:去锈斑、除污垢,进行氧化处理、磷化处理、钝化处理等。去锈除污的目的是增大涂层和腻子与基体金属的附着力;氧化处理、磷化处理、钝化处理的目的是防锈,延长车身的使用寿命。

(3) 涂料选择和调色。根据原车面漆的质地与色号,选择涂料和调色。车身涂料除面漆外,还需要各种附料,如底漆、腻子、稀释剂、清漆、固化剂、防潮剂、红灰、胶纸等。

(4) 涂装工序。涂装主要工序包括:头道底漆的喷涂,刮涂腻子,喷涂二道底漆,用红灰填补沙眼、气孔,喷涂末道底漆,面漆喷涂,罩清漆,喷涂后处理。头道底漆为防锈底漆,目的是防锈和增大腻子与基体金属的附着力。腻子至少要刮涂二三遍,并进行打磨,刮涂腻子的目的是将修整时留下的不平整平。

7.3.3　发动机和底盘的碰撞损伤诊断

1. 发动机损伤的鉴定

汽车的发动机,尤其是小型轿车的发动机,一般布置于车辆前部发动机舱。车辆发生迎面正碰撞事故,不可避免地会造成发动机及其辅助装置的损伤。对于后置发动机的大型客车,当发生追尾事故时,有可能造成发动机及其辅助装置的损伤。

一般发生轻度碰撞时,发动机基本上受不到损伤。当碰撞强度较大,车身前部变形较严重时,发动机的一些辅助装置及覆盖件会受到波及和诱发的影响而损伤,如空气滤清器总成、蓄电池、进排气歧管、发动机外围各种管路、发动机支撑座及胶垫、冷却风扇、发动机正时罩等,尤其对于现代轿车,发动机舱的布置相当紧凑,还可能造成发电机、空调压缩机、转向助力泵等总成及管路和支架的损坏。更严重的碰撞事故会波及发动机内部的轴类零件,致使发动机缸体的薄弱部位破裂,甚至致使发动机报废。

在对发动机损伤进行检查时,应注意详细检查有关支架处发动机缸体部位有无损伤。发动机的辅助装置和覆盖件损坏,可以直接观察到,可以采用就车拆卸、更换或修复的方法。若发动机支撑座、正时罩和基础部分损坏,则需要将发动机拆下进行维修。当怀疑发动机内部零件有损伤、破裂或缸体有破裂损伤时,需要对发动机进行解体检验和维修。

2. 汽车底盘损伤的鉴定

1) 悬架系统

由于悬架直接连接着车架(或承载式车身)与车桥(或车轮),其受力情况十分复杂。在碰撞事故中,悬架系统(尤其是独立悬架系统)经常受到严重的损伤,致使前轮定位失准,影响车辆正常行驶。

车辆遭受碰撞事故时,悬架系统由于受到车身或车架传导的撞击力,悬架弹簧、减振器、悬架上支臂、悬架下支臂、横向稳定器和纵向稳定杆等元件会发生不同程度的变形和受到损伤。悬架系统元件的变形和损伤往往不易直接观察到,在对其进行损伤鉴定时,应借助检测设备和仪器进行必要的测量及检验。这些元器件的损伤一般不宜采用修复方法修理,应换新件。

2)转向系统

转向系统的技术状况直接影响行车安全,而且由于转向系统的部件都布置在车身前部,通过转向传动机构将转向机与前桥连接在一起。当发生一般的碰撞事故时,撞击力不会波及转向系统元件。但当发生较严重的碰撞事故时,由于波及和传导作用,会造成转向传动机构和转向机的损伤。

转向系统易受损伤的部件有转向横拉杆、转向机、转向节等;更严重的碰撞事故,会造成驾驶室内转向杆调整机构的损伤。转向系统部件的损伤不易直接观察,在车辆定损鉴定时,应配合拆检进行,必要时做探伤检验。

3)制动系统的定损

对于普通制动系统,在碰撞事故中,由于撞击力的波及和诱发作用,往往会造成车轮制动器的元器件及制动管路损坏。这些元器件的损伤程度需要进一步的拆解检验。

对于装用 ABS 系统的制动系统,在进行车辆损失鉴定时,应对有些元件进行性能检验,如 ABS 轮速传感器、ABS 制动压力调节器。管路及连接部分的损伤可以直观检查。

4)变速器及离合器的定损

变速器及离合器总成与发动机组装为一体,并作为发动机的一个支撑点固定在车架(或承载式车身)上,变速器及离合器的操纵机构又都布置在车身底板上。因此,当车辆发生严重碰撞事故时,由于波及和诱发等原因,会造成变速器及离合器的操纵机构受损、变速器支撑部位壳体损坏、飞轮壳断裂损坏等。这些损伤程度的鉴定,需要将发动机拆下进行检查鉴定。

7.3.4　电器和空调的碰撞损伤诊断

1. 电器设备损伤的鉴定

汽车电器设备包括电源部分和用电部分,电源部分有蓄电池、发电机和调节器,用电部分有起动机、点火系、照明装置和辅助设备等。车辆碰撞时如果直接撞击电器设备零件,则会造成电器零件壳体变形、断裂等直接损坏。

1)蓄电池

汽车蓄电池一般安装在发动机盖里、驾驶员座位下或车架纵梁外侧。当蓄电池直接受撞击时有可能造成如下损坏:

(1)蓄电池外壳产生裂纹或破裂,致使电解液溢出。定损时,根据裂缝的部位和程度,确定对壳体进行修补或单独更换外壳。

(2)连接板断裂,可进行焊接。

(3)极柱折断,可将折断处清洁干净,重新焊修。

(4)极板组因碰撞而变形,活性物质脱落,可更换单格极板组。

2)发电机

发电机一般安装在发动机机体前部的侧面,当车辆发生碰撞时容易造成发电机以下损坏：

（1）发电机皮带盘破裂或变形，一般应予更换。

（2）发电机外壳破裂，一般应予更换。

（3）电枢轴因碰撞弯曲，可进行校正处理。

（4）前、后端盖支臂螺孔处断裂，可进行修焊处理。

3）起动机

起动机安装在发动机后侧飞轮壳上，一般事故不会使其受损，只有当车辆严重碰撞造成飞轮壳受损或起动机本身遭直接撞击时，才可能使起动机部分零件造成以下损坏：

（1）驱动机构的驱动齿轮变形、牙齿断裂，更换驱动齿轮。

（2）后端盖因碰撞断裂，应更换。

（3）电枢轴弯曲，可进行校正处理。

（4）启动开关变形损坏。可根据损坏程度确定是否需要更换总成，电磁式起动机开关若碰撞凹陷，可导致内部线圈短路，一般应更换开关总成。

（5）推动离合机构的传动叉因碰撞变形，可拆下校正。

4）照明装置

照明装置（灯具）在碰撞中首当其冲极易损坏。对灯罩破裂的，如有灯罩配件可更换灯罩，无灯罩但有半总成的可更换半总成。灯具底座（或称后壳）破裂的，可采取塑焊修补方法处理。

5）仪表板

在碰撞事故中极易造成仪表台面挤压弯折及破裂。对于台面轻微弯折或破裂的可采取塑工处理；台面内支架破裂的可进行塑焊处理；对于有组合部件的可更换部分组件，对于仪表损坏的可单独更换仪表，对于仪表未损坏而仪表台面严重损坏的可单独更换仪表台面。仪表台总成一般价值都较高（尤其是高档轿车），轻易不得更换仪表台总成。

2. 空调系统损伤的鉴定

汽车空调系统包括冷凝器、制冷压缩机、蒸发箱、暖气水箱、鼓风机等。

1）冷凝器

冷凝器与水箱一起被安装在水箱框架上，一般的正面碰撞极易造成冷凝器损坏。对于冷凝器轻度弯扭变形的，可采取校正方法处理；严重变形或破漏的一般应予更换。对冷凝器外部连接的空调管道直接撞击弯折、破裂的一般都应更换。

2）制冷压缩机

制冷压缩机的损坏一般表现为皮带盘变形、压缩机轴弯曲变形、压缩机壳体破裂、压缩机空压管接头损坏等。皮带盘的轻微变形可采取校正方法处理，严重变形的可更换皮带盘；压缩机轴弯曲变形可校正处理；壳体破裂的一般应予更换；空压管接头损坏的可设法更换接头。

3）蒸发箱与鼓风机

蒸发箱及鼓风机在碰撞过程中极易遭受挤压导致壳体破碎。一般壳体局部破碎都可采取塑焊方法处理，但对于壳体大面积破碎的亦可采取更换壳体处理（有壳体配件的），一般不得轻易更换总成件。

7.4　汽车维修费用的评估

7.4.1　作业项目的确定

在完成对汽车的碰撞损伤鉴定之后,需要制订维修计划,在此基础上,进行维修费用的计算与评估。维修计划包括需要修理和更换的项目、维修工位、维修工时、需要采购和外加工的项目等。

作业项目的确定可分为更换项目的确定、拆装项目的确定、修理项目的确定与待查项目的确定 4 项。

1. 更换项目的确定

需要更换的零部件一般可归纳为以下 4 种:

(1) 无法修复的零部件。非承载式汽车中的车桥、悬架;转向系统中的所有零部件,如方向横拉杆的弯曲变形等;灯具的严重损毁,玻璃的破碎等。

(2) 工艺上不可修复使用的零部件。工艺上不可修复使用的零部件主要有胶贴的各种装饰条,如胶贴的风窗玻璃饰条、胶贴的门饰条、翼子板饰条等。

(3) 安全上不允许修理的零部件。从保证安全的角度考虑,不可修复使用的零部件是指那些对汽车安全起重要作用的零部件,如行驶系统中的所有零部件。这些零部件在受到明显的机械性损伤后,从安全的角度出发,基本上都不允许再使用,必须予以更换。

(4) 无修复价值的零件。无修复价值的零部件是指从经济角度考虑,已无修复价值,即那些修复价值接近或超过其原价值的零部件。

2. 拆装项目的确定

有些零部件或总成并没有损伤,但是更换、修复、检验其他部件需要拆下该零部件或总成后再重新将其装回。

拆装项目的确定要求评估人员对被评估汽车的结构非常清楚。在对被评估汽车拆装项目的确定有疑问时,可查阅相关的维修手册和零部件目录。

3. 修理项目的确定

在现行的汽车损失评估以及绝大多数机动车保险条款中,受损汽车在零部件的修理方式上仍以修复为主,所以在工艺上、安全上允许的且具有修复价值的零部件应尽量修复。

4. 待查项目的确定

在车险查勘定损工作中,经常会遇到一些零件,用肉眼和经验一时无法判断其是否受损、是否达到需要更换的程度,甚至在车辆未修复前,就单独某零件用仪器都无法检测,如转向节、悬架臂、副梁等,这些零件在定损工作中常被列为待查项目。减少待查项目中道德风险的方法主要包括尽量减少待查项目、拍照备查、参与验收、取走损坏件。

7.4.2　零部件更换原则

在汽车维修的过程中,往往会涉及相关零部件的维修与更换,零部件是否需要更换,需要注意相关原则。

1. 质量与寿命有保证

维修后零部件的使用寿命应能达到新件寿命的80%以上,且应能与整车使用寿命相匹配。

2. 确保行车安全

(1) 影响安全的保安件,如转向系统的球头转向节、横拉杆、直拉杆,悬架系统的扭杆等。

(2) 修复后不能达到原有技术标准的,如发动机缸体、缸盖、飞轮壳、元宝梁等。

(3) 修复后不能恢复原有性能的,如钢圈、转向节等。

(4) 修复后会产生漏水、漏气的,如骨架、立柱、轮槽等。

(5) 无探伤条件的。对于零部件变形后需要探伤但无探伤条件而无法确定损伤情况的,必须更换,以确保行车安全。

(6) 无矫正设备或检验设备的。无法保证维修质量的零件,必须更换。例如汽车的侧梁、翼子板的内板、发动机副梁、转动轴等重要零件,如无维修把握时,都必须更换。

3. 零部件修理费用与新购价格的关系

(1) 价格较低的,一般修理费用应小于等于新价格的30%。

(2) 中等价值的,一般修理费用应小于等于新价格的50%。

(3) 总成的修理费用,一般修理费用应小于等于新价格的75%。

4. 板件的损伤程度

对于结构性的板件,因在车身中起到承载作用,需要仔细考虑整体更换车壳总成。对于非结构性的板件,如前/后翼子板、发动机室盖、车门外皮等,如无撕裂、死褶或开裂部位很小,均属于可修复的情况,一般不更换。

5. 特殊零部件的更换

特殊零部件包括以下5类:

(1) 仪表类。目前轿车多采用组合仪表,一般有明显碰伤、破损的都需要整体更换。某些车型的仪表可以单独更换。

(2) 电气元件。对于各种继电器、传感器等电气元件,尤其是 ECU,它们通常情况下都无法修理,只能更换。

(3) 橡胶、塑料和玻璃制品。橡胶制品包括轮胎和低值易损橡胶制品。塑料制品,如利用玻璃钢型材等复合材料制造保险杠、翼子板等非结构件。当这些制品损伤不严重时,一般都可以用黏接或塑料焊接的方法修理,但若损伤严重则应更换。玻璃制品,例如车身玻璃为不可修复件,必须更换。

（4）电镀装饰件。在碰撞中这类零部件失去装饰作用,必须更换。

（5）车身附加设备。某些车主购车后,又自行增添了音响、装饰件等价值较高的设备。由于车损险的赔偿范围应限定于该车型的原厂配置。若车主未投保新增设备险,则不能赔偿,应由车主自行负担损伤的维修费用。

6. 关于外协加工和专项修理

在目前的汽车维修市场上,出现了许多专项维修业户,其维修质量有保证且价格合理。例如铝合金焊接专项维修户,可以对于采用铝合金的发动机缸体、缸盖、变速器壳等进行铝合金焊接修理。在决定此类零部件的修与换时,应充分考虑。

7. 老旧车型

对于某些老旧车型,其配件价格昂贵且在市场上很难买到,考虑到该车型离法定报废时限很短,一般采用修理的方法为好。

8. 商品车或 3 个月以内的新车

凡属于本例汽车上的损伤零部件,都必须更换。

7.4.3　维修费用的计算与评估

1. 汽车维修费用的组成

汽车维修费用主要由工时费、材料费、外协加工费和税费等 4 项组成。

1）工时费

工时费按下式计算:

$$工时费＝工时单价×工时定额$$

式中,工时单价——完成某工种每单位维修工时所需的费用,元/h;

工时定额——完成某工种的单项修理所需的工作时间,h。

其中,工时单价是按汽车维修企业级别而定的,共分四档:一类企业工时单价、二类企业工时单价、三类企业工时单价、机加工及车辆急修的工时单价（各地情况不同,会有一定差别）。某地的汽车维修行业工时单价见表 7-4。

表 7-4　某地汽车维修行业工时单价

类　　别	工时单价/元	范　　围	备　　注
一类维修企业	10	各工种	不含辅料费
二类维修企业	8	各工种	不含辅料费
三类维修企业	5	专项修理、摩托车维修	含辅料费
机加工、车辆急修	14	—	含辅料费

工时定额则与汽车的维修项目紧密相关,汽车维修的类型如下:

(1) 汽车大修

汽车大修的作业范围包括发动机总成、前桥总成、后桥总成、车架总成、变速器总成、客车车身总成、货车总成的解体、拆卸清洗、分类检验、备料、换件、零件修复、装配,总成的组装调试及竣工验收等全部过程。

(2) 发动机总成大修

发动机总成大修的作业范围包括发动机的解体、清洗、分类检验、换件,发动机机加工、零件修复、总成装配,发动机涂漆,发动机电器修理、磨合、调试及竣工验收的全部过程。

(3) 前桥、后桥、变速器总成大修

作业范围包括总成零部件的解体清洗、分类检验、换件、修复、装配、调试及竣工验收的全部工作过程。

(4) 车架总成大修

当车架出现断裂、弯曲、扭曲、铆钉松动,必须拆卸其他总成才能修理时,可以按总成大修的工时计算。在计算工时时,拆装其他总成的工时另计。

(5) 车身总成大修

作业包括彻底修复横直梁、骨架断裂、霉烂、变形。

(6) 汽车小修

作业范围包括个别零部件的修理、更换、润滑、故障排除、调整试车、竣工验收等工作过程。

(7) 汽车维护作业

汽车维护作业分为一级维护、二级维护,国家标准《汽车维护、检测、诊断技术规范》(GB/T 18344—2016)中已明确规定了汽车日常维护、一级维护、二级维护的周期、作业范围和技术规范。凡维护作业范围之外的修理都属于附加项目,可附加计费。

轿车的大修工时定额、轿车的二级维护工时定额分别见表 7-5、表 7-6。

表 7-5　轿车的大修工时定额参考　　　　　　　　　　　　　　h

项目 \ 车型	微型	普通型	中级	中高级	高级
1. 全车大修工时合计	1147	1452	1812	1926	2069
2. 发动机及离合器大修工时合计	232	284	396	408	443
(1) 发动机解体、清洗、检修、装配、磨合、调试	174	196	244	254	274
(2) 发动机机加工	32	58	68	70	75
(3) 发动机电器	24	28	82	82	92
(4) 发动机涂漆	2	2	2	2	2
3. 底盘大修工时合计	268	310	394	418	442
(1) 变速器、分动器及传动轴	45	54	74	76	80
(2) 前桥、前悬架及转向器	60	61	87	88	96
(3) 后桥(包括中桥)、后悬架	60	61	80	83	90
(4) 制动系(不包括前、后轮制动器)	35	36	45	45	50
(5) 车架	40	54	60	70	70
(6) 轮胎	8	12	16	16	16

续表

车型 项目	微型	普通型	中级	中高级	高级
（7）底盘机加工	12	24	24	32	32
（8）底盘涂漆	8	8	8	8	8
4. 车头、车身	250	350	400	418	460
5. 蓬垫	70	80	100	120	120
6. 全车电系（不含发动机电器）	70	90	120	140	150
7. 机加工（不含发动机和底盘机加工）	6	8	8	8	8
8. 整车检验、调试	16	20	24	24	26
9. 全车涂漆（不含发动机和底盘涂漆）	235	310	370	390	420

表 7-6　轿车的二级维护工时定额参考　　　　　　　　h

车型 项目	微型	普通型	中级前驱	中级后驱	高级
1. 全车工时合计	41	41	41	41	41
2. 维护作业前检测	1.5	1.5	1.5	1.5	1.5
3. 维护作业	33	33	33	33	33
（1）发动机附离合器	8	8	8	8	8
（2）底盘合计	12	12	12	12	12
① 前桥及转向器	6	6	6	6	6
② 变速器、传动轴	1.5	1.5	1.5	1.5	1.5
③ 后桥	3	3	3	3	3
④ 制动	1.5	1.5	1.5	1.5	1.5
（3）车身、车架、悬架	6	6	6	6	6
（4）电器、仪表	6	6	6	6	6
（5）轮胎	1	1	1	1	1
4. 竣工过程检验	1.5	1.5	1.5	1.5	1.5
5. 上线检测	5	5	5	5	5

2）材料费

（1）指维修工作中所需要更换的零件与使用的材料费用。如涂料及其配套的固化剂、稀释剂和需要添加的其他材料的费用。

（2）一般维修所需要的消耗性材料不应包括在其中。如清洗零部件的油料、用品,钣金维修所需要的氧气、乙炔气、普通砂纸以及水、电消耗等。

（3）某些低值易耗品,如塑料件、橡胶件、紧固件、电线、插头等所需费用。

3）外协加工费

外协加工费是指维修过程中受自身条件所限必须外协或进行专项修理的实际发生的费用。对于外协加工费不得自行加价。

4）税费

税费是指维修厂家在向用户进行结算时必须收取的,按照国家规定要向税务部门上交的维修增值税。

2. 确定维修费用所需资料

在定损工作中,确定维修费用所需资料主要包括汽车的维修手册、零配件价格表、喷涂材料的价格表以及维修工时定额和工时费率等。

1) 零配件价格

对于修理厂家而言,配件的使用和销售,是利润的一项主要来源。按照有关规定,修理厂家按照出厂价进货的零配件可加价30%,按照批发价进货的零配件可加价15%,按照零售价进货的零配件不准加价销售但可收取3%的代购手续费。

由于汽车市场整车销售价格变化比较大,维修配件的价格相应也存在较大的波动。因此,维修费用的估算是一项时效性很强的工作。而且,零配件进货的渠道不同,其价差很大,对维修厂家的利润影响也很大。评估人员应随时掌握最新的零配件价格,才能进行较为准确的评估。

2) 喷涂材料价格

喷涂材料主要包括原子灰、底漆、中涂漆、面漆、清漆和相应的固化剂、稀释剂等喷涂材料以及抛光蜡、美容用品等。

需要掌握的计算内容包括汽车需要涂装修理的面积、采用何种涂装修理方法、每升涂料可涂布的面积大小以及各种涂料的价格水平等。

3) 维修工时定额和工时费率

维修工时定额和工时费率标准的种类有地方标准、维修厂家标准、汽车生产厂家及其4S店标准、汽车维修车型系数等。

(1) 地方指导性标准。是由地方政府物价部门和地方汽车维修管理部门根据本地区维修业平均工时和本地区主要保有车型制定的指导性价格标准,它有利于统一和平衡本地区汽车维修价格,一般也是保险定损的依据。

(2) 维修厂家标准。是指汽车维修厂家根据自身条件在地方指导性标准基础上,作适当上浮或下浮,并报当地汽车维修管理部门批准后执行的厂家标准。主要作为本厂定损人员定损时的依据。

(3) 汽车生产厂家及其4S店标准。是指汽车生产厂家依据地方指导性标准制定的专一车型维修标准。对该车型进行评估时,应重点参考的依据。

(4) 汽车维修车型系数。由于现代汽车技术的飞速发展及各类新车型的不断涌现,使得汽车修理技术水平的档次产生明显高低之分。为此,某些地区在维修收费标准中,也按车型划分档次制定了汽车维修车型系数标准。在具体计算维修费用时,应将基本维修标准再乘以汽车维修车型系数,以应对各类不同档次的车型。

3. 维修工时的确定

确定维修工时是计算维修费用的关键,维修工时可分为以下9种。

1) 拆装工时

事故车的修理与正常车的修理区别很大,其拆装工时占很大的比例,其拆装工时分为以下3种形式。

(1) 显性拆装工时:是指为修理某项零部件而单纯拆装该项零部件所需要的工时。例如某碰撞车的两个车门需要整形,那么,单纯拆装这两个车门所需工时,即为显性拆装工时。

(2) 隐性拆装工时:是指修理某些零部件时,需要首先拆除一些不需要修理的其他完好的零部件的工时。在修复后的装配过程也是如此。隐性拆装工时,在碰撞车的修理工作中是常见现象。例如为校正或更换碰撞车损伤的纵梁和前翼子板的内板,首先要拆除已经损坏的散热器、散热器支架、冷凝器、风扇、翼子板等,这些零部件的拆装工时属于显性工时,并已经包括在这些零部件各自的单项修理工时之中。此外,还需拆除发动机,而发动机完好无损。所以,拆除发动机的工时即为拆除纵梁和前翼子板的内板的隐性拆装工时。

(3) 整车拆装工时:主要是针对非承载式车身汽车而言的。当该类车型发生翻车或严重碰撞时,一般会引起车架的严重变形。此时,为校正或更换车架,必须拆除车身,并拆下发动机、变速器、前后桥、悬架等几乎所有的汽车零部件。而在修复后,再按相反的顺序逐一装复,这就是整车拆装工时。

2) 换件工时

在修理过程中,凡经鉴定已经损坏且必须更换的零部件时,更换此类零部件的工时称为换件工时。例如某轿车发生前部碰撞,经鉴定需要更换前保险杠衬板、散热器格栅、散热器框架、前灯、翼子板等。更换这些零部件的工时,就应计为换件工时。

3) 整形工时(钣金工时)

凡事故车辆的钣金件变形,而对其进行整形修理所需要的工时,称为整形工时(钣金工时)。钣金件的损伤程度分为轻度损伤、中度损伤和重度损伤 3 类。

(1) 轻度损伤:是指局部的、小范围的、不影响整体安装的轻度变形,如前翼子板、车门的轻微碰撞变形等,其钣金修理费用为新零部件价格的 10%～20%。

(2) 中度损伤:是指局部框架的变形或板件中等程度的损伤,如前门的立柱和中柱等,其钣金修理费用为新零部件价格的 20%～35%。

(3) 重度损伤:是指板件和结构件已经变形需要全部拆开进行整形矫正修理,如平头货车的前门立柱、前围板、车门和驾驶室总成等,其钣金修理费用为新零部件价格的 35%～50%。

某省轿车部分钣金件整形的工时定额见表 7-7,可供参考。

表 7-7　某省轿车部分钣金件整形的工时定额　　　　　　　　　　　　　　h

项目 变形程度	轻度	中度	重度	需要换件
前围框架	6	9	12	16
发动机室盖	10	15	20	
前翼子板	8	10	12	
前纵梁挡泥板总成	12	16	20	28
前风窗框架	8	12	16	
前门前立柱	10	15	20	25
车门中柱	12	16	20	20
车门	10	16	22	
行李厢盖	10	15	20	
后翼子板	10	15	20	24

4) 检修工时

检修工时是指事故车辆维修中,对其机械部分进行检查、调整和修理所需要的工时。如更换碰撞损坏的变速器壳体(也就是变速器总成大修)所需要的工时,即为检修工时。

在事故车辆维修中,当检修工时与总成大修或维修作业工时相同的,即可参考机修工时定额进行计算,但有时需增加拆装工时。

5) 电工工时

电工工时包括对电气设备的修理和配合其他工种作业而进行的灯具拆装、线路更换或修整,仪表台和仪表的拆装,蓄电池的电解液补充和充电,仪表传感器等的拆装以及发电机、起动机的检修等,均可参照电工工时定额确定。

6) 调整工时

包括总成检修后的调试与磨合,以及所有修理部位的检查等所需要的工时,称为调整工时。例如转向器、离合器、变速器以及四轮定位等修理后的路试检验等。

7) 辅助工时

辅助工时通常包括以下作业所耗费的工时。

(1) 把汽车安放到修理设备上并进行故障诊断。

(2) 用推拉、切割等方式拆卸撞坏的零部件。

(3) 相关零部件的矫正与调整。

(4) 去除内漆层、沥青、油脂及类似物质。

(5) 修理生锈或腐蚀的零部件。

(6) 松动锈死或卡死的零部件。

(7) 检查悬架系统和转向系统的定位。

(8) 拆去打碎的玻璃。

(9) 更换防腐蚀材料。

(10) 修理作业中当温度超过 60℃时,拆装主要电脑模块。

(11) 拆卸及装回车轮和轮毂罩。

上述各项虽然每项工时不大,但对于较大的碰撞事故,各作业项累计工时通常是不能忽视的。

8) 外协工时

外协工时是指尚未包括在正规外协加工费项目中的某些小量零星工时。如焊补散热器、安装玻璃和焊修铝合金制品等。

9) 喷涂维修工时及其费用

喷涂维修总费用,应按下式计算:

喷涂维修总费用＝喷烤漆材料费＋铲底及全车喷烤漆工时费＋烤漆房使用费＋利税

(1) 喷烤漆材料费包括原子灰、面漆、底漆、固化剂、稀释剂、砂布、砂纸、胶带等的费用。油漆种类分为普通漆、金属漆和珍珠漆等,金属漆价格一般高于普通漆,珍珠漆又高于金属漆。

(2) 铲底及全车喷烤漆工时。铲底即车身底材的去锈处理所需工时。按照铲底面积将全车喷烤漆工时分为三档,例如一辆桑塔纳轿车喷烤普通漆的工时定额分为:铲底 30％以下,全车喷烤漆的工时为 120 小时。铲底 30％～60％,全车喷烤漆的工时为 160 小时。铲底 60 以上％, 全车喷烤漆的工时为 200 小时。

（3）烤漆房使用费为 400～500 元。

（4）利税按以下公式计算：

利税＝（喷烤漆材料费＋铲底及全车喷烤漆工时费＋烤漆房使用费）×18％

其中, 喷漆工时来源包括: 一是部分进口车型配有专业估损手册, 规定了新更换件的喷涂工时、维修过的零件的喷涂工时等; 二是查找该车型的主机厂的《工时手册》或《零件手册》, 一般也规定了各个主要板件或部件的喷漆工时; 三是各地维修管理部门规定或推荐的工时。表 7-8 为某省于 2006 年 1 月 1 日开始实施的汽车车身烤漆项目工时定额。

表 7-8　汽车车身烤漆项目工时　　　　　　　　　　　h

漆面类型	单位	外覆件	内构件（涂胶、涂漆）	
			承载式车身	非承载式车身
单层漆（面漆、素色漆类）	m²	3	1.5	1
双层漆（底漆/清漆、金属漆类）	m²	4	2	1.5
三层漆（底层/中间层/清漆、珍珠漆类）	m²	5	2	1.5

注：（1）腻子处理面积占烤漆面积 40％ 的事故车, 单位工时可上浮 30％。

（2）三厢类轿车的前盖、后盖、车顶部位做漆, 单位工时可上浮 20％。

（3）在柔性塑料上烤漆, 可增加 5％～10％ 的费用。

（4）喷漆面积不足 0.5m², 按 0.5m² 计算; 大于 0.5m² 而不足 1m², 按 1m² 计算。

（5）喷漆面积小于 12m², 喷漆工时＝喷漆类型单位工时×喷漆实际面积×80％。

（6）喷漆面积大于 12m², 喷漆工时＝喷漆类型单位工时×喷漆实际面积×70％。

按喷漆工时计算涂饰费是用喷漆工时乘以预先设定的每工时耗漆费用。例如, 如果预先确定的每工时费用为 200 元, 车门的喷漆工时为 3 个小时, 则喷涂车门的涂饰费就是 600 元。某地广州本田部分轿车事故部位喷漆价格见表 7-9。

表 7-9　广州本田部分轿车事故部位喷漆价格参考　　　　　　元

车型	奥德赛系列	飞度两厢/三厢系列	08 雅阁系列
发动机罩	400	350	450
行李厢盖	300	300	400
前翼子板	250	220	300
后翼子板	300	250	350
前车门上幅/下幅	200/150	300	400
后车门上幅/下幅	200/150	300	400
车顶	450	350	450
车顶边梁	100	100	100
下裙板	200	150	200
前杠外皮全喷/补喷	350/180	300/150	400/200
后杠外皮全喷/补喷	350/180	300/150	400/200
后视镜	50	50	80
全车喷漆	4000	3000/2800	4000

注：（1）若事故喷漆部位较多时, 应作相应的递减（即在总额的基础上下浮 20％～30％）。

（2）上述喷漆价格均为单个部位的喷漆价格且已包含材料费。

　　一般来讲,对碰撞事故车辆的修理,工作量比较大的是车身壳体外饰钣金件的修复整形和喷漆,其次是结构件的矫正,最后是零部件的修理。因此,需要确定事故车辆的修复分项工时情况,轿车、客车和货车事故修复分项工时分别见表 7-10～表 7-12。需要说明的是,事故级别"轻微"是指车辆损坏部位不太严重,覆盖件小碰小擦、稍有凹凸、漆痕不深,不需拆卸,可在车上修;事故级别"一般"是指车辆覆盖件有凹痕、局部皱褶,不需动焊枪,但需拆卸修复;事故级别"较重"是指车辆覆盖件损坏接近更换,而修复工时费已达该零件价格的50％～60％。

表 7-10　轿车事故修复分项工时　　　　　　　　　　　　h

序号	项目	单位	微型			普通型			中级			中高级			高级		
			轻微	一般	较重	轻微	一般	较重	轻微	一般	较重	轻微	一般	较重	轻微	一般	较重
1	前保险杠	只	1	2	3	2	4	6	3	5	8	7	13	20	11	20	27
2	保险杠骨架	根	1	3	5	2	3	5	2	3	5	7	13	20	7	13	24
3	保险杠支架	只	1	1	2	1	1	2	1	1	2	1	2	3	3	4	5
4	前面罩	只	1	1	2	1	1	2	1	2	3	2	3	5	3	4	5
5	散热器框架	只	1	3	4	3	5	8	3	5	8	7	13	20	10	20	27
6	前横梁	根	1	3	4	3	5	8	3	5	8	8	2	24	10	20	27
7	引擎盖	只	3	5	8	3	7	11	3	7	11	5	13	21	5	13	24
8	前翼子板	块	1	3	4	1	3	5	2	4	6	3	13	9	4	7	11
9	前轮廓	只	3	5	11	4	7	11	4	8	13	7	13	20	11	16	21
10	前纵梁	根	3	7	11	3	7	11	4	8	13	7	12	20	11	21	32
11	前围板	只	3	5	11	3	5	11	4	7	13	7	12	20	11	21	32
12	前风挡玻璃框	只	3	5	9	5	7	16	7	16	21	16	13	40	20	40	53
13	前风挡玻璃下围板	只	1	4	7	2	4	8	3	7	13	13	27	40	20	40	50
14	仪表台框架	台	2	4	6	3	5	7	3	5	7	3	5	8	5	8	13
15	前立柱	根	4	11	13	5	11	16	8	13	20	13	27	40	20	27	40
16	中立柱	根	3	7	9	5	11	17	8	13	20	13	20	27	13	20	33
17	后立柱	根	4	11	13	5	11	16	8	20	20	13	27	40	20	27	40
18	车门	扇	3	7	9	5	11	17	7	12	20	11	15	27	13	20	27
19	车门窗框	扇	3	7	10	5	9	13	5	9	16	7	13	19	7	13	19
20	车门槛梁	根	2	4	5	3	4	7	3	12	11	5	11	16	5	11	16
21	后纵梁	根	1	3	4	1	3	4	3	3	4	3	5	7	3	5	8
22	车顶	台	3	7	10	4	8	13	5	9	13	7	11	16	8	13	20
23	车顶梁	根	1	3	4	1	3	4	3	3	4	3	5	7	3	5	8
24	车身底梁	根	3	5	7	3	5	7	3	5	7	4	7	8	4	7	9
25	转向机固定支架	只	1	3	4	1	3	4	3	3	4	3	3	6	2	9	6
26	后翼子板	块	3	5	12	3	7	11	3	8	13	3	8	13	4	8	16
27	雨刮器下围板	只	1	3	4	3	5	8	3	5	8	5	8	16	5	8	16
28	座椅靠背挡板	只	1	2	3	2		3	1	2	3	1	3	4	2	3	6
29	排气管	只	1	3	4	1	3	4	3	5			1			5	7
30	座椅骨架	只	1	3	4	3	5	7	3	5	7		7	11	5	9	13

序号	项目	单位	微型			普通型			中级			中高级			高级		
			轻微	一般	较重	轻微	一般	较重	轻微	一般	较重	轻微	一般	较重	轻微	一般	较重
31	后行李厢底板	块	3	5	8	3	7	11	3	7	11	4	9	13	4	9	13
32	后三角窗框架	只	1	2	3	1	3	4	1	3	4	3	5	8	3	5	8
33	后悬挂臂架	只	2	3	3	2	3	3	3	3	5	4	5	7	4	5	7
34	外侧梁	根	2	3	3	2	3	3	3	4	5	4	5	7	4	5	7
35	行李厢盖	只	3	5	9	3	5	9	4	8	16	5	8	16	5	11	16
36	行李厢后围板	块	3	5	7	3	8	13	4	8	16	5	8	16	5	11	16
37	后保险杠	只	1	3	4	2	4	6	3	5	7	3	7	12	3	7	12
38	车身底板	块	3	5	8	4	8	16	5	10	18	7	13	20	7	13	20
39	后横梁	根	2	4	6	3	7	8	4	7	9	5	11	16	5	11	16
40	天窗框	只	0	0	0	0	0	0	0	0	0	7	12	20	7	13	20
41	副梁（副车架）	根	1	3	4	1	3	4	3	4	5	5	11	16	5	11	16

表 7-11　客车事故修复分项工时　h

序号	项目	单位	微型			小型			中级			大型		
			轻微	一般	较重	轻微	一般	较重	轻微	一般	较重	轻微	一般	较重
1	前保险杠	只	0.7	1	2	1	2	2.5	1	4	6.5	5	6.5	12
2	保险杠支架及骨架	只	0.7	1	2	0.7	1	2	2	3	6	2.5	5	8
3	前面罩	只	1	2.5	5	0.7	1	2	1	2.5	4	2.5	5	8
4	前散热器框架	只	1	2.5	4	1	2.5	5	2.5	5	6.5	4	8	11
5	前横梁	根	1	2.5	4	2.5	5	8	5	8	11	6.5	11	13
6	引擎盖	只	2.5	5	6.5	1	2.5	4	2.5	5	8	5	11	13
7	前纵梁	根	3	6.5	10	4	6.5	8	5	11	16	6.5	12	17
8	车身前围	台	4	6.5	11	4	6.5	9	5	8	11	8	11	13
9	前风挡玻璃框架	只	4	6.5	9	5	8	12	6.5	9	12	8	10.5	13
10	前立柱	根	2.5	5	6.5	4	6.5	9	5	8	11	8	11	13
11	中立柱	根	2.5	5	6.5	2.5	5	6.5	4	6.5	9	6.5	9	11
12	后立柱	根	4	6.5	9	4	6.5	9	4	6.5	9	8	11	13
13	前翼子板	块	0.7	1	2.5	0.5	1.5	2.5	1	2	3	2.5	4	5
14	驾驶员门	扇	5	6.5	13	5	8	14	5	11	16	8	13	20
15	乘客门	扇	6.5	9	16	8	10.5	17	9	13	20	9	14.5	21
16	门立柱	根	4	6.5	9	5	8	10.5	6.5	9	12	8	11	13
17	车顶	台	5	11	16	6.5	12	17	8	13	19	9	15	20
18	顶横梁	根	1	2	2.5	1	2.5	4	2.5	5	8	5	8	11
19	车身后围	台	1	2.5	5	2.5	8	12	4	9	13	5	11	15
20	行李厢盖	只	2.5	8	13	2.5	9	15	5	10.5	16	6.5	12	17
21	行李厢后围	块	1	2.5	5	2	4	6.5	2.5	5	8	4	6	9
22	行李厢底板	块	1	2.5	5	2	4	6.5	2.5	5	8	4	6.5	9

续表

序号	项目	单位	微型			小型			中级			大型		
			轻微	一般	较重	轻微	一般	较重	轻微	一般	较重	轻微	一般	较重
23	车身底板	块	2.5	5	8	3	6	7	4	8	12	5	9	13
24	后横梁	根	1	2.5	4	2.5	6.5	11	4	8	12	5	9	13
25	后保险杠	只	0.7	1	2	2.5	5	8	3	6.5	9	4.5	8	12
26	车身蒙皮	m²	0	6.5	0	0	6.5	0	0	6.5	0	0	6.5	0
27	车窗框架	只	0.7	2	3	1	2.5	4	2.5	5	8	4	6.5	9
28	天窗框	只	2.5	5	8	4	6.5	9	5	8	12	6.5	9	13
29	乘客门踏板	只	1	4	5	2.5	6.5	8	4	8	9	5	9	11
30	排气管	只	0	2.5	0	0	3	0	0	3	0	0	3	0
31	油箱支架	只	0	2.5	0	0	2.5	0	0	4	0	0	4	0
32	前窗沿口	只	2.5	5	9	3	6	11	4.5	7	12	6.5	10	14.5
33	后窗沿口	扇	1	4	5	2.5	6.5	8	4	8	9	5	9	11
34	仪表台骨架	只	2	3	5	3	6.5	9	4	7	10	5	10	13
35	驾驶座椅	只	2.5	5	11	4	6.5	12	4.5	8	13	5	9	14.5
36	乘客座椅	只	1	2	5	2	4	5	2.5	4	6	2.5	4	6
37	中门轨道	只	1	2	2.5	2	3	5	3	4	5	4	6.5	8
38	车尾门	扇	1	4	8	2.5	5	11	0	0	0	0	0	0

表 7-12　货车事故修复分项工时　　　　　　　　　　　　　　　　h

序号	项目	单位	微型			轻型			中型			重型		
			轻微	一般	较重	轻微	一般	较重	轻微	一般	较重	轻微	一般	较重
1	驾驶室门	扇	1	3	8	3	4	9	4	5	11	7	11	16
2	驾驶室面罩	台	1	1	2	1	3	4	2	4	5	3	5	7
3	驾驶室包角	只	0.3	1	1	1	3	4	2	3	5	3	5	7
4	驾驶室侧面	面	3	4	8	4	5	9	5	8	11	7	9	13
5	驾驶室后部	台	3	4	9	4	5	12	5	8	15	7	11	17
6	驾驶室底部	台	3	4	8	4	5	9	5	8	12	7	11	16
7	驾驶室上部	台	3	4	1	4	5	12	7	8	15	8	13	20
8	驾驶室翻转机构	副	0	0	0	0	3	0	0	5	0	0	11	0
9	前风挡玻璃窗框	只	1	3	5	3	4	7	5	8	13	7	11	16
10	后风挡玻璃窗框	只	0.5	1	2	1	2	3	2	3	4	2	3	4
11	驾驶室门窗框	只	2	3	5	3	4	7	5	8	13	7	11	16
12	侧窗玻璃框	只	1	2	3	2	5	7	3	7	12	5	8	13
13	引擎盖铰链	副	0	1	0	0	1	0	0	3	0	0	3	0
14	引擎盖	只	0	2	0	4	8	10	5	9	11	6	10	12
15	车门饰板	块	0	1	0	0	1	0	0	1	0	0	1	0
16	单人座椅	只	0	3	0	0	3	0	0	3	0	0	3	0
17	双人座椅	只	0	3	0	0	4	0	0	4	0	0	4	0

序号	项目	单位	微型			轻型			中型			重型		
			轻微	一般	较重	轻微	一般	较重	轻微	一般	较重	轻微	一般	较重
18	驾驶室天窗及框	只	0	3	0	0	3	0	0	4	0	0	4	0
19	驾驶室壳	台	0	3	0	0	3	0	0	4	0	0	4	0
20	前翼子板	台	3	5	7	4	7	8	5	11	13	7	13	20
21	挡泥板	块	0	1	0	0	1	0	0	1	0	0	1	0
22	散热器	只	1	2	3	3	4	5	5	8	11	7	9	12
23	散热器框架	只	1	2	3	2	3	5	3	5	7	5	8	11
24	百叶窗	只	0	1	0	0	1	0	0	2	0	0	2	0
25	倒车镜支架	副	0	1	0	0	1	0	0	1	0	0	1	0
26	挡风板	块	0	1	0	0	1	0	0	3	0	0	3	0
27	排气管	根	0	1	0	0	1	0	0	2	0	0	2	0
28	保险杠(金属)	根	1	1	2	1	3	7	3	5	9	3	7	10
29	车架横梁	根	1	3	4	2	3	5	4	7	11	5	8	12
30	车厢支架	只	0	1	0	0	1	0	0	1	0	0	2	4
31	车架头部弯曲	台	3	7	13	5	11	20	11	16	17	21	40	48
32	车架扭曲	台	13	20	27	27	40	53	93	133	160	147	173	190
33	车厢前拦板	只	1	3	4	3	5	8	5	9	13	7	11	15
34	车厢栏板	块	1	3	5	3	5	9	4	7	12	5	8	10
35	车厢栏板柱	只	0	0	0	0	1	0	0	3	0	0	3	5
36	车厢框条	m	1	1	3	2	3	5	8	11	13	9	13	15
37	车厢底板	m²	1	3	5	3	5	8	8	12	16	12	16	27
38	车厢直梁	根	0.5	1	1.5	0.5	1.5	2.5	1	2	3.5	1	2.5	4
39	车厢横梁	根	0.5	1	1.5	0.5	1	2	1	2	4	1	2.5	5
40	驾驶室后翻转支架	只	0	0	0	0	0	0	1	2	4	1.5	4	8

7.5　碰撞损失的评估报告

7.5.1　评估报告的要求与内容

1. 汽车碰撞损失评估报告的要求

汽车碰撞损失评估报告是制订汽车修复计划与决定维修费用的基本依据,其相关要求如下。

1) 书面报告形式

保险公司必须对被保险人或托修客户提供关于汽车碰撞损失评估的书面报告。

2) 汽车碰撞损失评估报告的形式

(1) 汽车碰撞损失评估报告可以是单独的损伤情况记录,也可以是将损伤情况记录与维修费用估算二者合一的形式。但其报告的费用、修理方案和修理时间等,多为粗略的估算。

(2) 承修厂家接车业务人员对车辆损伤进行检查的检验单,多以损伤报告的形式,与托修单一同下达到修理车间,作为修理工作的依据。

3) 关于修理时间与修理费用的决定

由承修厂家相关业务人员进一步具体核算,并与客户进行协商后,最后决定修理费用和结算方法。

2. 汽车碰撞损失评估报告的内容

1) 汽车车主或送修单位的信息

(1) 记录车主或送修单位的名称、地址、邮编、联系电话等,以便通知送修方结算和提车,或就维修过程中临时发生的问题(例如维修项目:维修时间和维修费用等的变化)进行协商解决。

(2) 如送修方已经参保的,还要记录承保公司名称、联系方式、保险单号、报案号、保险公司的定损单等,以便就维修中的某些问题及时与车主和保险公司联系与协商,避免给三方造成不必要的损失或不愉快。

2) 汽车的基本信息

(1) 汽车的厂牌型号、VIN 码、发动机号、生产年份、登记日期和汽车牌号等,以便为配件购买和查阅维修手册提供依据和方便。尤其是通过 VIN 码,可准确地查出该车的生产地和生产批号;通过维修手册则可准确地订购到所需配件。

(2) 车身颜色(如有车身颜色代码,也要记录),有无改变颜色等,以便为车身的涂装修复提供方便。通过查阅车身颜色代码,可准确地调配出所需的颜色,以实现无痕迹修补。

(3) 车身类型、行驶里程等。这些内容有助于车身维修技师制订正确的修复计划和更准确地计算维修时间和维修费用。同时又可辨别非因本次碰撞而造成的、原来已经存在的损伤或强度弱化现象。

(4) 交通部门的证明文件。如系事故车辆或需要全车改色的车辆,还必须有交管部门或相关部门出具的事故证明和车管部门出具的改色证明文件。

3) 汽车损伤情况和预计的修理方式

经过车辆损伤检验后,必须仔细记录损伤情况,并提出维修方案。如系定损单,还要依据维修的细目初步估算维修费用。

(1) 关于碰撞的简单描述

要记录碰撞当时的车速、碰撞物体、碰撞角度、驾驶员采取的措施、车辆载重量等,以便于维修人员对车辆进行进一步的检查和分析。

(2) 损伤检验项目的详细记录

经过损伤检验的项目要做详细的记录,包括各个部件的测量尺寸、损坏程度和建议的修理方案等。

(3) 分细目登记损伤情况

要分细目登记损伤情况,按大类划分有如下几种:

① 车身损坏情况:车身损坏的主要部分、损坏程度和需要进行钣金维修的部分等。

② 车辆机电部分损坏情况：车辆机电部分损坏的主要部分、程度和需要维修的项目等。

③ 需要涂装修复的部位与项目等。

在每个大项之下，再分小项加以说明，如维修与更换则需要单列。又如，当汽车的前侧梁碰撞损伤失去修理价值必须更换时，在"更换"一栏中，应仔细说明其损伤的部位和程度等。

4）关于汽车维修待定项目

在汽车碰撞损失评估报告中，保留汽车维修待定项目的目的在于：定损鉴定工作出现疏漏项目时，可依据维修具体的实际情况与需要，对托修合同进行补充修订，以免引起纠纷或造成不良后果。

5）关于预计的汽车修理费用

保险公司的定损单中应包括预计的汽车修理费用项目，预计的汽车修理费用只是一种比较粗略的估算，并非维修实际准确的费用。定损人员必须明确区分哪些项目是不作赔偿的。如保险公司定损理赔时，只负责本次事故所造成的损失，对于车辆原有问题将不作赔偿。此外，凡在定损单之外，应客户要求而追加的项目，其修理费用应由客户自行承担。

7.5.2　评估报告的撰写

在对车辆的损伤状况做完必要的检查与费用估算工作后，需要以书面的形式对车辆的损伤情况进行记录。这份记录将对制定车辆的修复计划起决定性的作用。

碰撞损失的评估报告可以是单独的损伤情况记录，也可以与车辆损伤的费用估算合二为一。汽车损失评估报告必须真实、准确，经得起考验，并得到各方的承认。撰写的报告是在事故现场查勘记录（原始材料）、损失情况确认书（定损书）、零部件更换项目清单、修理项目清单、保险快捷案件处理单等鉴定材料的基础上撰写而成的，要将以上各种表格材料作为补佐材料附在评估报告中。

1. 车损报告的编制

1）基本信息

车损报告中的基本信息主要是指车主姓名、地址、电话号码、保险信息、车辆 17 位代码、油漆代码、牌照号、行驶里程等。

2）确定是否有重要选装件

汽车选装某些零部件可能会增加汽车现值，因而应在汽车碰撞评估中列出，有以下这些件可以选择：

（1）特定大小的发动机尺寸或其他。

（2）汽车天窗。

（3）中波/调频、立体声音响、录音机、CD 播放器（仅限原装件）。

（4）遥控门锁、车窗自动升降器和座椅自动调节器。

（5）巡航控制、倾斜式转向盘。

（6）真皮座椅、特制轮箍罩盖、后备厢（原装件）和专用修理包。

2. 判断事故前损伤

必须彻底检查整车,排除与保险条款无关的事故前损伤,例如:

(1) 旧划痕和凹痕。

(2) 锈、腐蚀或喷漆抛光的缺口和瑕疵。

(3) 在保险杠、框架、护罩上的塑料件和橡胶件的裂缝、凹痕。

(4) 座椅或内饰撕裂口。

(5) 座椅、地毯和内部表面的污点和损伤。

(6) 玻璃或后视镜的破碎和裂纹。

(7) 轮毂罩盖或装饰条的损伤或缺失。

(8) 灯罩开裂或破碎或者灯泡烧损。

(9) 单独选配设备的损伤,如空调、暖风、后防霜等。

确定事故前损伤,将其记录在车损报告和鉴定中。保险公司不负担对事故前损伤的修理费用,它们的责任只是负担由于这次事故造成的损伤。

3. 确定更换零件及其价格

根据碰撞方向和程度,确定受损零件,方法如下:

(1) 从直接碰撞点开始检查,向内检查整个损伤区域,列出受影响的全部零件。按冲击力贯穿全车的路径进行检查。在最常见的前端碰撞事故中,检查过程是从汽车前端开始,逐渐向后。

(2) 考虑把汽车划分为主要总成或相关零件组,然后按从外到里的顺序,按组列出损伤零件。例如,一辆汽车左前角受到损伤。在这种碰撞中损伤的典型总成(按从前向后的顺序)为保险杠、格栅、左前照灯、散热器、车顶和翼子板。从汽车前端开始,检查已损伤总成的每个损伤零件。把零件按从外向内的顺序列出。例如,损伤翼子板需更换以下零件:翼子板、悬架滑柱支座、滑柱塔座、后延伸件、挡泥板和车裙围。翼子板附属件、车身嵌条和车灯等也可能需要更换。

(3) 根据配件价格手册,即可查出所需更换零件的价格及更换工时费用。

4. 确定维修项目及价格

对于需要维修的板件和车架,必须合理确定维修项目,分别列出需维修矫正的零件。根据"机动车事故修复分项工费"可查得修复某一零件所需工时及对应的工时费,填入评估表中。

5. 填写车损评估表注意事项

1) 避免缩写

除非缩写在评估报告中已定义,否则不要过多地使用缩写。当一块后侧围板必须进行矫直时,不要写成"矫围板",而要具体写成"矫正后侧围板"。应区分左、右侧的零件,例如,在这种情况下就要写明"左后侧围板"。

2）字迹要整洁

给每个汽修厂员工或理赔员一份清楚、准确的报告，报告上无涂划、无污迹、无潦草或难懂文字或计算符号。

3）特殊说明

任何特殊说明都应当清楚地在输入项中予以注明。这可以提醒修理者注意存在隐蔽损伤，给出解体说明，并详细说明拆解修理。拆解修理涉及的任何一方（碰撞修理企业、保险公司和用户）应该了解拆解修理项目、修理方法以及质量工作的重要性。

4）顾客要求

如果用户希望进行条款未规定的附加作业（例如修复事故前的损伤），这应视为“顾客要求”修理。作为一项通用规则，保险公司将不负责赔偿这部分修理费。在这种情况下，经常需要单独为顾客进行评估。

5）审阅车损报告

在完成车损报告编制并汇总和核查数字后，与用户共同逐项审阅报告，解释要做什么、怎样做和为什么某种类型零件和修理方法对于这辆汽车来说是最好的。

6）拍照记录

一般事故车的损伤摄影照片属于车损报告的一部分，照片可以用来记录和发现车辆损伤，能显示出隐患损伤、车架损伤、微量失准、小划痕和凹坑等。

7.5.3　评估报告实例

对事故汽车进行评估时，汇总材料费、工时费、材料管理费、喷涂费用、税收等，得到事故车辆的修理总费用。本节以一辆桑塔纳 2000 型轿车左前车碰撞为例，说明车辆的查勘、检验和损失评估过程。

1. 填写车辆受损情况查勘表

详细、具体的车辆受损查勘记录表是车辆损失评估的工作基础，其形式见表 7-13。

表 7-13　车辆受损查勘表

委托人：×××			委托书编号：××××××	
号牌号码：苏 A×××××			车架号码（VIN）：WVW77733ZTW××××××××	
厂牌型号：上海大众×××××	车辆类型：轿车		检验合格至：200×年××月	
初次登记年月： ××××年×月	使用性质： 家庭自用		颜色及漆种： 红色、双涂层烤漆	
行驶证车主：××	行驶里程：20.3 万公里	燃料种类：汽油	车身结构：承载式	
方向形式：左	变速器类型：五挡手动	驱动形式：前驱	损失程度：□无损失　■部分损 失　□全部损失	
查勘时间：2004 年 12 月 26 日				
查勘地点：×××修理厂				
受损时间：××××年××月××日	保险期限：××××年××月××日		出险地点：××××××	
损失清单				

序号	损失项目	数量	损失情况	修复方式	备注说明
0101	前保险杠	1	破损	更换	
0102	前保险杠骨架	1	严重变形	更换	
0103	前保险杠左支架	1	严重变形	更换	
0104	前保险杠右支架	1	轻微变形	校正	
0105	左右雾灯	各1	破碎	更换	
0201	前护栅	1	破碎	更换	
0202	前徽标	1	破碎	更换	
0301	左右前照灯	各1	破碎	更换	
0302	左右角灯	各1	破碎	更换	
0303	左前照灯下饰条	1	破碎	更换	
0401	散热器框架	1	中度变形	更换	
0402	前横梁	1	轻度变形	校正	
0403	扭力梁	1	断裂	更换	
0501	冷凝器	1	变形	修理	未漏
0502	回收加注 R134 制冷剂		回收后加注	修理	
0601	散热器	1	严重变形	更换	
0602	冷却液		已漏	加注	
0603	风扇护罩	1	中度变形	更换	
0604	主风扇及电动机	1	破损	更换	
0605	水泵传动带	1	破损	更换	
0701	发动机室盖	1	中度变形	校正	
0702	发动机室盖锁	1	轻度变形	修理	
0801	左前翼子板	1	轻度变形	校正	
0901	左前纵梁	1	轻度变形	校正	
1001	事故处	2m²		做漆	

当事人：×××　　　　　　　　　　　　　　　　　　查勘员：×××

2. 制作车辆损失评估单

通常评估基准时点为事故时点,如 2004 年 12 月 26 日。损失评估的方法为重置成本法。材料价格来自市场,均为正厂件。材料管理费标准取自《××省汽车修理工时定额与收费标准》;工时取自《××省汽车修理工时定额与收费标准》,工时单价取自市场平均水平;涂饰费用取自市场平均水平;税收标准取自《××省汽车修理工时定额与收费标准》;残值定价来自废旧材料市场行情以及与承修厂协调的结果。汽车损失评估单见表 7-14。

表 7-14 汽车损失评估单

编号：200×××××××

车主：×××		牌照号码：××××××		事故日期：2004 年 12 月 26 日	
厂牌型号：上海大众×× ×××		车辆类型：轿车		结构特征：承载式车身	
颜色及漆种：红色、双涂层烤漆		VIN(车架号)：WVW77733ZTW××××××××			
序号	损失项目	数量	修理方式	材料费/元	工时费/元	备 注
0101	前保险杠	1	更换	340		
0102	前保险杠骨架	1	更换	90		
0103	前保险杠左支架	1	更换	10	1.5×80	
0104	前保险杠右支架	1	校正			
0105	左右雾灯	各1	更换	2×160		
0201	前护栅	1	更换	60	0.2×80	
0202	前徽标	1	更换	13		
0301	左右前照灯	各1	更换	2×350	0.7×80	
0302	左右角灯	各1	更换	2×60		
0303	左前照灯下饰条	1	更换	5		
0401	散热器框架	1	更换	320	3×80	
0402	前横梁	1	校正		1×80	
0403	扭力梁	1	更换	25		
0501	冷凝器	1	修理		3×80	事故后未漏
0502	回收加注 R134 制冷剂		修理			
0601	散热器	1	更换	500		
0602	冷却液		加注	60	3×80	已漏
0603	风扇护罩	1	更换	70		
0604	主风扇及电动机	1	更换	250		
0605	水泵传动带	1	更换	15	0.2×80	
0701	发动机室盖	1	校正		3×80	
0702	发动机室盖锁	1	修理		0.2×80	
0801	左前翼子板	1	校正		1×80	
0901	左前纵梁	1	校正		2×80	
1001	事故处	2m²	做漆			
1101	辅助作业			80	1×80	
材料费合计：2978 元		材料管理费合计（12%）：357 元			工时费：1584 元	
涂饰费：800 元（含税）		外加工费：0 元			税金：836 元	
修理费合计：陆仟伍佰伍拾伍元整（6555.00 元）					残值：伍拾伍元	

车主：×××　　保险公司：××××　　承修厂：×××××××　　评估师：×××

通常修理评估单一式三份,两份交委托人,一份留存。结论有效期限为 30 天。限定时间的原因有两个,一是零件的价格可能会变,二是汽车的损伤也会变化。注意,原则上以事故时点为评估基准时点,如不以事故时点为评估基准时点时,评估单上必须加以说明。

本 章 小 结

本章主要内容包括车辆损失因素、汽车碰撞事故分类、汽车碰撞损伤的诊断、汽车维修费用的评估、碰撞损失评估报告的撰写等。

(1) 车辆损失因素。介绍了意外事故、自然灾害、人为因素3种车辆损失因素。

(2) 汽车碰撞事故分类。介绍了不同划分标准的汽车碰撞事故分类情况。

(3) 汽车碰撞损伤的诊断。从碰撞对车身结构的影响,车身的碰撞损伤诊断,发动机、底盘、电器、空调的碰撞损伤诊断等方面,介绍了汽车碰撞损伤的诊断方法。

(4) 汽车维修费用的评估。介绍了作业项目的确定依据、零部件的更换原则以及维修费用的计算和评估方法。

(5) 碰撞损失的评估报告撰写。介绍了汽车碰撞损失评估报告撰写的主要内容和注意事项。

自 测 题

一、选择题

1. 非碰撞(倾覆)风险主要包括火灾风险、爆炸风险、外界物体倒塌风险、空中运行物体坠落风险和( )。

  A. 水灾风险   B. 飓风风险   C. 主观风险   D. 自燃损失

2. 车身修复作业的主要内容有两大项:钣金修复和( )修复。

  A. 修正与装配   B. 鉴定   C. 拆卸   D. 喷涂

3. 汽车维修费用主要由( )、( )、( )和税费等4项组成。

  A. 工时费   B. 材料费   C. 外协加工费   D. 运输费

4. 汽车损失评估单的一般有效期为( )天。

  A. 90   B. 60   C. 30   D. 15

二、简答题

1. 车辆损失的影响因素有哪些?

2. 碰撞对承载式车身和非承载式车身的影响有何不同?

3. 汽车维修过程中的作业项目有哪些?

4. 如何理解汽车维修中的工时单价和工时定额?

5. 汽车碰撞损失评估报告的撰写内容有哪些?

第 8 章

汽车风险评估

8.1 风险及风险评估

8.1.1 风险的概念

1. 风险的定义

广义的风险一般是指某种事件发生的不确定性。只要某一事件的发生存在着两种或两种以上的可能性,那么该事件就存在着风险。从风险的一般含义可知,风险既可以指积极结果,即盈利的不确定性,也可以指损失发生的不确定性。狭义的风险是指损失发生的不确定性。

2. 风险的特性

1) 风险的客观性

自然界的地震、台风、瘟疫、洪水,社会领域的战争、冲突、恐怖活动、意外事故等,都不以人们的意志为转移,它们是独立于人的意识之外的客观存在。这是因为无论是自然界的物质运动,还是社会发展的规律,都是由事物的内部因素所决定的,是由超过人们主观意识所存在的客观规律决定的。人们只能在一定的时间和空间内改变风险存在和发生的条件,降低风险发生的频率和损失程度,但是,从总体上看,风险是不可能彻底消除的。因此,风险是客观存在的。

2) 风险的普遍性

人类一直就面临着各种各样的风险,如自然灾害、意外事故、疾病、伤害、战争等。每个人都面临生、老、病、死、意外伤害等风险,企业则面临着自然风险、意外事故、市场风险、技术风险和政治风险等。总之,风险渗入到社会、企业和个人生活的方方面面,风险无处不在、无时不在。

3) 风险的社会性

风险与人类社会的利益密切相关,即无论风险源于自然现象、社会现象还是生理现象,它必须是相对于人身及其财产的危害而言的。就自然现象本身无所谓风险,如地震对大自然来说只是自身运动的表现形式,也可能是自然界自我平衡的必要条件。只是由于地震会对人们的生命和财产造成损害或损失,所以才对人类形成一种风险。因此,风险是一个社会范畴。没有人,没有人类社会,就无风险可言。

4) 风险的不确定性

风险及其所造成的损失总体上来说是必然的、可知的,但在个体上却是偶然的、不可知的,具有不确定性。正是风险的这种总体上的必然性与个体上的偶然性(即风险存在的确定性和发生的不确定性)的统一,才构成了风险的不确定性,主要表现为以下几方面。

(1) 空间上的不确定性

例如,就总体来说,所有的房屋都存在发生火灾的可能性,并且必然会造成一定的经济损失,这是客观存在的。但是具体对某一幢房屋来说,其是否发生火灾则是不一定的。又如,交通事故每年每月都有发生,但人们却无法预知何地发生交通事故。

(2) 时间上的不确定性

例如,人总是要死的,这是人生的必然现象,但是何时死亡,在健康的时候是不可能预知的。又如,交通事故每年每月都有发生,但人们却无法预知具体何时发生交通事故。

(3) 结果上的不确定性

即损失程度上的不确定性。例如,交通事故每年每月都有发生,但人们却无法预知发生交通事故是否会造成财产损失或人身伤亡以及损失程度。

5) 风险的可测定性

个别风险的发生是偶然的,不可预知的。但通过对大量风险事故的观察会发现,风险往往呈现出明显的规律性。运用统计方法去处理大量的偶发风险事故,其结果可以比较准确地反映风险的规律性。根据资料,利用概率论和数理统计的方法可测算出风险事故发生的概率及损失幅度,并且可建立损失分布的数理模型,成为风险估测的基础。

例如,死亡对于个别人来说是偶然的不幸事件,但是经过对某一地区人的各年龄段死亡率的长期观察统计,就可以准确地编制出该地区的生命表,从而可测算各个年龄段的人的死亡率。又如,交通事故对于每一个驾驶员来说是偶然的不幸事件,但是经过对某一地区发生各种交通事故进行长期观察统计,就会发现驾驶员的驾龄、年龄、性别、婚否与交通事故发生率有一定的规律性,从而可以测算各类驾驶员的交通事故率。

6) 风险的发展性

风险会因时间、空间因素的发展变化而变化。人类社会自身进步和发展的同时,也创造和发展了风险,以汽车的产生和发展为例,是最具代表性的,交通事故被公认为是时刻发生的现代战争。网络上的计算机有遭受黑客和计算机病毒攻击的风险。当代高新科学技术的发展和应用,使风险的发展性更为突出。

3. 风险的构成要素

风险是由多种要素构成的,这些要素的共同作用决定了风险的存在、发生和发展。一般认为,风险由风险因素、风险事故和风险损失构成。

1) 风险因素

风险因素是指促使某一特定损失发生或增加其发生的可能性或扩大其损失程度的原因,包括引起或增加风险事故发生机率和加重损失程度的条件。它是风险事故发生的潜在原因,是造成损失的内在或间接原因。风险因素越多,风险事故发生的机会就越大。例如,对于建筑物而言,风险因素是指建筑材料和建筑结构;对于人体而言,是指健康状况和年龄等;对于汽车而言,则是指汽车技术状况和驾驶员的技术水平。根据性质不同,风险因素可分为实质风险因素、道德风险因素和心理风险因素 3 种类型。

（1）实质风险因素

实质风险因素是指有形的、并能直接影响事物物理功能的因素，即某一标的本身所具有的足以引起或增加损失机会和损失程度的客观原因与条件，如汽车的制动性能、操纵性能等。

（2）道德风险因素

道德风险因素是与人的品德修养有关的无形的因素，即指由于个人不诚实、不正直或不轨企图，故意促使风险事故发生，以致引起社会财富损毁和人身伤亡的原因或条件，如偷工减料引起的工程事故、人为制造的"交通事故"和被盗事件等。

（3）心理风险因素

心理风险因素也是与人的心理状态有关的无形的风险因素，即指由于人的不注意、不关心、侥幸或存在依赖心理，以致增加风险事故发生的机会和加大损失的严重程度的因素。例如，由于汽车购买了盗抢险，晚上不再将汽车停在车库内，从而增加了汽车被盗窃的可能性。企业投保了财产保险后放松了对财物的保护，物品乱堆乱放、吸烟者随意丢弃烟蒂，加大了火灾发生的可能性，或者在火灾发生时不积极施救、心存侥幸、消极观望、任其损失扩大等，都属于心理风险因素。

2）风险事故

风险事故是指造成生命财产损失的偶发事件，是造成损失的直接的或外在的原因，是损失的媒介物，即风险只有通过风险事故的发生才能导致损失。例如，汽车制动失灵酿成车祸而导致车毁人亡，其中制动失灵是风险因素，车祸是风险事故。如果仅有制动失灵而无车祸，就不会造成人员伤亡。如果说风险因素还只是损失发生的一种可能性，那么，风险事故则意味着风险的可能性转化为现实性，即风险的发生。因此，它是直接引起损失后果的意外事件。

3）风险损失

风险为损失的不确定性。由于风险的存在，就有发生损失的可能，如财产价值或个人所得的减少或丧失。但这种财产或所得的损失必须以"非故意"所导致的损失为限。所以，在风险管理中，损失是指非故意的、非预期的、非计划的经济价值的减少，即经济损失。这是狭义的损失定义，一般表现为丧失所有权或预期利益、支出费用、承担责任等形式，而像精神打击、政治迫害以及折旧、馈赠等均不能作为损失。

通常我们将损失分为两种形态，即直接损失和间接损失。直接损失是由风险事故导致的财产本身的损失和人身伤害；而间接损失则是由直接损失引起的额外费用损失、收入损失、责任损失等。间接损失的金额往往很大，有时甚至超过直接损失。

4）风险因素、风险事故、风险损失三者的关系

风险因素、风险事故、风险损失三者的关系可以通过风险结构图来加以说明，见图 8-1。

图 8-1　风险结构

图 8-1 中所示风险因素、风险事故、风险损失三者的关系是,风险因素的存在引起或加大了事故发生的可能性,而风险事故一旦发生则会导致损失。

从风险因素和风险事故间的关系来看,风险因素只是风险事故产生并造成损失可能性或使之增加的条件,它并不直接导致损失,只有通过风险事故这个媒介才产生损失。也可以说风险因素是产生损失的内在条件,而风险事故是外在条件。

4. 风险的度量

风险的客观性说明风险是可以度量的。实际结果与预期结果的差异程度实际上就是风险的大小。风险的大小主要取决于以下指标。

1) 损失频率

损失频率是指在一定时期内一定数目(n 个)的风险单位可能发生损失的次数(m 个),损失频率为

$$f = \frac{m}{n} \tag{8-1}$$

通常用分数或百分率来表示。损失频率高意味着风险事故发生频繁;反之,则风险事故较少发生。

以汽车为例,根据近 20 年的统计资料,得知在一定时期内(通常为一年),机关单位用小型客车平均 100 辆中有 8 辆发生碰撞损失事故,则该类汽车碰撞损失频率为 8%。

2) 损失概率

当观察的风险单位数目足够多时,损失频率在数值上近似等于损失概率;当观察的风险单位数目无限多时,损失频率在数值上就等于损失概率。损失概率为

$$p = \lim_{n \to \infty} \frac{m}{n} \tag{8-2}$$

3) 损失幅度

损失幅度是衡量损失程度的量,是指在一定时期内,特定数量的风险标的单位可能遭受的最大损失的数值。

风险事故造成的损失呈一定的规律。重大恶性事故的发生频率低,但损失幅度大,会在相当时期内造成恐惧心理;那些经常发生的事故,其发生频率高,单个事故损失幅度小(如汽车风险),但累积损失是不容忽视的。

4) 损失期望值

损失期望值是根据一定时期内一定条件下大量同质标的损失的经验数据计算的平均损失,它反映了所评价的目标总体在一定情况下损失的一般水平。

损失期望值为

$$\bar{x} = \sum_{i=1}^{n} x_i p_i \tag{8-3}$$

式中,x_i——损失结果观测值;

p_i——损失结果发生概率;

i——观测值个数,$i = 1, 2, \cdots, n$。

5）标准差

标准差反映的是损失的变动程度,说明损失与损失期望值的偏离程度。在损失平均值一定的情况下,标准差大则说明偏离程度大,风险较大;反之风险较小。

标准差为

$$s = \sqrt{\sum_{i=1}^{n}(x_i - \bar{x})p_i} \qquad (8-4)$$

6）差异系数

差异系数是用来综合反映观察标的的损失变动范围与损失期望值之间相互关系的指标,可以表示为标准差与损失期望值之比。显然,该指标较单纯用损失期望值及标准差来评价风险要全面。

差异系数为

$$v = \frac{S}{\bar{x}} \qquad (8-5)$$

一般说来,损失期望值大的风险未必就大,而标准差大小也应相对于损失期望值来说,否则难以衡量风险的大小。如同样的标准差,若损失期望值小,则损失波动范围较大,风险较大;若损失期望值很大,表明波动范围相对较小,则认为风险较小。

5. 风险成本

风险成本是指由于风险的存在和风险事故的发生,人们所必须支出的费用和预期经济利益的减少。风险成本包括风险损失的实际成本、风险损失的无形成本和预防与控制风险损失的成本。

1）风险损失的实际成本

风险损失的实际成本是由风险造成的直接损失成本和间接损失成本共同构成的。

（1）风险直接损失成本

指风险造成的财产及人身实际损失成本。我们知道,风险是客观存在的,它的产生、形成与发展是不以人的主观意志为转移的。风险一旦成为现实,会直接造成不同程度的有形和无形经济损失。从时间上讲,全球交通事故时刻都在发生;从空间上讲,总有一些地方在发生交通事故。现代商品经济社会的发展是依赖于现代科技进步的,现代科技可以给人类带来巨大的财富,但与此同时,也给人类生活带来不少新的风险因素。

（2）风险间接损失成本

指某一风险损失的发生而导致的该财产本身以外的损失成本以及与之相关的他物和责任等的损失成本,它包括:

① 营运收入损失的成本。它包括营业中断损失、连带营业中断损失、成品利润损失、应收账款减少的损失和租金收入损失。

② 风险造成的额外费用增加损失。它包括租赁价值损失的成本、额外费用损失成本和租权利益损失的成本。

③ 责任风险的成本。它是指因侵权、违约等行为而导致他人或财产损失所应负的法律赔偿责任。责任风险的成本的大小要以法院判决为依据。

2) 风险损失的无形成本

风险损失的无形成本是指风险的存在对个人以及社会构成的一种潜在的不利影响。风险损失的实际成本是直接的、明显的,而风险损失的无形成本在一定程度上则更基于实际成本。因为,我们每天面对更多的是损失发生的可能性和损失发生的不确定性,所以,从一定意义上讲,风险存在的本身就是一种潜在的、可怕的不利影响。

(1) 风险的存在导致人们的忧虑和恐惧

这种忧虑与恐惧的大小取决于不确定性和程度、潜在的损失后果、人们处置损失后果的经济力量以及社会中个人与群体对风险的态度等诸多因素。就地震风险而言,地震发生的一瞬间将导致惨重的财产损失和人员伤亡,而目前对地震灾害的预测能力受到限制,使人们对地震风险的存在具有非常严重的忧虑与恐惧感。在某些情况下,因人们的忧虑和恐惧造成的间接损失甚至可能超过地震本身造成的直接经济损失。

(2) 风险的存在影响社会资源的最佳配置

从宏观上考察,风险的存在在某种程度上限制和阻碍着社会资源(土地、自然资源、劳动力资源、资金、技术和知识等)的最优配置。因为风险的存在以及风险发生可能产生的损失后果,使得人们愿意将许多社会资源投入到风险较低的部门和行业,而不愿投向风险较大且集中的部门和行业,从而引起社会资源分配上的不平衡。一些部门供过于求,而另一些部门供不应求,使社会资源不能合理分配和充分利用,造成社会资源使用中的浪费和损失。在某些经济活动领域,由于风险的高度集中,投资者望而生畏,这些经济活动对社会的作用又非常大,如汽车运输业,由于中华人民共和国《道路交通安全法》以及相应的《道路交通事故损害规定》的出台,汽车运输业的第三者责任风险大幅提高,而相应配套的汽车保险条款与费率还未落实,人们不愿意将资金投向汽车运输业,汽车运输业无法健康发展。这一事例说明了风险的存在有碍于社会资源的合理分配和使用。

从微观上讲,风险与不确定性的存在可能使企业或家庭放弃有关计划和限制某些活动。首先,由于潜在洪水灾害的存在,企业可能放弃在某些地方建厂的决策;由于汽车第三者责任风险很大,人们可能放弃购买汽车的愿望。其次,由于对潜在风险的忧虑,企业和家庭可能会缩短某些计划的期限,如按揭购房,将还款期从20年缩短为10年等。相对而言,人们对短期计划比长期计划更有把握或具有更多一些的确定性。最后,因为潜在风险的存在,企业和家庭往往会提留较多的风险资金和备用资金以备不测事件的发生。

(3) 风险的存在影响新资本的形成

资金的运用同再生产活动一样,也是一个不断追加扩大的过程。资金只有在不断的运用中,才能充分实现其增值性。对于投资者而言,风险与收益是一对孪生兄弟。一般来说,风险越大,投资收益也越大;风险越小,投资收益也就越小。若再生产活动中的风险较小,则资金的运用渠道便能通畅,这样有利于资金的积累,为发展下一个再生产活动提供资金保障;相反,如果再生产活动中风险因素多且影响面广,那么资金的积累会受阻,导致生产建设资金不足,从而影响整个社会的再生产活动。

3) 预防和控制风险损失的成本

为预防和控制风险损失,必须采取各种措施,从而造成费用支出。各项费用的支出构成了预防和控制风险损失的成本,这种成本既包含了预防和控制风险的直接成本和个体成本,又包含了间接成本和总体成本。预防和控制风险的费用包括购置用于预防和减损的设备及其维护费、咨询费、安全及管理人员费、训练计划费、施救费、试验费、宣传费及研究费等。

6. 风险的种类

1）静态风险和动态风险

依据风险产生的环境,风险可分为静态风险与动态风险。

（1）静态风险

静态风险是指在社会经济正常的情况下,自然力的不规则变化或人们的过失行为所致的风险。静态风险可以在任何社会经济条件下发生。雷电、霜冻、地震、暴风、暴雨、瘟疫等由于自然原因发生的风险,火灾、破产、伤害、夭折、经营不善等由于疏忽发生的风险,都属于静态风险。静态风险较之动态风险而言,其变化比较规则,可以通过大数法则加以测算,对风险发生的频率作统计估算,多为可保风险。

（2）动态风险

动态风险是指由于社会经济、政治、技术以及组织等方面发生变动而产生的风险,如人口的增长、资本增加、生产技术的改造、消费者选择的变化等引起的风险。动态风险的变化往往不规则,难以用大数法则进行测算,一般为不可保风险。

2）纯粹风险与投机风险

依据风险的性质,风险可分为纯粹风险与投机风险。

（1）纯粹风险

纯粹风险是指只有损失机会而无获利可能的风险,如房屋所有者面临的火灾风险、汽车所有者面临的碰撞风险等。当火灾或碰撞事故发生时,他们便会遭受经济利益上的损失。静态风险一般为纯粹风险,商业保险公司目前仍以承保纯粹风险为主要业务。

（2）投机风险

投机风险是指既有损失机会又有获利可能的风险,如股票、赌博等。投机风险的后果有三种,一是有盈利,二是有损失,三是无盈利无损失。

3）自然风险、社会风险、政治风险和经济风险

依据风险产生的原因,风险可分为自然风险、社会风险、政治风险和经济风险。

（1）自然风险

自然风险是指因自然力的不规则变化引起的种种现象而导致对人们的经济生活和物质生产及生命安全等所产生的威胁,地震、水灾、火灾、风灾、雹灾、冻灾、旱灾、虫灾以及各种瘟疫等自然现象是经常大量发生的。自然风险是商业保险公司主要承保的风险。

（2）社会风险

社会风险是指由于个人或团体的行为,包括过失行为、不当行为对社会生产及人们生活造成损失的可能性,如盗窃抢劫、玩忽职守及故意破坏等行为对他人的财产或人身造成损失的可能性。

（3）政治风险

政治风险又称国家风险,是指在对外投资和贸易过程中,因政治原因或订约双方所不能控制的原因,债权人可能遭受损失的风险。例如,因输入国发生战争、革命、内乱而终止货物进口;因输入国实施进口或外汇管制,对输入货物加以限制或禁止输入;因本国变更外贸法令,输出货物无法送达输入国等,造成合同无法履行而形成的损失风险。

（4）经济风险

经济风险是指在生产和销售等经营活动中，由于受各种市场供求关系、经济贸易条件等因素变化的影响，或经营决策失误，对前景预期出现偏差等，从而导致经济上遭受损失的风险，如生产的增减、价格的涨跌、经营的盈亏等方面的风险。

4）财产风险、人身风险、责任风险和信用风险

依据风险标的，风险可分为财产风险、人身风险、信用风险和责任风险。

（1）财产风险

财产风险是指法人或自然人自有或代管的一切有形财产，因发生风险事故、意外事件而遭受的损毁、灭失或贬值的风险。财产风险包括：

① 财产遭受的直接损失风险。

② 因财产遭受的直接损失而导致的间接损失风险。

（2）人身风险

人身风险是指由于人的生、老、病、死的生理规律所引起的风险，以及由于自然、政治、军事和社会等方面的原因所引起的人身伤亡风险。人身风险所致的损失一般有两种，一种是收入能力的损失，另一种是额外费用损失。

（3）信用风险

信用风险是指在经济交往中，权利人与义务人之间，由于一方违约或违法致使另一方遭受经济损失的风险。如进出口贸易中，出口方（或进口方）会因进口方（或出口方）不履约而受损。

（4）责任风险

责任风险是指个人或团体的行为违背了法律、契约的规定，对他人的身体伤害或财产损毁负法律赔偿责任或契约责任的风险。责任风险中所说的"责任"通常是指法律上应负的责任，只有少数情况属于契约责任。

通常汽车风险按风险标的来划分，由汽车的损失风险和责任风险两部分组成。汽车的损失风险是指汽车在存在和使用的过程中，因自然灾害以及意外事故（包括过失事故和无过失事故）所造成的汽车财产本身的毁损和灭失风险。汽车的责任风险是指汽车在存在和使用的过程中，因意外事故（包括过失事故和无过失事故）致使第三者遭受人身伤亡或财产损失，依法应当由汽车的所有者或使用者承担的经济赔偿责任。

除此之外，还存在其他的风险分类方法。

风险依其是否可以加以有效的管理分为可管理风险和不可管理风险两类。可管理风险是以人类的智慧、知识及科技的有效方法予以管理的风险，不可管理风险是以人类目前的智慧、知识及科技水平均无法以有效措施予以管理的风险。不过，风险是否可以管理是相对的，随着科技的进步，人们认识水平的提高，不可管理的风险也会转变为可管理的风险。

风险依其是否可以被商业保险公司承保常分为可保风险和不可保风险两大类。可保风险是指可用商业保险方式加以管理的风险。静态风险、财产风险、人身风险、责任风险、信用风险等都是可保风险。汽车的常见风险属于可保风险。动态风险、投机风险等都是不可保风险。一般而言，可保风险都是可管理风险，但是不可保风险却不一定是不可管理风险。不可保风险仅仅是指商业保险无法处理的风险，某些可保风险确实可以通过其他方式加以处理。

8.1.2　风险评估的概念

1. 风险评估的概念

风险评估也称危险度评价或安全评价,它以实际系统安全为目的,应用安全系统工程和工程技术方法,对系统中固有的或潜在的危险源进行定性和定量分析,掌握系统发生危险的可能性及其危害程度,从而制定防灾措施和管理决策的一项工程。

风险评估概念包含了三层意义:

(1) 对系统中固有的或潜在的危险性进行定性和定量分析,这是风险评估的核心。系统分析是以预测和防止事故为前提,全面地对评估对象的功能及潜在危险进行分析、测定,是评估工作必不可少的手段。

(2) 掌握企业发生危险的可能性及其危害程度之后,就要用指标来衡量企业安全程度,即从数量上说明分析对象安全性的程度。为了达到准确评估的目的,需要说明情况的可靠数据、资料和评价指标,评价指标可以是指数、概率值或等级。

(3) 风险评估的目的是寻求企业发生的事故率最低,损失最小,安全投资效益最优。是以提高生产安全管理的效率和经济效益为目的的,即确保安全生产,尽可能少受损失。欲达到此目的,必须采取预防和控制危险的措施,优选措施方案,提高安全水平,确保系统安全。

2. 风险评估的目的

风险评估对于各行业、系统内部的评定的作用非常多,如评优、决定项目的可行性,为了制定规章制度以供参考等。对于保险业的风险评估,通常有以下 3 种情况:

(1) 为是否承保提供决策,并厘定费率。

(2) 控制保险标的的赔付率。

(3) 体现服务质量。

3. 风险评估的分类

1) 根据评估对象的不同阶段分类

(1) 预评估:是指建设项目(工程)在规划、设计阶段或施工之前进行的评估。主要是为规划者或设计者提供安全设计的依据和可靠性资料。

(2) 中间评估:是在建设项目(工程)研制或安装过程中,用来判断是否有必要变更目标和为及时采取措施而进行管理的有效手段。

(3) 现状评估:对现有的工艺过程、设备、环境、人员素质和管理水平等情况进行系统的安全评估,以确定安全措施,做好安全生产,降低事故率。

2) 根据评估方法的特征分类

(1) 定性评估:不对危险性进行量化处理,只做定性的比较。定性评估使用系统工程方法,将系统进行分解,依靠人的观察分析能力,借助有关法规、标准、规范、经验和判断能力进行评估。

(2) 定量评估：是在危险性量化的基础上进行评估，主要依靠历史统计数据，运用数学方法构造数学模型进行评估。定量评估法分为概率评估法、数学模型计算评估、相对评估法(即指数法)。

① 概率评估法：是以某事故发生概率计算为基础的方法，如事故数和事件数的评估方法。

② 数学模型计算评估：主要是应用软件来实现。

③ 相对评估法：也称平分法，是评估者根据经验和个人见解制定一系列评分标准，然后按危险性分数值评估危险性。

3) 根据评估的内容分类

(1) 人：管理人员、生产技术人员、工人的综合素质，以及其经验和接受培训的时间等因素。

(2) 机：生产用建筑物、设备及系统，涉及设计、制造、安装、调试、试运行、运行维护等因素。

(3) 料：企业的流动资产，如原材料、半成品、产成品的危险因素。

(4) 法：企业的文化、规章、制度、生产流程等因素。

(5) 环：环境，如地质水文、厂区的规划布置、周围危险源的情况、自然灾害的程度等因素。

4. 风险评估的指标

风险评估的指标指用以衡量评估标的的尺度。

1) 风险率

危险源在一定的条件下发展成为事故，所造成的后果受两个因素的影响，一是发生事故的概率，另一是发生事故造成后果的严重程度。

如果事故发生的概率很小，即使后果十分严重，风险也不会很大。反之，若事故发生的概率很大，虽然每次后果不严重，但风险也是很大。

(1) 严重程度：表示发生一起事故、灾害造成的损失金额。这里所指，仅是直接损失金额。

(2) 频率：表示在一定的时间或生产周期内事故(灾害)发生的次数。

有了风险率的概念，就把风险从抽象的概念转化为一个数量指标。安全系统工程的任务，就是设法减小或预防事故(灾害)的严重度，使风险率达到安全指标。

$$风险率＝严重度×频率＝损失金额/单位时间$$

2) 人员伤亡指标

(1) 平均死亡率

平均死亡率是美国原子能委员会于 1974 年提出的，其概念是：事故可能造成人以每年平均死亡人数的不同比较不同系统的安全性。

① 10^{-3}(死亡/(年·人))的作业危险特别高，是不允许的。

② 10^{-4} 的作业是中等程度的危险。

③ 10^{-5} 的危险率，如游泳溺水死亡，危险率较低。

④ 10^{-6} 的危险率，如地震等天灾，几率极低。

（2）FAFR 值

FAFR 值是英国帝国化学公司的克雷茨于 1971 年提出的，一般称为事故死亡率指标（fatal accident frequency rate，FAFR），即在 $10^{-3}h$（1 亿 h）内，直接工作于一定的业务或行业的死亡概率。若每人一生工作 40 年，每年工作 2500h，每 1000 个人这样工作一生时有一人发生死亡。就相当于 1FAFR。用 FAFR 的大小比较不同系统的安全性就是克雷茨法。表 8-1 为英国各类工厂的 FAFR 值。

表 8-1　英国各类工厂的 FAFR 值

工 业 类 型	FAFR 值	工 业 类 型	FAFR 值
制衣和制鞋业	0.15	渔业	35
汽车工业	1.3	煤矿	40
化工	3.5	铁路	45
全英工业平均	4.0	建筑业	67
钢铁	8.0	飞机乘务员	250
农业	10		

3）经济损失指标

本处仅指除承保的利润损失。企业发生保险责任事故或灾害时，根据设备或系统的不同特点，其恢复的时间是大不相同的。而通常在风险率中，很少将营业中断的因素考虑进去，因此，我们将营业中断的因素用经济损失指标来衡量。

假如委托人要求或已经承保了利损险，那么在风险评估中，将根据每个主险种的事故造成营业中断需要恢复的时间，评估出一个量化的金额。

5．风险评估的方法

1）定性评估法

定性评估法主要是根据经验和判断能力对生产系统的工艺、设备、环境、人员、管理等方面的状况进行定性的评价。属于这类评估方法的有安全检查表、预先危险性分析、故障型和影响分析以及危险可操作性研究等。定性评估法的特点是简单、便于操作，评估过程及结果直观。

2）指数评估法

例如，美国道（DOW）化学公司的火灾、爆炸指数法，英国帝国化学公司蒙德工厂的蒙德评估法，日本的六阶段危险评估法和我国化工厂危险程度分级方法、电力安全评价标准等均属于指数评估法。

其优点是：避免了事故概率及其后果难以确定的困难，评价指数值同时含有事故频率和事故后果两个方面的因素。

其缺点是：危险物质和安全保障体系间的相互作用关系未予考虑，忽视了各因素之间重要性的差别。指标值的确定只和指标的设置与否有关，而与指标因素的客观状态无关。使实际安全水平相差较远的系统，其评估结果相近。

3）概率风险评估法

概率风险评估法是根据零部件或子系统的事故发生概率，求取整个系统的事故发生概率。本方法以1974年美国拉姆逊教授评价民用核电站的安全性开始,继而1977年的英国坎威岛石油化工联合企业的危险评估,1979年德国对19座大型核电站的危险评估,1979年荷兰六项大型石油化工装置的危险评估等都是使用概率法。

其优点是:系统结构简单、清晰,相同元件的基础数据相互借鉴性强,要求数据准确、充分,分析过程完整,判断和假设合理。

其缺点是:耗费大量的人力、物力,且要求该行业的零部件或子系统的事故发生概率的数据要有一个长久的精细的积累过程。

4) 危险评估软件

英国、荷兰、美国等工业发达国家从20世纪70年代就开始了危险评估软件的研究工作,目前已有几十种危险评估软件包得到应用。软件包可以帮助人们找出导致事故发生的主要原因,认识潜在事故的严重程度,并确定减缓危险的方法。目前,主要有4种类型:危险识别软件、事故后果模型软件、事故频率分析软件、综合危险定量分析软件。

5) 我国危险评估方法研究与应用现状

20世纪80年代初期,安全系统工程引入我国,受到许多大中型企业和行业管理部门的高度重视。通过翻译、消化和吸收国外的评估方法,机械、冶金、化工、航空航天等行业开始应用简单的安全分析评估方法,例如危险性预先分析、安全检查表、故障模式及影响分析、作业条件危险性评价法、事故树分析、事件数分析、可靠性工程、可操作性研究、因果分析、共同原因分析等。

1991年国家"八五"科技攻关课题中,危险评估方法研究被列为重点攻关项目。完成的"易燃、易爆、有毒重大危险源辨识评估方法"填补了我国跨行业重大危险源评估方法的空白。尽管国内外已研究开发出几十种危险评估方法和商业化软件包,但由于风险评估不仅涉及技术科学,而且涉及管理科学、心理学、法学等社会科学的相关知识,另外,危险评估指标及其权值的选取与生产技术水平、安全管理水平、生产者和管理者的素质以及当地社会文化背景等因素密切相关。因此,每种评估方法都有一定的适用范围。

国内研究开发的机械工厂安全性评估标准、化工厂危险程度分级、冶金工厂危险程度分级等方法主要用于同行业企业的安全管理评价或评比。不同类型评估对象的评估结果没有可比性。

6. 风险评估的程序

风险评估一般包括以下几个步骤:

(1) 资料收集。明确评价的对象和范围,收集国内外相关法规和标准,了解同类设备、设施或工艺的生产和事故情况,评价对象的地理、气象条件及社会环境状况等。

(2) 危险危害因素辨识与分析。根据所评价的设备、设施或场所的地理环境、气象条件,工程建设方案、工艺流程、装置布置、主要设备和仪表,以及原材料、中间体、产品的理化性质等辨识和分析可能发生的事故类型、事故发生的原因和机理。

(3) 评估过程。在上述危险分析的基础上,划分评价单元,根据评价目的和评价对象的复杂程度选择具体的一种或多种评价方法。对事故发生的可能性和严重程度进行定性或定量评价,在此基础上进行危险分级,以确定管理的重点。

(4) 提出降低或控制危险的安全对策措施。根据评价和分级结果,高于标准值的危险必须采取工程技术或组织管理措施,降低或控制危险。低于标准值的危险属于可接受或允许的危险,应建立监测措施,防止生产条件变更导致危险值增大,对不可排除的危险要采取防范措施。

风险评估的一般程序如图 8-2 所示。

图 8-2　风险评估的一般程序

8.2　汽车损失风险评估

8.2.1　汽车损失风险因素

1. 自然灾害

自然灾害通常包括雷击、暴风、龙卷风、暴雨、洪水、海啸、地震、地陷、崖崩、雪崩、雹灾、泥石流、滑坡等,上述灾害都会造成汽车的财产损失,都是汽车损失风险的风险因素。世界各地的自然灾害的发生率差异很大,就全球而言汽车的活动半径相对较小,汽车所处地的各种自然灾害风险因素差异很大。以我国长江中下游以南地区为例,汽车遭海啸的损失风险可以说是没有,但遭暴雨、洪水水灾损失风险却很大。

自然灾害造成汽车损失的主要是水灾。由于汽车的结构特点,汽车特别怕水浸。水面高度超过轿车的车身底板后,车身一旦进水,车身内饰中的纤维材料潮湿后就很难干燥,霉变、腐蚀、异味很容易产生,电气部分的故障率也会急剧上升。当水面高度达到进气管高度且汽车发动机在工作时,水一旦进入进气管,就会造成发动机严重损毁。

2. 意外事故

意外事故是汽车损失风险中最主要的风险因素,包括碰撞、倾覆、坠落、外界物体的坠落、火灾、自燃、盗抢等。其中碰撞是意外事故中出险率最高的风险因素,占汽车损失风险的90%以上,其他意外事故共计占损失风险不足10%。

8.2.2　汽车损失风险度量

1. 损失频率

根据统计资料显示,汽车损失风险频率主要取决于驾驶被评估汽车的人数,驾驶员的违章记录、年龄、性别、职业、婚姻状况、驾龄,行驶区域,行驶里程,汽车用途和汽车技术状况等因素。

1) 驾驶人数

如果被评估汽车只由一人驾驶,则风险明确,损失频率相对较低;反之,被评估汽车的风险不确定因素较大,损失频率相对较高。从保险公司的理赔统计数据来看,租赁汽车的高损失频率可以验证这一点。

2) 驾驶员的违章记录

90%以上的事故是驾驶员违章驾驶造成的,可见违章驾驶是事故发生的最主要原因。被评估汽车的损失频率的大小取决于驾驶员是否有良好的驾驶习惯,驾驶习惯不好,违章越多,事故隐患越高,损失频率越大。

3) 驾驶员的年龄、性别、职业和婚姻状况

从一些保险公司的统计数据可以看出:24岁以下的年轻驾驶员事故次数是所有驾驶员事故平均数的1.6倍。美国保险信息局统计资料显示,1993年每行驶1000万英里(1mile=1609.344m),男性驾驶员有87名发生交通事故,女性驾驶员有101人发生交通事故,女性驾驶员事故频率明显高于男性。现阶段我国汽车保险统计数据也有相似之处。

4) 驾龄

不论我国或国外的统计资料都明确显示,驾龄与事故频率都有密切关系。据南京交管部门统计,在驾驶员造成的死亡事故中,3年驾龄以下的驾驶员占一半;在驾驶员造成的事故中,1年驾龄以下的驾驶员约占20%。从历年的资料来看,3年以内驾龄越短事故频率越高,3年以后事故频率呈一水平线,如图8-3所示。

但应注意,西方发达国家的统计表明,随着年龄的增长,超过一定年龄的老年人,其事故频率又会上升,所以政府立法限制驾驶员的年龄是有依据的。

5) 行驶区域

行驶区域不同,其地理环境、气候条件、交通设施与管理水平差距很大,从而直接影响着事故频率。例如,我国淮河以南地区夏季雨水充沛,每年都会有汽车遭受水灾侵

图8-3　驾龄与事故频率示意图

害,然而我国的西北地区几乎无水灾可言,其事故频率显然差异很大;同样一个汽车流量路口,一个有 24h 自动控制信号灯,一个根本无信号灯,其路口的事故频率显然有着较大的差距。

6) 行驶里程

同样的一个驾驶员,驾驶两辆同样型号的汽车,行驶于同样的路段,其中一辆一年行驶 4 万公里,另一辆一年行驶 8 万公里,两辆汽车的事故频率显然不一样,损失频率也就不一样。据统计数据显示,在单位时间内,随着行驶里程的增加,事故频率呈比例增加,当行驶里程的增加超过一定的里程后(通常在年行驶里程超过 10 万～15 万公里),事故频率甚至可能呈几何级数增加。

7) 汽车用途

汽车用途的不同通过行驶里程得以反映,出租汽车的年行驶里程要远远大于仅供个人生活使用的家庭用汽车,长途客运汽车的年行驶里程要远远大于仅供单位上下班用的交通汽车,专业货运汽车的年行驶里程要大于仅供企业送货的企业自用汽车,当然其遭遇潜在损失的风险也较高。所以通常用汽车的使用性质与用途来估算汽车的行驶里程,从而评估其损失频率。

8) 汽车技术状况

20 世纪 90 年代以前,我国汽车因技术状况原因导致的交通事故占 10% 左右。随着汽车工业技术水平的提高,现在汽车因技术状况原因导致的交通事故占 3%～5%。这 3%～5% 中,使用 3 年以上营运车和接近使用年限的汽车占其中的 80% 以上。

汽车损失风险的损失频率因汽车和驾驶员的不同而不同,其范围较大。我国 2000 年以前的统计资料显示,每年每 100 辆车有 10～15 辆产生意外车辆损失,损失频率为 10%～15%;出租车的损失频率为 30%～35%。2003 年底某保险公司的统计资料显示,每年每 100 辆车有 20～25 辆产生意外车辆损失,损失频率为 20%～25%;出租车的损失频率仍为 30%～35%。由于汽车保有量的大幅增长,新驾驶员也大幅增加,造成损失频率的大幅上升,这也印证了上述观点。

2. 损失幅度

汽车损失风险的损失幅度就是指损失的最大值,汽车损失风险中的最大损失幅度就是汽车的实际价值,相对较简单,是一个定值。汽车的实际价值越高,汽车最大损失幅度就越大。

3. 损失期望值

汽车损失风险的损失期望值是指一定时期内一定条件下大量同类汽车损失的平均值,主要有碰撞损失期望值(包括倾覆)、自然灾害损失期望值(以水灾为主)、火灾损失期望值(包括自燃)、被盗窃损失期望值。各种损失期望值均与下列因素有关:

(1) 汽车的实际价值越高,平均损失越大。

(2) 汽车的零配件价格越高,平均损失越大。

(3) 汽车的修理工费越高,平均损失越大。

(4) 汽车表面的涂饰费越高,平均损失越大。

由于各种损失的概率分布差距很大,所以各种风险的损失期望值差距很大。

4. 损失标准差

汽车损失风险的损失标准差也分为碰撞损失标准差(包括倾覆)、自然灾害损失标准差(以水灾为主)、火灾损失标准差(包括自燃)、被盗窃损失标准差,各种风险的损失标准差差异也很大。

5. 损失差异系数

汽车损失风险的损失差异系数也分为碰撞损失差异系数(包括倾覆)、自然灾害损失差异系数(以水灾为主)、火灾损失差异系数(包括自燃)、被盗窃损失差异系数,各种风险的损失差异系数相差也很大。

6. 举例

通过下面例题说明汽车损失风险的损失期望值、损失标准差和损失差异系数。

例8-1   南方某城市10万元的轿车,每年的各种损失资料见表8-2。试分别计算汽车损失风险的损失期望值、损失标准差和损失差异系数。

表8-2   各种损失资料

碰撞损失概率分布		水灾损失概率分布		火灾损失概率分布		盗窃损失概率分布	
损失金额/元	损失概率	损失金额/元	损失概率	损失金额/元	损失概率	损失金额/元	损失概率
500	0.1	500	0.005	500	0.0001	500	0.001
1000	0.05	1000	0.003	1000	0.001	1000	0.0005
5000	0.005	5000	0.001	5000	0.005	5000	0.00001
30000	0.0005	30000	0.0001	30000	0.002	30000	0.00001
100000	0.00005	100000	0.00001	100000	0.0005	100000	0.0002

解:(1) 碰撞损失的期望值、标准差和差异系数分别为

$$\bar{x} = \sum_{i=1}^{n} x_i p_i$$

$$= 500 \times 0.1 + 1000 \times 0.05 + 5000 \times 0.005 + 30000 \times 0.0005 + 100000 \times 0.00005$$

$$= 145(元)$$

$$S = \sqrt{\sum_{i=1}^{n}(x_i - \bar{x})^2 p_i} = \sqrt{(500-145)^2 \times 0.1} + \sqrt{(1000-145)^2 \times 0.05} +$$

$$\sqrt{(5000-145)^2 \times 0.005} + \sqrt{(30000-145)^2 \times 0.0005} +$$

$$\sqrt{(100000-145)^2 \times 0.00005}$$

$$= 2020.4(元)$$

$$v = \frac{S}{\bar{x}} = \frac{2020.4}{145} = 13.93$$

（2）水灾损失的期望值、标准差和差异系数分别为

$$\bar{x} = \sum_{i=1}^{n} x_i p_i$$

$$= 500 \times 0.005 + 1000 \times 0.003 + 5000 \times 0.001 + 30000 \times 0.0001 + 100000 \times 0.00001$$

$$= 14.5(元)$$

$$S = \sqrt{\sum_{i=1}^{n}(x_i - \bar{x})^2 p_i} = \sqrt{(500 - 14.5)^2 \times 0.005} + \sqrt{(1000 - 14.5)^2 \times 0.003} +$$

$$\sqrt{(5000 - 14.5)^2 \times 0.001} + \sqrt{(30000 - 14.5)^2 \times 0.0001} +$$

$$\sqrt{(100000 - 14.5)^2 \times 0.00001} = 862.01(元)$$

$$v = \frac{S}{\bar{x}} = \frac{862.01}{14.5} = 59.45$$

（3）火灾损失的期望值、标准差和差异系数分别为

$$\bar{x} = \sum_{i=1}^{n} x_i p_i$$

$$= 500 \times 0.0001 + 1000 \times 0.001 + 5000 \times 0.005 + 30000 \times 0.002 + 100000 \times 0.0005$$

$$= 126.05(元)$$

$$S = \sqrt{\sum_{i=1}^{n}(x_i - \bar{x})^2 p_i} = \sqrt{(500 - 126.05)^2 \times 0.0001} + \sqrt{(1000 - 126.05)^2 \times 0.001} +$$

$$\sqrt{(5000 - 126.05)^2 \times 0.005} + \sqrt{(30000 - 126.05)^2 \times 0.002} +$$

$$\sqrt{(100000 - 126.05)^2 \times 0.0005} = 3945.27(元)$$

$$v = \frac{S}{\bar{x}} = \frac{3945.27}{126.05} = 31.30$$

（4）盗窃损失的期望值、标准差和差异系数分别为

$$\bar{x} = \sum_{i=1}^{n} x_i p_i$$

$$= 500 \times 0.001 + 1000 \times 0.0005 + 5000 \times 0.00001 + 30000 \times 0.00001 + 100000 \times 0.0002$$

$$= 20.9(元)$$

$$S = \sqrt{\sum_{i=1}^{n}(x_i - \bar{x})^2 p_i} = \sqrt{(500 - 20.9)^2 \times 0.001} + \sqrt{(1000 - 20.9)^2 \times 0.0005} +$$

$$\sqrt{(5000 - 20.9)^2 \times 0.00001} + \sqrt{(30000 - 20.9)^2 \times 0.00001} +$$

$$\sqrt{(100000 - 20.9)^2 \times 0.0002} = 1561.51(元)$$

$$v = \frac{S}{\bar{x}} = \frac{1561.51}{20.9} = 74.71$$

将以上结果汇总，见表 8-3。

表 8-3 结果汇总

风险损失 风险指标	碰 撞 损 失	水 灾 损 失	火 灾 损 失	盗 窃 损 失
损失期望值/元	145.00	14.50	126.05	20.90
损失标准差/元	2020.40	862.01	3945.27	1561.51
损失差异系数	13.93	59.45	31.30	74.71

从表 8-3 中可以看出,汽车损失风险中:

(1) 碰撞损失的损失期望值最大,水灾损失的损失期望值最小。

(2) 火灾损失的标准差最大,水灾损失的标准差最小。

(3) 盗窃损失的差异系数最大,碰撞损失的差异系数最小。

被盗窃是汽车损失风险中最大的风险。碰撞虽然损失频率高,但风险不一定大,这也是现在有一些精明的车主不投保碰撞损失而投保盗窃损失的原因。

我国南方水灾损失是汽车损失风险中第二大风险,北方火灾为第二大风险。

8.3 汽车责任风险评估

1. 汽车责任风险因素

意外事故是汽车责任风险中最主要的风险因素,包括碰撞、倾覆、坠落、自燃等。其中碰撞是意外事故中出险率最高的风险因素,占汽车责任风险的 99% 以上,其他意外事故共计占责任风险不足 1%。

2. 汽车责任风险度量

1) 损失频率

统计资料显示,汽车责任风险频率主要取决于驾驶被评估汽车的人数,驾驶员的违章记录、年龄、性别、职业、婚姻状况、驾龄,行驶区域,行驶里程,汽车用途,汽车技术状况和汽车类型、总质量等因素。其中被评估汽车的驾驶人数,驾驶员的违章记录、年龄、性别、职业、婚姻状况、驾龄,行驶区域,行驶里程,汽车用途的影响与汽车损失风险相似,为什么说相似而不说相同呢?因为一起风险事故,如碰撞事故,有时只有汽车本身损失,而无责任费用,如汽车撞到坚实的挡土墙,只有汽车损失而无碰撞责任;有时却相反,如汽车撞到老人,汽车本身无损失,但要承担责任费用。汽车技术状况和车辆类型、总质量等因素是汽车责任风险频率的特殊之处。

(1) 汽车技术状况

有资料显示,在汽车因技术状况导致的风险事故中,纯责任风险事故约占 35%,纯损失风险事故约占 20%,同时产生责任风险和损失风险的事故约占 45%,其原因主要是汽车因技术状况导致的风险事故中 80% 的汽车是老旧汽车和大货车,这些老旧汽车和大货车的损失风险要明显小于同类型汽车。

(2) 汽车类型与总质量

汽车类型与总质量通常有着一定的关系,如果汽车的安全性能与驾驶人员相同,由于大型货车的总质量大,轻微的碰擦都会造成他物或他人的损害;反之,微型客车的总质量小,造成他物或他人的损害就相对较轻,甚至没有损伤。

2) 损失幅度

汽车责任风险的损失幅度与汽车损失风险的损失幅度差异很大。汽车损失风险中的最大损失幅度就是汽车的实际价值,而就某辆汽车而言,其责任风险的损失幅度就很难确定。从历年资料上看,汽车责任风险的损失幅度直接损失最大的达到数百万元,甚至上千万元。汽车责任风险的损失幅度主要决定于汽车的总质量,与汽车的总质量成正比关系。从能量转换来说,碰撞是一种能量转换,汽车的动能通过碰撞转换成其他能量,而汽车能量 W 的大小可以通过公式来表示,即

$$W = \frac{1}{2}mv^2 \tag{8-6}$$

式中,m——汽车总质量;

v——汽车速度。

从式(8-6)可以看出,汽车动能的大小取决于以下几方面。

(1) 汽车总质量

汽车总质量决定着汽车的动能,从而决定着碰撞时的能量。能量又通过汽车本身和被碰撞物来吸收。汽车本身损伤越严重,吸收的能量就越多;汽车本身损伤越轻,吸收的能量就越少。

(2) 汽车的结构特点

在一起碰撞风险事故中,汽车本身损伤的严重程度取决于汽车与被碰撞物的坚实程度。两辆相同总质量的汽车,其中一辆是承载式车身的大客车,另一辆是非承载式车身的大货车,分别碰撞停置的一辆相同型号、相同总质量和相同部位的自卸车,由于大客车结构特点决定了其坚实程度不及自卸车,在这起碰撞中其吸收的能量要远大于自卸车,大客车本身的损失要明显大于自卸车,车上人员和物品与大客车本身的二次碰撞较轻;大货车与自卸车的碰撞则不然,由于大货车与自卸车的结构相似,在碰撞中吸收的能量相近,大货车本身的损失与自卸车损失相近,而车上人员和物品与大货车本身的二次碰撞较重。也就是说,通过上述碰撞试验我们可以得出,同样总质量的汽车,结构坚实的汽车造成的责任损失(包括车上责任)要明显大于结构不坚实的汽车。重型货车、重型自卸车、重型半挂车、牵引车的责任风险的损失幅度最大。

(3) 汽车速度

从式(8-6)可以看出,汽车的动能与速度的平方成正比。我们看汽车速度不能从汽车的设计最高速度来看,而应从汽车行驶的平均速度来看,平均速度高,动能就高,责任风险损失幅度就大。从这点上看,经常跑长途的汽车平均速度要明显高于市区行驶的汽车。

3) 损失期望值

汽车责任风险的损失期望值主要是碰撞损失期望值(包括倾覆),它主要取决于风险事故所在地的经济发展水平。各地经济发展水平的差异会造成以下几方面的不同。

（1）各地的损害赔偿标准不同

我国按省划分损害赔偿标准,也是出于各省的经济发展水平差异较大而确定的。由于我国各地的经济水平差距较大,年人均生活费标准从一两千元至八九千元不等,所以汽车责任风险的损失期望值差距也较大。

（2）各地的汽车责任风险的损失频率不同

在我国经济发达的东南沿海地区和各大中心城市,单位通车里程的汽车保有量要远远高于经济落后的中西部地区,从而导致风险事故频率也明显高于中西部地区。

从式(8-3)可以得出,经济发展水平高的地区,汽车责任风险的损失期望值也大;反之,经济发展水平低的地区,汽车责任风险的损失期望值也就小。我国根据不同地区的经济发展水平可分为经济发达地区、经济中等地区和经济落后地区,从而形成经济发达地区损失期望值、经济中等地区损失期望值和经济落后地区损失期望值。

4）损失标准差

我们将汽车责任风险的损失标准差也分为经济发达地区损失标准差、经济中等地区损失标准差和经济落后地区损失标准差。

5）损失差异系数

同样我们将汽车责任风险的损失差异系数也分为经济发达地区损失差异系数、经济中等地区损失差异系数和经济落后地区损失差异系数。

8.4 汽车风险管理

8.4.1 汽车风险成本

1. 汽车风险的有形成本

1）汽车损失风险有形成本

就汽车而言,如果汽车作为消费资料,损失风险成本就是部分损失时的修理费用、租车费用和全部损失时的重新购车费用。如果汽车作为生产资料,损失风险成本不仅仅是部分损失时的修理费用、租车费用和全部损失时的重新购车费用,还包括经营中断利润损失和合同违约损失。

2）汽车责任风险有形成本

汽车责任风险有形成本通常是指因违反《民法》《道路交通安全法》和《公路法》等行为而导致他人或财产损失所应承担的赔偿责任。责任风险的成本大小最终以法院判决作为依据。

2. 汽车风险的无形成本

汽车风险的无形成本主要表现在以下两方面。

（1）由于风险较大,汽车驾驶员驾车时高度紧张,疲劳较其他行业要明显得多。

（2）由于汽车运输业的高风险(尤其是货运业),而无高回报,使得货运市场出现了极不健康的市场环境,人们不愿把资金投向汽车货运业。

3. 预防和控制风险的成本

就汽车而言,为了安全而进行的保养、修理和检验,汽车上用于消防的灭火器材,为了防止被盗汽车上增加的防盗锁、报警器,还有夜间的看护等,都会产生费用,所以预防和控制风险需要一定的成本。

8.4.2　汽车风险管理技术

风险管理是指自然人或法人对其或所有物可能遇到的风险进行识别、评估,并在此基础上有效地控制和处置风险,以最低的成本实现最大安全保障的活动。

汽车经过风险评估后,确定了汽车的风险因素和风险度量,汽车所有者应寻找和确定有效地控制和处理这些风险的管理技术,以最小的成本和最有效的方法,达到减小事故频率和损失程度的目的。风险管理技术分为控制型风险管理技术和财务型风险管理技术两大类。

1. 控制型风险管理技术

实践证明,风险是可以控制的,也是可以预防的。前面讲到,风险因素引发风险事故,而风险事故导致损失,消除风险因素是控制风险的关键。控制型风险管理技术的实质是在风险分析的基础上,针对汽车所存在的风险因素,积极采取控制措施以消除风险因素,或减小风险因素的危险性。在事故发生前,降低事故的发生频率;在事故发生时,控制损失继续扩大,将事故损失减小到最低程度,从而达到降低汽车风险损失的目的。控制型风险管理技术主要包括风险回避和损失控制。

1) 风险回避

风险回避是指考虑到事故存在的可能性较大时,主动放弃或改变某项可能引起风险损失的活动,以回避可能产生风险损失的一种控制风险的方法。通过回避风险可以在风险发生之前,完全彻底地消除某种风险可能造成的损失,而不仅仅是减小损失的影响程度。风险回避是一种最彻底的风险控制技术,而其他控制技术只能减小损失发生的概率和损失的严重程度。

例如,当汽车所有者从天气预报中得知将有暴雨、洪水来临,汽车所有者将日常停放在低洼之处的汽车停放在高处,这就是最有效的水灾损失控制技术之一。又如,经济落后地区的汽车所有者控制汽车的行驶区域,不将汽车行驶到经济发达地区也是有效控制汽车责任风险的方法之一。对于高风险路段或区域,采取放弃驾驶活动(如冰雪路驾驶、山区驾驶)也是有效的风险控制技术。

风险回避虽然有效地消除了风险源,彻底消除某些风险造成的损失和可能造成的恐惧心理,但其毕竟是消极的控制风险的方法,时常具有很大的局限性:

(1) 任何经济活动都与一定的风险相联系,高风险的经济活动往往伴随着高利润。例如,对于营运车而言,往往雨雪天的运价要高于正常天气的运价。放弃这项经济活动,就意味着放弃可能丰厚的利润,要获取高利润,往往就必须承担高风险。

(2) 回避了某种风险,又会产生另一种新的风险。例如,暴雨来临前,将停放在地下车库的汽车改放在地势较高处的路边,回避了水灾风险,却增加了盗窃风险。因此,一般来说,只有在特殊情况下才使用风险回避。

2) 损失控制

损失控制包括两个方面的含义:一是在损失发生之前全面地消除损失产生的根源,并尽量减小导致损失事故发生的概率;二是在损失发生后减轻损失程度。

汽车风险的损失控制通常有以下几个方面:

(1) 对汽车进行定期安全检查,这不仅包括政府部门的强制安全检查,还包括汽车使用者的日常例行安全检查,以及定期的保养和检修,使汽车始终处于完好技术状况。

(2) 加强安全学习和培训教育机制,使驾驶人员了解最新的交通法律、法规,熟悉道路及管理变化情况。通过安全学习及培训消除人为的风险因素,是损失控制的有效途径之一。

(3) 使驾驶人员掌握应急施救措施,包括汽车施救和人员急救知识。一旦发生风险事故时,尽量控制损失不致扩大,使得损失控制在最小限度。

2. 财务型风险管理技术

前面讨论的控制型风险管理技术是运用风险控制工具,力争在风险事故发生之前,消除各种风险隐患,减少损失产生的原因及实质性因素,降低风险发生的频率。在损失发生之时,积极采取各项措施,尽可能使风险事故所致损失降到最低限度,从而达到风险管理的目的。

然而,在风险管理的实践中,由于种种因素的制约,人们对风险的预测不可能绝对准确,而防范措施又具有一定的局限性,所以某些风险事故的损失仍不可避免。因此,当风险事故发生以后,如何有效地运用财务型风险管理技术,对损失的严重后果及时采取经济补偿,是风险管理的又一种重要途径。

财务型风险管理技术是通过事故发生前所作的财务安排,来消除风险事故发生后给汽车所有者造成的经济困难和精神忧虑,为汽车的继续使用提供财务基础。财务型风险管理技术主要包括风险自留和财务型风险转移。

1) 风险自留

风险自留是一种由汽车所有者自己承担风险事故所致损失的一种财务型风险管理技术。其实质是,当风险事故发生造成一定的损失后,汽车所有者用自己的资金弥补所遭受的损失。在汽车风险中常见的风险自留有下列几种。

(1) 小额的损失风险。中国人民保险公司最近推出了500元的绝对免赔,即每次保险事故保险公司实行500元绝对免赔,保险公司不再对500元以下的保险事故进行赔偿,汽车所有者购买了这样的汽车保险,也就是将500元保险事故风险自留。这样通常对汽车所有者和保险公司都是有利的。对于汽车所有者来说,其一,500元以下的风险事故,汽车所有者认为自己的财务能够安排;其二,汽车所有者认为留下500元以下的风险,去换取较低的保险费率是值得的。对于保险公司而言,保险公司认为500元以下保险事故的管理成本太高,用降低一些费率来换取管理成本下降也是值得的。同时,小额的损失风险自留也是当今国际保险市场上流行的汽车保险条款之一。

(2) 损失概率极低的风险。例如,家用轿车50万元以上的责任风险,因为这种概率极低,轿车所有者往往只购买 50 万元的强制第三者责任保险,而把 50 万元以上的责任风险自留。

(3) 无法转移的风险。例如,地震会对汽车造成损失,汽车漏油会造成污染责任,当然没有人会接受这种风险转移,汽车所有者只能将这些风险自留。

2) 财务型风险转移

前面已经对汽车的风险进行了度量,汽车与其他如房屋、机器设备相比其风险较大,作为汽车的所有者而言,从拥有汽车的那一刻起,就要想到给汽车购买保险,将汽车风险中大量的风险通过购买保险转移到保险公司。这里说的是大量风险而不是所有风险,因为无论你购买了多少保险,保险公司也不可能将所有的风险都接收。我国《道路交通安全法》规定了汽车强制第三者责任保险,但是没有规定各种汽车购买的最小责任限额,所以汽车所有者还必须根据自己的驾驶技术、汽车种类、吨位大小、行驶区域,购买相应的责任限额的保险,才能有效地将责任风险转移到保险公司。

本 章 小 结

本章主要内容包括风险及风险评估、汽车损失风险评估、汽车责任风险评估、汽车风险管理等内容。

(1) 风险及风险评估。介绍了风险及风险评估的概念、风险的构成要素、风险的种类。

(2) 汽车损失风险评估。介绍了汽车损失风险因素、汽车损失风险的度量方法。

(3) 汽车责任风险评估。介绍了汽车责任风险因素、汽车责任风险的度量方法。

(4) 汽车风险管理。介绍了汽车风险的有形成本与无形成本,介绍了控制型与财务型两大主要风险管理技术。

自 测 题

一、选择题

1. 风险最基本的特征是( )。

    A. 纯粹性   B. 可测性

    C. 分散性   D. 不确定性

2. ( )是事故发生的最主要原因。

    A. 违章驾驶   B. 醉酒驾车   C. 意外事故   D. 自然灾害

3. 汽车维修费用主要由( )、( )、( )和税费等 4 项组成。

    A. 工时费   B. 材料费   C. 外协加工费   D. 运输费

4. 碰撞是意外事故中出险率最高的风险因素,占汽车损失风险的( )以上。

    A. 90%   B. 60%   C. 30%   D. 15%

二、简答题

1. 何为风险？为什么要进行风险评估？
2. 汽车损失风险因素有哪些？
3. 汽车责任风险的度量指标有哪些？
4. 如何对汽车风险进行管理？

普通复利系数表

$$i=5\%$$

年限 n/a	一次支付终值系数 $(F/P,i,n)$	一次支付现值系数 $(P/F,i,n)$	等额系列终值系数 $(F/A,i,n)$	偿债基金系数 $(A/F,i,n)$	资金回收系数 $(A/P,i,n)$	等额系列现值系数 $(P/A,i,n)$
1	1.0500	0.9524	1.0000	1.0000	1.0500	0.9524
2	1.1025	0.9070	2.0500	0.4878	0.5378	1.8594
3	1.1576	0.8638	3.1525	0.3172	0.3672	2.7232
4	1.2155	0.8227	4.3101	0.2320	0.2820	3.5460
5	1.2763	0.7835	5.5256	0.1810	0.2310	4.3295
6	1.3401	0.7462	6.8019	0.1470	0.1970	5.0757
7	1.4071	0.7107	8.1420	0.1228	0.1728	5.7864
8	1.4775	0.6768	9.5491	0.1047	0.1547	6.4632
9	1.5513	0.6446	11.0266	0.0907	0.1407	7.1078
10	1.6289	0.6139	12.5779	0.0795	0.1295	7.7217
11	1.7103	0.5847	14.2068	0.0704	0.1204	8.3064
12	1.7959	0.5568	15.9171	0.0628	0.1128	8.8633
13	1.8856	0.5303	17.7130	0.0565	0.1065	9.3936
14	1.9799	0.5051	19.5986	0.0510	0.1010	9.8986
15	2.0789	0.4810	21.5786	0.0463	0.0963	10.3797
16	2.1829	0.4581	23.6575	0.0423	0.0923	10.8378
17	2.2920	0.4363	25.8404	0.0387	0.0887	11.2741
18	2.4066	0.4155	28.1324	0.0355	0.0855	11.6896
19	2.5270	0.3957	30.5390	0.0327	0.0827	12.0853
20	2.6533	0.3769	33.0660	0.0302	0.0802	12.4622
21	2.7860	0.3589	35.7193	0.0280	0.0780	12.8212
22	2.9253	0.3418	38.5052	0.0260	0.0760	13.1630
23	3.0715	0.3256	41.4305	0.0241	0.0741	13.4886
24	3.2251	0.3101	44.5020	0.0225	0.0725	13.7986
25	3.3864	0.2953	47.7271	0.0210	0.0710	14.0939
26	3.5557	0.2812	51.1135	0.0196	0.0696	14.3752
27	3.7335	0.2678	54.6691	0.0183	0.0683	14.6430
28	3.9201	0.2551	58.4026	0.0171	0.0671	14.8981
29	4.1161	0.2429	62.3227	0.0160	0.0660	15.1411
30	4.3219	0.2314	66.4388	0.0151	0.0651	15.3725

$$i=8\%$$

年限 n/a	一次支付 终值系数 $(F/P,i,n)$	一次支付 现值系数 $(P/F,i,n)$	等额系列 终值系数 $(F/A,i,n)$	偿债基金 系数 $(A/F,i,n)$	资金回收 系数 $(A/P,i,n)$	等额系列 现值系数 $(P/A,i,n)$
1	1.0800	0.9259	1.0000	1.0000	1.0800	0.9259
2	1.1664	0.8573	2.0800	0.4808	0.5608	1.7833
3	1.2597	0.7938	3.2464	0.3080	0.3880	2.5771
4	1.3605	0.7350	4.5061	0.2219	0.3019	3.3121
5	1.4693	0.6806	5.8666	0.1705	0.2505	3.9927
6	1.5869	0.6302	7.3359	0.1363	0.2163	4.6229
7	1.7138	0.5835	8.9228	0.1121	0.1921	5.2064
8	1.8509	0.5403	10.6366	0.0940	0.1740	5.7466
9	1.9990	0.5002	12.4876	0.0801	0.1601	6.2469
10	2.1589	0.4632	14.4866	0.0690	0.1490	6.7101
11	2.3316	0.4289	16.6455	0.0601	0.1401	7.1390
12	2.5182	0.3971	18.9771	0.0527	0.1327	7.5361
13	2.7196	0.3677	21.4953	0.0465	0.1265	7.9038
14	2.9372	0.3405	24.2149	0.0413	0.1213	8.2442
15	3.1722	0.3152	27.1521	0.0368	0.1168	8.5595
16	3.4259	0.2919	30.3243	0.0330	0.1130	8.8514
17	3.7000	0.2703	33.7502	0.0296	0.1096	9.1216
18	3.9960	0.2502	37.4502	0.0267	0.1067	9.3719
19	4.3157	0.2317	41.4463	0.0241	0.1041	9.6036
20	4.6610	0.2145	45.7620	0.0219	0.1019	9.8181
21	5.0338	0.1987	50.4229	0.0198	0.0998	10.0168
22	5.4365	0.1839	55.4568	0.0180	0.0980	10.2007
23	5.8715	0.1703	60.8933	0.0164	0.0964	10.3711
24	6.3412	0.1577	66.7648	0.0150	0.0950	10.5288
25	6.8485	0.1460	73.1059	0.0137	0.0937	10.6748
26	7.3964	0.1352	79.9544	0.0125	0.0925	10.8100
27	7.9881	0.1252	87.3508	0.0114	0.0914	10.9352
28	8.6271	0.1159	95.3388	0.0105	0.0905	11.0511
29	9.3173	0.1073	103.9659	0.0096	0.0896	11.1584
30	10.0627	0.0994	113.2832	0.0088	0.0888	11.2578

$i = 10\%$

年限 n/a	一次支付 终值系数 $(F/P,i,n)$	一次支付 现值系数 $(P/F,i,n)$	等额系列 终值系数 $(F/A,i,n)$	偿债基金 系数 $(A/F,i,n)$	资金回收 系数 $(A/P,i,n)$	等额系列 现值系数 $(P/A,i,n)$
1	1.1000	0.9091	1.0000	1.0000	1.1000	0.9091
2	1.2100	0.8264	2.1000	0.4762	0.5762	1.7355
3	1.3310	0.7513	3.3100	0.3021	0.4021	2.4869
4	1.4641	0.6830	4.6410	0.2155	0.3155	3.1699
5	1.6105	0.6209	6.1051	0.1638	0.2638	3.7908
6	1.7716	0.5645	7.7156	0.1296	0.2296	4.3553
7	1.9487	0.5132	9.4872	0.1054	0.2054	4.8684
8	2.1436	0.4665	11.4359	0.0874	0.1874	5.3349
9	2.3579	0.4241	13.5795	0.0736	0.1736	5.7590
10	2.5937	0.3855	15.9374	0.0627	0.1627	6.1446
11	2.8531	0.3505	18.5312	0.0540	0.1540	6.4951
12	3.1384	0.3186	21.3843	0.0468	0.1468	6.8137
13	3.4523	0.2897	24.5227	0.0408	0.1408	7.1034
14	3.7975	0.2633	27.9750	0.0357	0.1357	7.3667
15	4.1772	0.2394	31.7725	0.0315	0.1315	7.6061
16	4.5950	0.2176	35.9497	0.0278	0.1278	7.8237
17	5.0545	0.1978	40.5447	0.0247	0.1247	8.0216
18	5.5599	0.1799	45.5992	0.0219	0.1219	8.2014
19	6.1159	0.1635	51.1591	0.0195	0.1195	8.3649
20	6.7275	0.1486	57.2750	0.0175	0.1175	8.5136
21	7.4002	0.1351	64.0025	0.0156	0.1156	8.6487
22	8.1403	0.1228	71.4027	0.0140	0.1140	8.7715
23	8.9543	0.1117	79.5430	0.0126	0.1126	8.8832
24	9.8497	0.1015	88.4973	0.0113	0.1113	8.9847
25	10.8347	0.0923	98.3471	0.0102	0.1102	9.0770
26	11.9182	0.0839	109.1818	0.0092	0.1092	9.1609
27	13.1100	0.0763	121.0999	0.0083	0.1083	9.2372
28	14.4210	0.0693	134.2099	0.0075	0.1075	9.3066
29	15.8631	0.0630	148.6309	0.0067	0.1067	9.3696
30	17.4494	0.0573	164.4940	0.0061	0.1061	9.4269

$i=12\%$

年限 n/a	一次支付 终值系数 $(F/P,i,n)$	一次支付 现值系数 $(P/F,i,n)$	等额系列 终值系数 $(F/A,i,n)$	偿债基金 系数 $(A/F,i,n)$	资金回收 系数 $(A/P,i,n)$	等额系列 现值系数 $(P/A,i,n)$
1	1.1200	0.8929	1.0000	1.0000	1.1200	0.8929
2	1.2544	0.7972	2.1200	0.4717	0.5917	1.6901
3	1.4049	0.7118	3.3744	0.2963	0.4163	2.4018
4	1.5735	0.6355	4.7793	0.2092	0.3292	3.0373
5	1.7623	0.5674	6.3528	0.1574	0.2774	3.6048
6	1.9738	0.5066	8.1152	0.1232	0.2432	4.1114
7	2.2107	0.4523	10.0890	0.0991	0.2191	4.5638
8	2.4760	0.4039	12.2997	0.0813	0.2013	4.9676
9	2.7731	0.3606	14.7757	0.0677	0.1877	5.3282
10	3.1058	0.3220	17.5487	0.0570	0.1770	5.6502
11	3.4785	0.2875	20.6546	0.0484	0.1684	5.9377
12	3.8960	0.2567	24.1331	0.0414	0.1614	6.1944
13	4.3635	0.2292	28.0291	0.0357	0.1557	6.4235
14	4.8871	0.2046	32.3926	0.0309	0.1509	6.6282
15	5.4736	0.1827	37.2797	0.0268	0.1468	6.8109
16	6.1304	0.1631	42.7533	0.0234	0.1434	6.9740
17	6.8660	0.1456	48.8837	0.0205	0.1405	7.1196
18	7.6900	0.1300	55.7497	0.0179	0.1379	7.2497
19	8.6128	0.1161	63.4397	0.0158	0.1358	7.3658
20	9.6463	0.1037	72.0524	0.0139	0.1339	7.4694
21	10.8038	0.0926	81.6987	0.0122	0.1322	7.5620
22	12.1003	0.0826	92.5026	0.0108	0.1308	7.6446
23	13.5523	0.0738	104.6029	0.0096	0.1296	7.7184
24	15.1786	0.0659	118.1552	0.0085	0.1285	7.7843
25	17.0001	0.0588	133.3339	0.0075	0.1275	7.8431
26	19.0401	0.0525	150.3339	0.0067	0.1267	7.8957
27	21.3249	0.0469	169.3740	0.0059	0.1259	7.9426
28	23.8839	0.0419	190.6989	0.0052	0.1252	7.9844
29	26.7499	0.0374	214.5828	0.0047	0.1247	8.0218
30	29.9599	0.0334	241.3327	0.0041	0.1241	8.0552

$i = 15\%$

年限 n/a	一次支付 终值系数 $(F/P, i, n)$	一次支付 现值系数 $(P/F, i, n)$	等额系列 终值系数 $(F/A, i, n)$	偿债基金 系数 $(A/F, i, n)$	资金回收 系数 $(A/P, i, n)$	等额系列 现值系数 $(P/A, i, n)$
1	1.1500	0.8696	1.0000	1.0000	1.1500	0.8696
2	1.3225	0.7561	2.1500	0.4651	0.6151	1.6257
3	1.5209	0.6575	3.4725	0.2880	0.4380	2.2832
4	1.7490	0.5718	4.9934	0.2003	0.3503	2.8550
5	2.0114	0.4972	6.7424	0.1483	0.2983	3.3522
6	2.3131	0.4323	8.7537	0.1142	0.2642	3.7845
7	2.6600	0.3759	11.0668	0.0904	0.2404	4.1604
8	3.0590	0.3269	13.7268	0.0729	0.2229	4.4873
9	3.5179	0.2843	16.7858	0.0596	0.2096	4.7716
10	4.0456	0.2472	20.3037	0.0493	0.1993	5.0188
11	4.6524	0.2149	24.3493	0.0411	0.1911	5.2337
12	5.3503	0.1869	29.0017	0.0345	0.1845	5.4206
13	6.1528	0.1625	34.3519	0.0291	0.1791	5.5831
14	7.0757	0.1413	40.5047	0.0247	0.1747	5.7245
15	8.1371	0.1229	47.5804	0.0210	0.1710	5.8474
16	9.3576	0.1069	55.7175	0.0179	0.1679	5.9542
17	10.7613	0.0929	65.0751	0.0154	0.1654	6.0472
18	12.3755	0.0808	75.8364	0.0132	0.1632	6.1280
19	14.2318	0.0703	88.2118	0.0113	0.1613	6.1982
20	16.3665	0.0611	102.4436	0.0098	0.1598	6.2593
21	18.8215	0.0531	118.8101	0.0084	0.1584	6.3125
22	21.6447	0.0462	137.6316	0.0073	0.1573	6.3587
23	24.8915	0.0402	159.2764	0.0063	0.1563	6.3988
24	28.6252	0.0349	184.1678	0.0054	0.1554	6.4338
25	32.9190	0.0304	212.7930	0.0047	0.1547	6.4641
26	37.8568	0.0264	245.7120	0.0041	0.1541	6.4906
27	43.5353	0.0230	283.5688	0.0035	0.1535	6.5135
28	50.0656	0.0200	327.1041	0.0031	0.1531	6.5335
29	57.5755	0.0174	377.1697	0.0027	0.1527	6.5509
30	66.2118	0.0151	434.7451	0.0023	0.1523	6.5660

$$i = 20\%$$

年限 n/a	一次支付 终值系数 $(F/P,i,n)$	一次支付 现值系数 $(P/F,i,n)$	等额系列 终值系数 $(F/A,i,n)$	偿债基金 系数 $(A/F,i,n)$	资金回收 系数 $(A/P,i,n)$	等额系列 现值系数 $(P/A,i,n)$
1	1.2000	0.8333	1.0000	1.0000	1.2000	0.8333
2	1.4400	0.6944	2.2000	0.4545	0.6545	1.5278
3	1.7280	0.5787	3.6400	0.2747	0.4747	2.1065
4	2.0736	0.4823	5.3680	0.1863	0.3863	2.5887
5	2.4883	0.4019	7.4416	0.1344	0.3344	2.9906
6	2.9860	0.3349	9.9299	0.1007	0.3007	3.3255
7	3.5832	0.2791	12.9159	0.0774	0.2774	3.6046
8	4.2998	0.2326	16.4991	0.0606	0.2606	3.8372
9	5.1598	0.1938	20.7989	0.0481	0.2481	4.0310
10	6.1917	0.1615	25.9587	0.0385	0.2385	4.1925
11	7.4301	0.1346	32.1504	0.0311	0.2311	4.3271
12	8.9161	0.1122	39.5805	0.0253	0.2253	4.4392
13	10.6993	0.0935	48.4966	0.0206	0.2206	4.5327
14	12.8392	0.0779	59.1959	0.0169	0.2169	4.6106
15	15.4070	0.0649	72.0351	0.0139	0.2139	4.6755
16	18.4884	0.0541	87.4421	0.0114	0.2114	4.7296
17	22.1861	0.0451	105.9306	0.0094	0.2094	4.7746
18	26.6233	0.0376	128.1167	0.0078	0.2078	4.8122
19	31.9480	0.0313	154.7400	0.0065	0.2065	4.8435
20	38.3376	0.0261	186.6880	0.0054	0.2054	4.8696
21	46.0051	0.0217	225.0256	0.0044	0.2044	4.8913
22	55.2061	0.0181	271.0307	0.0037	0.2037	4.9094
23	66.2474	0.0151	326.2369	0.0031	0.2031	4.9245
24	79.4968	0.0126	392.4842	0.0025	0.2025	4.9371
25	95.3962	0.0105	471.9811	0.0021	0.2021	4.9476
26	114.4755	0.0087	567.3773	0.0018	0.2018	4.9563
27	137.3706	0.0073	681.8528	0.0015	0.2015	4.9636
28	164.8447	0.0061	819.2233	0.0012	0.2012	4.9697
29	197.8136	0.0051	984.0680	0.0010	0.2010	4.9747
30	237.3763	0.0042	1181.8816	0.0008	0.2008	4.9789

《二手车鉴定评估技术规范》

引　言

为规范二手车鉴定评估行为,营造公平、公正的二手车消费环境,保护消费者合法权益,促进汽车市场健康发展,制定本标准。

本标准在制定过程中,参考了国外二手车鉴定评估有关法规与行业标准的主要思路与方法。

1　范　围

本标准规定了二手车鉴定评估的术语和定义、企业要求、作业流程和方法等技术要求。

本标准适用于从事二手乘用车鉴定评估的活动,从事其他二手车鉴定评估以及其他涉及汽车鉴定评估活动参照执行。

2　规范性引用文件

下列规范所包含的条文,通过在本规范中引用而构成本规范的条文。本规范出版时,所示版本均为有效。所有规范都会被修订,使用本规范的各方应探讨使用下列规范最新版本的可能性。凡是不注明日期的引用文件,其最新版本适用于本规范。

《机动车运行安全技术条件》(GB 7258—2012)。

3　术语和定义

本规范采用下列定义。

3.1　二手车(used automobile)。

本规范所述二手车是指从办理完注册登记手续到达到国家强制报废标准之前进行交易并转移所有权的汽车。

3.2　二手车鉴定评估(appraisal and inspection)。

是指对二手车进行技术状况检测、鉴定,确定某一时点价值的过程。

3.2.1　二手车技术状况鉴定(technical inspection)。

对车辆技术状况进行缺陷描述、等级评定。

3.2.2　二手车价值评估(evaluation)。

根据二手车技术状况鉴定结果和鉴定评估目的,对目标车辆进行价值评估。价值评估方法主要包括现行市价法、重置成本法。

3.2.2.1　现行市价法(current market price method)。

根据车辆技术状况按照市场现行价格计算被评估车辆价值的方法。

3.2.2.2   重置成本法(replacement cost method)。

按照相同车型市场现行价格重新购置一个全新状态的评估对象,用所需的全部成本减去评估对象的实体性、功能性和经济性陈旧贬值后的差额,以其作为评估对象现时价值的方法。

3.3   二手车鉴定评估机构(appraisal and inspection enterprises)。

从事二手车鉴定评估经营活动的第三方服务机构。

3.4   二手车鉴定评估师(appraiser)**与高级二手车鉴定评估师**(advanced appraiser)。

分别指依法取得二手车鉴定评估师、高级二手车鉴定评估师国家职业资格的人员。

4   二手车鉴定评估机构条件和要求

4.1   场所

经营面积不少于200m²。

4.2   设施设备

4.2.1   具备汽车举升设备。

4.2.2   具备车辆故障信息读取设备、车辆结构尺寸检测工具或设备。

4.2.3   具备车辆外观缺陷测量工具、漆面厚度检测设备。

4.2.4   具备照明工具、照相机、螺丝刀、扳手等常用操作工具。

4.3   人员

拥有3名以上二手车鉴定评估师,1名以上高级二手车鉴定评估师。

4.4   其他

4.4.1   具备计算机等办公设施。

4.4.2   具备符合国家有关规定的消防设施。

5   二手车鉴定评估程序

5.1   二手车鉴定评估作业流程

二手车鉴定评估机构开展二手车鉴定评估经营活动按附图2-1流程作业,并按附录4填写《二手车鉴定评估作业表》。二手车经销、拍卖、经纪等企业开展业务涉及二手车鉴定评估活动的,参照附图2-1有关内容和顺序作业,即查验可交易车辆→登记基本信息→判别事故车→鉴定技术状况,并参照附录5填写《二手车技术状况表》。

5.2   受理鉴定评估

了解委托方及其车辆的基本情况,明确委托方要求,主要包括委托方要求的评估目的、评估基准日、期望完成评估的时间等。

5.3   查验可交易车辆

5.3.1   查验机动车登记证书、行驶证、有效机动车安全技术检验合格标志、车辆购置税完税证明、车船使用税缴付凭证、车辆保险单等法定证明、凭证是否齐全,并按照附表2-1检查所列项目是否全部判定为Y。

附图 2-1 二手车鉴定评估作业流程

附表 2-1 可交易车辆判别表

序号	检查项目	判别	
1	是否达到国家强制报废标准	Y	N
2	是否为抵押期间或海关监管期间	Y	N
3	是否为人民法院、检察院、行政执法等部门依法查封、扣押期间的车辆	Y	N
4	是否为通过盗窃、抢劫、诈骗等违法犯罪手段获得的车辆	Y	N
5	发动机号与机动车登记证书登记号码是否一致,且无凿改痕迹	Y	N
6	车辆识别代码或车架号码与机动车登记证书登记号码是否一致,且无凿改痕迹	Y	N
7	是否走私、非法拼组装车辆	Y	N
8	是否法律法规禁止经营的车辆	Y	N

5.3.2 如发现上述法定证明、凭证不全,或附表 2-1 检查项目任何一项判别为 N 的车辆,应告知委托方,不需继续进行技术鉴定和价值评估(司法机关委托等特殊要求的除外)。

5.3.3 发现法定证明、凭证不全,或者附表 2-1 中第 1 项、第 4~8 项任意一项判断为 N 的车辆应及时报告公安机关等执法部门。

5.4　签订委托书

对相关证照齐全、附表 2-1 检查项目全部判别为 Y 的，或者司法机关委托等特殊要求的车辆，按附录 3 签署二手车鉴定评估委托书。

5.5　登记基本信息

5.5.1　登记车辆使用性质信息，明确营运与非营运车辆。

5.5.2　登记车辆基本情况信息，包括车辆类别、名称、型号、生产厂家、初次登记日期、表征行驶里程等。如果表征行驶里程与实际车况明显不符，应在《二手车鉴定评估报告》或《二手车技术状况表》有关技术缺陷描述时予以注明。

5.6　判别事故车

5.6.1　参照附图 2-2 所示车体部位，按照附表 2-2 要求检查车辆外观，判别车辆是否发生过碰撞、火烧，确定车体结构是完好无损或者有事故痕迹。

1—左A柱	5—右B柱	9—左前减振器悬挂部位
2—左B柱	6—右C柱	10—右前减振器悬挂部位
3—左C柱	7—左前纵梁	11—左后减振器悬挂部位
4—右A柱	8—右前纵梁	12—右后减振器悬挂部位

附图 2-2　车体结构示意图

5.6.2　使用漆面厚度检测设备配合对车体结构部件进行检测，使用车辆结构尺寸检测工具或设备检测车体左右对称性。

5.6.3　根据附表 2-2、附表 2-3 对车体状态进行缺陷描述，即车身部位＋状态。例如，4SH，即左 C 柱有烧焊痕迹。

5.6.4　当附表 2-2 中任何一个检查项目存在附表 2-3 中对应的缺陷时，则该车为事故车。

5.6.5　事故车的车辆技术鉴定和价值评估不在本规范的范围之内。

附表 2-2　车体部位代码表

序号	检查项目	序号	检查项目
1	车体左右对称性	8	左前纵梁
2	左 A 柱	9	右前纵梁
3	左 B 柱	10	左前减振器悬挂部位
4	右 C 柱	11	右前减振器悬挂部位
5	右 A 柱	12	左后减振器悬挂部位
6	右 B 柱	13	右后减振器悬挂部位
7	右 C 柱		

附表 2-3 车辆缺陷状态描述对应表

代表字母	BX	NQ	GH	SH	ZZ
缺陷描述	变形	扭曲	更换	烧焊	褶皱

5.7 鉴定车辆技术状况

5.7.1 按照车身、发动机舱、驾驶舱、启动、路试、底盘等项目顺序检查车辆技术状况。

5.7.2 根据检查结果确定车辆技术状况的分值。总分值为各个鉴定项目分值累加,即鉴定总分 $= \sum$ 项目分值,满分 100 分。

5.7.3 根据鉴定分值,按照附表 2-4 确定车辆对应的技术等级。

附表 2-4 车辆技术状况等级分值对应表

技术状况等级	分值区间
一级	鉴定总分≥90
二级	60≤鉴定总分<90
三级	20≤鉴定总分<60
四级	鉴定总分<20
五级	事故车

5.8 评估车辆价值

5.8.1 按照车辆有关情况,确立估值方法,并对车辆价值进行估算。

5.8.2 估值方法选用原则:一般情况下,推荐选用现行市价法;在无参照物、无法使用现行市价法的情况下,选用重置成本法。

5.8.3 现行市价法的运用方法:评估价值为相同车型、配置和相同技术状况鉴定检测分值的车辆近期的交易价格;如无参照,可从本区域本月内的交易记录中调取相同车型、相近分值,或从相邻区域的成交记录中调取相同车型、相近分值的车辆的成交价格,并结合车辆技术状况鉴定分值加以修正。

5.8.4 当无任何参照体时,使用重置成本法计算车辆价值。

$$车辆评估价值=更新重置成本×综合成新率$$

(1) 更新重置成本为相同型号、配置的新车在评估基准日的市场零售价格。

(2) 综合成新率由技术鉴定成新率与年限成新率组成:

$$综合成新率 = 年限成新率 ×α+ 技术鉴定成新率 ×β$$

其中,年限成新率=预计车辆剩余使用年限/车辆使用年限(乘用车使用年限 15 年,超过 15 年的按实际年限计算;有年限规定的车辆、营运车辆按实际要求计算);技术鉴定成新率=车辆技术状况分值/100;$α$、$β$ 分别为技术鉴定成新率与年限成新率系数,由评估人员根据市场行情等因素确定,且 $α+β=1$。

技术鉴定成新率×$β$,相当于实体性陈旧贬值与功能性陈旧贬值后,车辆剩余的价值率;年限成新率×$α$,相当于经济性陈旧贬值后,车辆剩余的价值率。

5.9 撰写及出具鉴定评估报告

5.9.1 根据车辆技术状况鉴定等级和价值评估结果等情况,按照附录 4 要求撰写《二手车鉴定评估报告》,做到内容完整、客观、准确,书写工整。

5.9.2　按委托书要求及时向客户出具《二手车鉴定评估报告》,并由鉴定评估人与复核人签章,鉴定评估机构加盖公章。

5.10　归档工作底稿

将《二手车鉴定评估报告》及其附件与工作底稿独立汇编成册,存档备查。档案保存一般不低于 5 年;鉴定评估目的涉及财产纠纷的,其档案至少应当保存 10 年;法律法规另有规定的,从其规定。

6　正常车辆技术状况鉴定有关要求

6.1　车身

6.1.1　参照附图 2-3 的标识,按照附表 2-5、附表 2-6 要求检查 26 个项目,程度为 1 的扣 0.5 分,每增加 1 个程度加扣 0.5 分。共计 20 分,扣完为止。轮胎部分需高于程度 4 的标准,不符合标准扣 1 分。

附图 2-3　车身外观展开示意图

6.1.2　使用车辆外观缺陷测量工具与漆面厚度检测仪器结合目测法对车身外观进行检测。

6.1.3　根据附表 2-5、附表 2-6 描述缺陷,车身外观项目的转义描述为:车身部位+状态+程度。例如,21XS2 对应描述为:左后车门有锈蚀,面积大于 100mm×100mm,小于或等于 200mm×300mm。

附表 2-5　车身外观部位代码对应表

代码	部　位	代码	部　位
14	发动机舱盖表面	27	后保险杠
15	左前翼子板	28	左前轮
16	左后翼子板	29	左后轮
17	右前翼子板	30	右前轮
18	右后翼子板	31	右后轮
19	左前车门	32	前大灯
20	右前车门	33	后尾灯
21	左后车门	34	前风挡玻璃
22	右后车门	35	后风挡玻璃
23	行李厢盖	36	四门风窗玻璃
24	行李厢内侧	37	左后视镜
25	车顶	38	右后视镜
26	前保险杠	39	轮胎

附表 2-6　车身外观状态描述对应表

代码	HH	BX	XS	LW	AX	XF
描述	划痕	变形	锈蚀	裂纹	凹陷	修复痕迹

程度：1——面积小于或等于 100mm×100mm。

2——面积大于 100mm×100mm 并小于或等于 200mm×300mm。

3——面积大于 200mm×300mm。

4——轮胎花纹深度小于 1.6mm。

6.2　发动机舱

按附表 2-7 项目要求检查 10 个项目。选择 A 不扣分，第 40 项选择 B 或 C 扣 15 分；第 41 项选择 B 或 C 扣 5 分；第 44 项选择 B 扣 2 分，选择 C 扣 4 分；其余各项选择 B 扣 1.5 分，选择 C 扣 3 分。共计 20 分，扣完为止。

如检查第 40 项时发现机油有冷却液混入，检查第 41 项时发现缸盖外有机油渗漏，则应在《二手车鉴定评估报告》或《二手车技术状况表》的技术状况缺陷描述中分别予以注明，并提示修复前不宜使用。

附表 2-7　发动机舱检查项目作业表

序号	检查项目	A	B	C
40	机油有无冷却液混入	无	轻微	严重
41	缸盖外是否有机油渗漏	无	轻微	严重
42	前翼子板内缘、水箱框架、横拉梁有无凹凸或修复痕迹	无	轻微	严重
43	散热器格栅有无破损	无	轻微	严重
44	蓄电池电极桩柱有无腐蚀	无	轻微	严重
45	蓄电池电解液有无渗漏、缺少	无	轻微	严重
46	发动机皮带有无老化	无	轻微	严重
47	油管、水管有无老化、裂痕	无	轻微	严重
48	线束有无老化、破损	无	轻微	严重
49	其他	只描述缺陷，不扣分		

6.3 驾驶舱

按附表 2-8 要求检查 15 个项目。选择 A 不扣分，第 50 项选择 C 扣 1.5 分，第 51、52 项选择 C 扣 0.5 分，其余项目选择 C 扣 1 分。共计 10 分，扣完为止。

如检查第 60 项时发现安全带结构不完整或者功能不正常，则应在《二手车鉴定评估报告》或《二手车技术状况表》的技术状况缺陷描述中予以注明，并提示修复或更换前不宜使用。

附表 2-8　驾驶舱检查项目作业表

序号	检查项目	A	C
50	车内是否无水泡痕迹	是	否
51	车内后视镜、座椅是否完整、无破损、功能正常	是	否
52	车内是否整洁、无异味	是	否
53	方向盘自由行程转角是否小于 15°	是	否
54	车顶及周边内饰是否无破损、松动及裂缝和污迹	是	否
55	仪表台是否无划痕，配件是否无缺失	是	否
56	排挡把手柄及护罩是否完好、无破损	是	否
57	储物盒是否无裂痕，配件是否无缺失	是	否
58	天窗是否移动灵活，关闭正常	是	否
59	门窗密封条是否良好、无老化	是	否
60	安全带结构是否完整，功能是否正常	是	否
61	驻车制动系统是否灵活有效	是	否
62	玻璃窗升降器、门窗工作是否正常	是	否
63	左、右后视镜折叠装置工作是否正常	是	否
64	其他	只描述缺陷，不扣分	

6.4 启动

按附表 2-9 要求检查 10 个项目。选择 A 不扣分，第 65、66 项选择 C 扣 2 分，第 67 项选择 C 扣 1 分，第 68～71 项选择 C 扣 0.5 分，第 72、73 项选择 C 扣 10 分。共计 20 分，扣完为止。

如检查第 66 项时发现仪表板指示灯显示异常或出现故障报警，则应查明原因，并在《二手车鉴定评估报告》或《二手车技术状况表》的技术状况缺陷描述中予以注明。

优先选用车辆故障信息读取设备对车辆技术状况进行检测。

附表 2-9　启动检查项目作业表

序号	检查项目	A	C
65	车辆启动是否顺畅（时间少于 5s，或一次启动）	是	否
66	仪表板指示灯显示是否正常，无故障报警	是	否
67	各类灯光和调节功能是否正常	是	否
68	泊车辅助系统工作是否正常	是	否
69	制动防抱死系统（ABS）工作是否正常	是	否
70	空调系统风量、方向调节、分区控制、自动控制、制冷工作是否正常	是	否
71	发动机在冷、热车条件下怠速运转是否稳定	是	否

续表

序号	检 查 项 目	A	C
72	怠速运转时发动机是否无异响,空挡状态下逐渐提高发动机转速,发动机声音过渡是否无异响	是	否
73	车辆排气是否无异常	是	否
74	其他	只描述缺陷,不扣分	

6.5　路试

按附表 2-10 要求检查 10 个项目。选择 A 不扣分,选择 C 扣 2 分。共计 15 分,扣完为止。

如果检查第 80 项时发现制动系统出现刹车距离长、跑偏等不正常现象,则应在《二手车鉴定评估报告》或《二手车技术状况表》的技术缺陷描述中予以注明,并提示修复前不宜使用。

附表 2-10　路试检查项目作业表

序号	检 查 项 目	A	C
75	发动机运转、加速是否正常	是	否
76	车辆启动前踩下制动踏板,保持 5~10s,踏板无向下移动的现象	是	否
77	踩住制动踏板启动发动机,踏板是否向下移动	是	否
78	行车制动系最大制动效能在踏板全行程的 4/5 以内达到	是	否
79	行驶是否无跑偏	是	否
80	制动系统工作是否正常有效,制动不跑偏	是	否
81	变速箱工作是否正常、无异响	是	否
82	行驶过程中车辆底盘部位是否无异响	是	否
83	行驶过程中车辆转向部位是否无异响	是	否
84	其他	只描述缺陷,不扣分	

6.6　底盘

按附表 2-11 要求检查 8 个项目。选择 A 不扣分,第 85、86 项选择 C 扣 4 分,第 87、88 项选择 C 扣 3 分,第 89、90、91 项选择 C 扣 2 分。共计 15 分,扣完为止。

附表 2-11　底盘检查项目作业表

序号	检 查 项 目	A	C
85	发动机油底壳是否无渗漏	是	否
86	变速箱体是否无渗漏	是	否
87	转向节臂球销是否无松动	是	否
88	三角臂球销是否无松动	是	否
89	传动轴十字轴是否无松旷	是	否
90	减振器是否无渗漏	是	否
91	减振弹簧是否无损坏	是	否
92	其他	只描述缺陷,不扣分	

6.7　功能性零部件

对附表 2-12 所列部件功能进行检查。结构、功能坏损的,直接进行缺陷描述,不计分。

附表 2-12　车辆功能性零部件项目表

序号	类别	零部件名称	序号	类别	零部件名称
93		发动机舱盖锁止	105		备胎
94		发动机舱盖液压撑杆	106		千斤顶
95		后门/后备厢液压支撑杆	107	随车附件	轮胎扳手及随车工具
96	车身外部件	各车门锁止	108		三角警示牌
97		前后雨刮器	109		灭火器
98		立柱密封胶条	110		全套钥匙
99		排气管及消音器	111		遥控器及功能
100		车轮轮毂	112		喇叭高低音色
101		车内后视镜	113	其他	玻璃加热功能
102	驾驶舱内部件	座椅调节及加热			
103		仪表板出风管道			
104		中央集控			

6.8　拍摄车辆照片

6.8.1　外观图片。分别从车辆左前部与右后部 45°拍摄外观图片各一张,拍摄外观破损部位带标尺的正面图片一张。

6.8.2　驾驶舱图片。分别拍摄仪表台操纵杆、前排座椅、后排座椅正面图片各一张,拍摄破损部位带标尺的正面图片一张。

6.8.3　拍摄发动机舱图片一张。

7　二手车鉴定评估机构经营管理

7.1　有规范的名称、组织机构、固定场所和章程,遵守国家有关法律、法规及行规行约,客观公正地开展二手车鉴定评估业务。

7.2　在经营场所明显位置悬挂二手车鉴定评估机构核准证书和营业执照等证照,张贴二手车鉴定评估流程和收费标准。

7.3　二手车鉴定评估人员应严格遵守职业道德、职业操守和执业规范。

7.4　开展二手车鉴定评估活动应坚持客观、独立、公正、科学的原则。按照关联回避原则,回避与本机构、评估人有关联的当事人委托的鉴定评估业务。

7.5　建立内部培训考核制度,保证鉴定评估人员职业素质和鉴定评估工作质量。

7.6　建立和完善二手车鉴定评估档案制度,并根据评估对象及有关保密要求,合理确定适宜的建档内容、档案查阅范围和保管期限。

二手车鉴定评估委托书（示范文本）

委托书编号：_____

委托方名称(姓名)：　　　　　　　　　　鉴定评估机构名称：

法人代码证(身份证)号：　　　　　　　　法人代码证：

委托方地址：　　　　　　　　　　　　　鉴定评估机构地址：

联系人：　　　　　　　　　　　　　　　联系人：

电话：　　　　　　　　　　　　　　　　电话：

因 □交易 □典当 □拍卖 □置换 □抵押 □担保 □咨询 □司法裁决需要,委托人与受托人达成委托关系,号牌号码为_____,车辆类型为_____,车架号(VIN 码)为_____的车辆进行技术状况鉴定并出具评估报告书,_____年_____月_____日前完成。

委托评估车辆基本信息

	厂牌型号				使用用途	营运 □ 非营运 □	
车辆情况	总质量/座位/排量				燃料种类		
	初次登记日期	年	月	日	车身颜色		
	已使用年限	年 个月		累计行驶里程(万 km)			
	大修次数	发动机(次)		整车(次)			
	维修情况						
	事故情况						
价值反映	购置日期	年 月 日		原始价格(元)			
备注：							

委托方：(签字、盖章)　　　　　　　　　　受托方：(签字、盖章)

　　年　　月　　日　　　　　　　　　　　　　年　　月　　日

1. 委托方保证所提供的资料客观真实,并负法律责任。

2. 仅对车辆进行鉴定评估。

3. 评估依据:《机动车运行安全技术条件》《二手车鉴定评估技术规范》等。

4. 评估结论仅对本次委托有效,不作他用。

5. 鉴定评估人员与有关当事人没有利害关系。

6. 委托方如对评估结论有异议,可于收到《二手车鉴定评估报告》之日起 10 日内向受托方提出,受托方应给予解释。

二手车鉴定评估报告（示范文本）

××××鉴定评估机构评报字(20　　年)第××号

一、绪言

_____(鉴定评估机构)接受_____的委托,根据国家有关评估及《二手车流通管理办法》和《二手车鉴定评估技术规范》的规定,本着客观、独立、公正、科学的原则,按照公认的评估方法,对牌号为_____的车辆进行了鉴定。本机构鉴定评估人员按照必要的程序,对委托鉴定评估的车辆进行了实地查勘与市场调查,并对其在_____年_____月_____日所表现的市场价值作出了公允反映。现将该车辆鉴定评估结果报告如下。

二、委托方信息

委托方:_____　委托方联系人:_____　联系电话:_____　车主姓名/名称:(填写机动车登记证书所示的名称)

三、鉴定评估基准日

_____年_____月_____日

四、鉴定评估车辆信息

厂牌型号:_____　　　牌照号码:_____

发动机号:_____　　　车辆 VIN 码:_____

车身颜色:_____　　　表征里程:_____

初次登记日期:_____

年审检验合格至:_____年_____月　交强险截止日期:_____年_____月

车船税截止日期:_____年_____月

是否查封、抵押车辆:□是 □否　　车辆购置税(费)证:□有 □无

机动车登记证书:　　□有 □无　　机动车行驶证:　　□有 □无

未接受处理的交通违法记录:□有 □无

使用性质:□公务用车 □家庭用车 □营运用车 □出租车 □其他

五、技术鉴定结果

技术状况缺陷描述:_____

重要配置及参数信息:_____

技术状况鉴定等级:_____

等级描述:_____

六、价值评估

价值估算方法:□现行市价法□重置成本法□其他_____

价值估算结果:车辆鉴定评估价值为人民币_____元,金额大写:_____

七、特别事项说明[1]

八、鉴定评估报告法律效力

本鉴定评估结果可以作为作价参考依据。本项鉴定评估结论有效期为90天,自鉴定评估基准日至_____年_____月_____日止。

九、声明

1. 本鉴定评估机构对该鉴定评估报告承担法律责任。

2. 本报告所提供的车辆评估价值为评估基准日的价值。

3. 该鉴定评估报告的使用权归委托方所有,其鉴定评估结论仅供委托方为本项目鉴定评估目的使用和送交二手车鉴定评估主管机关审查使用,不适用于其他目的,否则本鉴定评估机构不承担相应法律责任,因使用本报告不当而产生的任何后果与签署本报告书的鉴定评估人员无关。

4. 本鉴定评估机构承诺,未经委托方许可,不将本报告的内容向他人提供或公开,否则本鉴定评估机构将承担相应法律责任。

附件

1. 二手车鉴定评估委托书

2. 二手车技术状况表

3. 车辆行驶证、机动车登记证书复印件

4. 被鉴定评估二手车照片(要求外观清晰,车辆牌照能够辨认)

二手车鉴定评估师(签字、盖章)　　　　　　　　　复核人[2](签字、盖章)

　　年　　月　　日　　　　　　　　　　　　(二手车鉴定评估机构盖章)

　　　　　　　　　　　　　　　　　　　　　　　　　　年　　月　　日

[1] 特别事项是指在已确定鉴定评估结果的前提下,鉴定评估人员认为需要说明的在鉴定过程中已发现可能影响鉴定评估结论,但非鉴定评估人员执业水平和能力所能鉴定、评定、估算的有关事项以及其他问题。

[2] 复核人是指具有高级二手车鉴定评估师资格的人员。

备注:1. 本报告书和作业表一式三份,委托方两份,受托方一份。

　　　2. 鉴定评估基准日即为《二手车鉴定评估委托书》签订的日期。

二手车技术状况表（示范文本）

车辆基本信息	厂牌型号			牌照号码		
	发动机号			VIN 码		
	初次登记日期	年 月 日		表征里程	万 km	
	品牌名称		□国产 □进口	车身颜色		
	年检证明	□有(至___年___月) □无		购置税证书	□有 □无	
	车船税证明	□有(至___年___月) □无		交强险	□有(至___年___月) □无	
	使用性质	□营运用车 □出租车 □公务用车 □家庭用车 □其他				
	其他法定凭证、证明	□机动车号牌 □机动车行驶证 □机动车登记证书 □第三者强制保险单 □其他				
	车主名称/姓名			企业法人证书代码/身份证号码		
重要配置	燃料标号		排量		缸数	
	发动机功率		排放标准		变速器形式	
	气囊		驱动方式		ABS	□有 □无
	其他重要配置					
是否为事故车	□是 □否	损伤位置及损伤状况				
鉴定结果	分值			技术状况等级		
车辆技术状况鉴定缺陷描述	鉴定科目	鉴定结果(得分)		缺陷描述		
	车身检查					
	发动机检查					
	车内检查					
	启动检查					
	路试检查					
	底盘检查					

二手车鉴定评估师：_____　　　　　　鉴定单位：(盖章)_____

鉴定日期：_____年_____月_____日

声明：

本二手车技术状况表所体现的鉴定结果仅为鉴定日期当日被鉴定车辆的技术状况表现与描述，若在当日内被鉴定车辆的市场价值或因交通事故等原因导致车辆的价值发生变化，对车辆鉴定结果产生明显影响时，本二手车技术状况表不作为参考依据。

说明：

本二手车技术状况表由二手车经销企业、拍卖企业、经纪企业使用，作为二手车交易合同的附件。车辆展卖期间，放置在驾驶室前风挡玻璃左下方，供消费者参阅。

参 考 文 献

[1] 马晓春,尹继辉.汽车鉴定与评估[M].北京:人民交通出版社,2017.

[2] 成英,刘晓锋.汽车评估[M].北京:清华大学出版社,2014.

[3] 李耀平,胡立伟,吴刚.汽车评估[M].北京:人民交通出版社,2014.

[4] 裘文才.二手车评估[M].北京:人民交通出版社,2010.

[5] 杜秀菊,贾长治.二手车鉴定与评估实用教程[M].北京:机械工业出版社,2013.

[6] 毛矛,张鹏九.汽车评估实务[M].北京:机械工业出版社,2011.

[7] 黄费智.汽车评估与鉴定[M].北京:机械工业出版社,2011.

[8] 杜建.汽车评估[M].北京:人民交通出版社,2008.

[9] 何宝文,王海宝.汽车评估[M].大连:大连理工大学出版社,2009.

[10] 张克明.汽车评估[M].北京:机械工业出版社,2002.

[11] 王永盛.汽车评估[M].北京:机械工业出版社,2005.

[12] 林艺琳.基于层次分析法确定二手车剩余价值的研究——以 A 公司品牌二手车为研究对象[D].上海:同济大学,2011.

[13] 于承欢.二手车综合成新率的改进及算法研究[D].上海:同济大学,2011.

[14] 刘玉光,刘志新.各国新车评价规程(NCAP)测试评价技术的现状与发展[J].汽车安全与节能学报,2013,4(1):16-22.

[15] 张南峰,陈述官,等.二手车评估与交易[M].北京:人民邮电出版社,2010.

[16] 王辉."保值率"成消费者购车重要指标[N].中国质量报,2012-05-8(8).

[17] 王星.大数据分析:方法与应用[M].北京:清华大学出版社,2013.

[18] YANG YL,CHEN H,ZHANG RP. Development of Used Car Market in China[J]. Modern Economy,2013,4(6):453-460.

[19] KAZUYUKI IWATA,SHIGERU MATSUMOTO. Use of hybrid vehicles in Japan:An analysis of used car market data[J]. Transportation Research Part D,2016,46:200-206.